AN APPROACH TO
NON-LITERARY
TRANSLATION

非文学翻译
——应用与方法

朱 华 ◎编著

北京大学出版社
PEKING UNIVERSITY PRESS

图书在版编目 (CIP) 数据

非文学翻译：应用与方法 / 朱华编著 . —北京：北京大学出版社，2024.4
21 世纪英语专业系列教材
ISBN 978–7–301–34569–6

Ⅰ.①非… Ⅱ.①朱… Ⅲ.①英语－翻译－高等学校－教材 Ⅳ.① H315.9

中国国家版本馆 CIP 数据核字（2023）第 202592 号

书　　　名	非文学翻译——应用与方法	
	FEIWENXUE FANYI——YINGYONG YU FANGFA	
著作责任者	朱 华 编著	
责 任 编 辑	刘 爽	
标 准 书 号	ISBN 978–7–301–34569–6	
出 版 发 行	北京大学出版社	
地　　　址	北京市海淀区成府路 205 号　100871	
网　　　址	http://www.pup.cn　　新浪微博：@ 北京大学出版社	
电 子 邮 箱	编辑部 pupwaiwen@pup.cn　总编室 zpup@pup.cn	
电　　　话	邮购部 010–62752015　发行部 010–62750672　编辑部 010–62754382	
印 刷 者	北京圣夫亚美印刷有限公司	
经 销 者	新华书店	
	720 毫米 ×1020 毫米　16 开本　18 印张　350 千字	
	2024 年 4 月第 1 版　2024 年 4 月第 1 次印刷	
定　　　价	69.00 元	

序

　　"授人以鱼"还是"授人以渔"，这是我国翻译人才培养应当严肃思考的问题。朱华教授撰写的《非文学翻译——应用与方法》一书另辟蹊径，力图改变传统的以传授翻译技巧为主的翻译教学方法，从本书的目录便可以看出，本书完全摒弃了以字、词、句、篇章为教学内容，以掌握翻译技巧为教学目的、以翻译作品析赏提高翻译鉴赏水平的传统撰写方法，是一部以提升译者能力为导向、视觉独特、内容全新的翻译著作。

　　从某种程度来讲，任意篡改一种语言的表达方式和语言特征都是对这种语言的亵渎。英式中文和中式英语是翻译之大忌。当前，一些英语专业学生"英语没学好，中文学坏了"，应当引起教育界的高度重视。由此，作者提出忠告：翻译要发扬工匠精神，打铁必须自身硬。译者不仅要学好英语，更要学好汉语。当今的译者，包括本科生、研究生、博士生必须花大力气攻克英式中文和中式英语的难症，非一日之功可以解决。基于此，作者将译写能力作为翻译的核心竞争力，并在制定的翻译路线图中将其置于核心位置。

　　本书最大的创新之处是，作者为非文学翻译的过程、策略、方法制定了一个框架，将每一章的主要内容置于框架之中。框架是"纲"，内容是"目"，各翻译要素相互关联，相互作用，形成了一个有效的翻译路线图。我认为，作者制定的这一翻译路线图，结构严密，层次分明，各要素相互联系、相互作用，是翻译研究与教学的一个创新。该翻译路线图集作者多年翻译实践之心得，不仅对学习、研究非文学翻译起到了提纲挈领的作用，也可以在翻译实践中指导译者庖丁解牛，达到翻译过程精细化的微观效果；还可以追踪翻译过程，观察、评估译文的质量。

　　非文学翻译题材涵盖面广，涉及经济、科技、政治、法律、医药、旅游等多个领域。随着全球化的发展，非文学翻译的需求日益增长，远远超过了文学翻译的体量。文学翻译与非文学翻译的难易之分、高低之争没有定论，但在作者这部著作的许多典型译例中，包括作者自己书中翻译的作品中已不言而喻。机器翻译、人工智能固然可以提高翻译的速度，但翻译的质量最终取决于人的智慧。正如作者所言，译者的核心竞争力始终源于译者的中英文功底、双语转换能力以及海纳百川的背景知识。

作者曾在欧洲、非洲、亚洲的多个国家担任译员，任大型国际招标项目翻译组组长、首席翻译，也担任过部长级翻译，从事翻译实践、翻译教学长达三十余年，有丰富的口笔译经验。书中的许多译例、翻译过程、翻译心得均来自作者的翻译手笔和实践，具有很强的实证意义。作为一名多年从事翻译的学者、翻译研究生和博士生导师，我为北京大学出版社能出版这样一部内容全新、独树一帜的著作感到特别高兴，相信本书的出版将进一步推动我国翻译教学与研究事业的发展，为我国各领域培养更多的与时俱进、具有真正翻译能力和继续学习能力的高素质翻译人才。

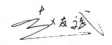

暨南大学翻译学院　教授　博士生导师

自　序

　　我国传统的翻译教学以字、词、句、篇章为主要教学内容，以掌握翻译技巧为教学目的，课上讲解翻译技巧，课后做翻译练习。长期以来，翻译教学模式几乎一贯是"学生做作业——教师批改——课堂讲评"的模式（谭业升，2001：15）。虽然翻译教材很多，但多以翻译标准原则、英汉词法句法对比、各种翻译技巧和方法、多种体裁短文翻译练习构建教学内容，或前半写翻译理论、后半写翻译实践（刘季春，2017：68），结果是老师费尽心思，讲了一大通翻译理论、传授了一大堆翻译技巧，而学生一旦执笔上阵，多数败下阵来。"英语没学好，中文学坏了"，这是当今我国相当一部分翻译专业本科生、研究生的真实写照。

　　"授人以鱼"（传授翻译技巧），还是"授人以渔"（培养翻译能力），这是我国翻译人才培养亟待解决的问题。笔者认为，翻译教学必须摒弃传统的教学内容、编写体例和教学方法，从传统的英汉词法句法对比、传授各种翻译技巧、篇章翻译练习向拓展译者宏观视野、提升翻译核心竞争力、掌握工具性知识转变。由于翻译领域多，内容庞杂，翻译教学课时有限，教学内容不可能面面俱到，因此翻译教学内容的安排和取舍必须以"三个有利"为出发点：有利于培养译者的翻译核心素养，有利于提高译者的翻译核心竞争力，有利于译者翻译能力的可持续发展。

　　何谓核心素养？核心素养并不是一个人在某一专业或领域所具有的知识和技能，而是其终身发展所需要的能力，尤其是学习和实践过程中逐步形成的适应个人终身发展需要的必备品格和关键能力。何谓核心竞争力？译者的核心竞争力是分析原文和重建原文功能的能力（让·德利尔，1988：89），具有"价值性""独特性"和"延展性"三个特征。"分析原文"需要译者的双语和百科知识；"重建原文功能"则需要译者强有力的写译能力。

　　基于有利于培养译者的翻译核心素养，有利于提高译者的翻译核心竞争力，有利于译者翻译能力的可持续发展这"三个有利"，笔者根据建构主义学习理论，从译者的宏观思维、核心素养、工具性知识三个维度制定了一个行之有效的翻译路线图（见图1），以便译者在"学习过程中能够自我控制，自我调节"，形成"自我分析和自我评价能力"，成为一个"善于学习的终身学习者"（陈葵阳，2005：79）。基于翻译路线图构建译者的核心竞争力从以下三个维度进行：一、译者的宏观思维，即翻译宏观六要素和批判性思维；二、译者的工具性知识，即"平行文本""电子工具""语料库"等知识；三、译者的核心素养，即译者的中英文写作能力。其中，写作能力是翻译的基础，也是译者最核心的竞争力；工具性知识，如"平行文本的应用""电子工具的使用""语料库翻译"等是必不可少的翻译辅助手段；宏观思维是译者构建翻译文本的战略思维；批判思维是译者的核心素养，包括批判性理解原文、批判性分析和使用参考资料、批判性复检译文。

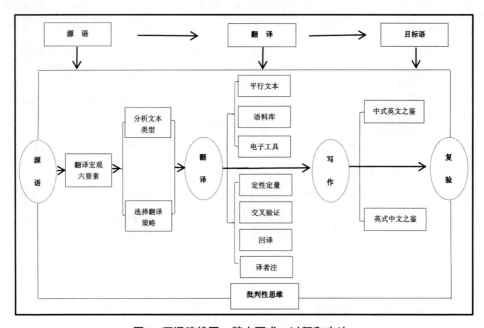

图1　翻译路线图：基本要求、过程和方法

一、第一个维度：宏观思维——路线图中的源语分析

路线图中的第一个维度是宏观思维。不同的视野决定不同的思维；不同的思维产生不同的翻译作品。译者之间的竞争绝不是看谁会使用"翻译技巧"，或高谈高深的翻译理论，而是首先看译者是否具有翻译的宏观思维。翻译受文内、文外因素影响，文内是微观层面，文外是宏观层面。"任何信息内容的语言形式必须让位于获取文本信息的非语言目的"（Reiss，2004：38，39）。译者的视野、

格局非常重要，只有登高望远，在宏观视野下分析文本的非语言因素，才能采取正确的翻译策略和方法，处理好字、词、句转换的微观问题。因此，除了掌握翻译技巧、工具性知识外，译者必须具备翻译的宏观思维。

1. 译者的宏观视野

当译者拿到翻译材料后，不应立即动笔翻译，应当运用宏观思维分析原文。翻译实践证明，翻译并不是两种或多种语言之间简单的转换。译者"不能仅仅盯住一个个单词，而是要扩大视野，把每个词放在篇章和篇章之外的背景去理解"，"才能把握文章的意图，并在翻译的微观层面体现出来，从而避免方向性的错误"。（李长栓，2012：137）译者在宏观视野下考虑文本的语外因素（**Who is talking to whom about what, when, where and why**），亦称"翻译宏观六要素"，才能高屋建瓴，处理好字、词、句等微观层面的翻译，否则就可能一叶障目，只见树木，不见森林，犯下错误。

2. 译前文本分析

译前文本分析将译者的视域与文本的"视域融合"，有利于译者选择正确的翻译策略和方法，是译者译前准备的基本功。凯瑟琳娜·赖斯（Katharina Reiss）基于德国心理学家、功能语言学家卡尔·布勒关于语言的语义功能分类，将文本分为内容突出型文本（content-focused texts），亦称"信息型"文本；形式突出型文本（form-focused texts），亦称"表达型"文本；感染突出型文本（appeal-focused texts），亦称"操作型"或"感染型"文本等文本类型。她认为："在正常的情况下，文本类型决定译者的翻译方法；文本类型是影响译者选择适当翻译方法的首要因素。"（Reiss & Vermeer, 1984:75）

因此，译前文本分析是一项极其重要的工作，译者选择翻译策略离不开细致的文本分析。英国翻译家和翻译理论家彼得·纽马克认为，翻译就是文本的翻译，翻译研究离不开文本。文学作品属于表达型（expressive），翻译重点应放在源语，形式优先于内容，较适用"异化""直译"，"语义翻译"优先；科技报告、历史著作等信息型（informative）文本重点亦是源语，但内容优先于形式，"语义翻译"和"交际翻译"皆可使用；演讲、广告、宣传等属于呼唤性为主体的综合性文本，但根本属性是呼唤性（vocative），应以译入语为依归，可采用"交际翻译"，甚至可以改写、编译、再创作。

3. 翻译策略的选择

采用什么翻译策略视翻译目的和文本类型而定。"语义翻译"要求译文最大可能地和原文形式贴近，在结构和词序安排上力求接近原文，而"交际翻译"则注重接受者的理解和反应，即信息传递效果（杨士焯，1989：68）。无论是"语义翻译"还是"交际翻译"，其目的都是希望通过译者的当下视域与文本的过去视域和未来的文本视域融合（余斌，2015：47）。至于采用语义翻译策略还是交际翻译策略以达到作者的历史视域和读者的未来视域的"视域融合"，既取决于文本功能，也受译者个人角色、读者期盼、接受性和翻译目的（Skopostheorie）的影响。

二、第二个维度：工具性知识——路线图中的翻译方法

路线图中的第二个维度是工具性知识。工具性知识最能体现译者核心竞争力"价值性""独特性""延展性"三个特征中的"独特性"，也是破解翻译难题的利器。翻译工具性知识既不同于增、减、删等翻译技巧，也不同于功能主义、阐释学等翻译理论。翻译既需要宏观思维，也需要工具性知识，因为翻译毕竟是实践性的专业和行业。"工欲善其事，必先利其器。"译者需发扬工匠精神，但没有工具，"巧妇难为无米之炊"。需要指出的是，翻译工具性知识只有在宏观思维和写译能力的基础上才能用好，只有在翻译实践中不断探索才能用活。

1. 平行文本

参考平行文本是译者应具备的工具性知识，也是翻译教学和翻译实践的重要手段。什么是平行文本？在比较语篇语言学中，"平行文本"是指在不同语言文化背景中具有相同或相似交际目的的文本。在翻译实践中，平行文本可用于检验不同语言表达相同事实的材料，也可用于衡量目标语是否被受众接受以及可接受的程度。平行文本不仅能为译文行文和措辞提供具体参照，还可以起到规范译文、评估译文质量的作用（王克非，秦洪武，2015：763）。借鉴平行文本有助于译者提高译文质量，避免"中式英语"或"英式中文"，实现良好的交际目的。平行文本对于创建高质量的自主学习和发现式翻译教学环境也大有益处。

2. 语料库

计算机辅助翻译的核心是翻译记忆库(Translation Memory)，语料库是译者最重要的工具性知识之一。翻译中国历史和文化文本，特别是外译中国文献和对外

宣传，应考虑中国话语在世界的传播和影响力，使用中国语料库，同时参考外国语料库，兼顾中国文献和外国文献不同的表达方法。这样，译文一方面将有效地表达中国话语，另一方面又符合国外读者的阅读习惯和期盼。

3. 电子工具和机辅翻译

当今信息繁多、庞杂，专业领域不同，资讯多样化，如何应对大数据时代不同专业领域海量的翻译对译者是巨大的挑战。从翻译速度看，通过电子工具检索关键词不用重复查询就可以获得多个资料来源；从翻译质量看，电子工具能够帮助译者在海量的数据中尽快检索到相关的术语和知识，电子工具对于译者的重要性不言自明。由于人工智能的迅速发展，机翻+人工翻译是应用型翻译的一大趋势，译者应当掌握并熟练运用这些工具性知识，不断提高翻译效率和质量。

4. 定性定量、交叉验证

定性研究（Qualitative Research）也称"质化研究"，是确定事物本质属性的科学研究；定量研究（Quantitative Research）是对特定研究对象总体得出的统计结果进行的研究。无论是文学翻译还是非文学翻译，译者都需要创造性思维，但也需要理性分析。在翻译过程中，译者会因为某一个词、词组或惯用语感到困惑；翻译、审校时，对译文的准确性、适用性拿不准、吃不透，因此定性定量分析、交叉验证是保证译文质量的重要方法，也是译者重要的工具性知识。

具体来讲，定性分析确定某一概念在目标语中可能有哪些表达方法；定量分析确定不同的表达方法在目标语中使用的频率，以便选择最准确、最常用、最符合英语习惯的表达方法。前者回答"为什么"，后者回答"有多少"；而交叉验证则是通过多角度、多层次对比，反复求证，最终得到精准的译文。一般来讲，翻译可先定性，后定量，再定性。定性定量、交叉验证有助于提高译者的翻译质量。

5. 回译

回译，即将翻译成特定语言的文本又重新翻译成源语的过程（"a process in which a text which has been translated into a given language is retranslated into SL"）（Shuttleworth & Cowie，2004：14）。汉英语言和文化存在一定的"不可通约性"（incommensurability），表现在"语域"（register）、"风格"（genre）、"体式"上的差异（贾文波，2004：20—33）。通过回译，可以了解两种语言和文化上的差异，更好地探索英汉互译的翻译策略和方法。

回译也是一种训练方法，通过对比原文、译文和回译文本，提高译者对"忠实"与"叛逆"、"译"与"不译"、"过译"与"欠译"的理解，从而更好地把握翻译的尺度。通过回译，分析两种语言之间的差异，不仅可以找出翻译规律和翻译方法(王永胜，2018：125)，还可以了解中国文化在对外传播过程中哪些文化元素被"激活"，哪些文化元素被"遮蔽"(聂家伟，2019：104)。

6.译者注

译者注是翻译有效的补偿手段，并非可有可无。首先，译者注是译者翻译的一种表现形式，它不仅仅是对原作的补充，也反映了译者的政治立场、意识形态和个体选择。其次，译者注为读者扫除阅读和理解障碍，纠正原文中的错误，是对原文本更高意义上的忠实。再者，译者注补充、阐释原文内容或纠正原文错误，实现了原文本意义上的增值，也是译者批判性思维和主体意识的体现。翻译大家严复翻译《国富论》译者注多达317处，其中中文33处、英文284处，何况晚辈乎？

三、第三个维度：写译能力——路线图中的核心素养

路线图中的第三个维度是写译能力。作家、诗人余光中（2002：43）认为："翻译也是一种创作，是一种'有限的创作'。"很多国外翻译家、作家也持相同的观点。美国汉学家、翻译家葛浩文以翻译莫言作品为例，认为"作者是为中国人写作，而我是为外国人翻译"。"拿中文读，用英文写。"（To read as a Chinese, to write as an American.）（Goldblatt，2002；张耀平，2005：75—77）由此看来，一个人的翻译能力与其写译能力不无关系，写作能力是翻译的基础。

写作能力是译者翻译能力的"延展"，是译者"关键能力"和可持续发展的基石。翻译过程写中有译、译中有写，写和译是翻译的孪生姊妹。英译汉需要译者具有良好的汉语写作能力，切忌目标语（汉语）出现"英式中文"；汉译英则需要译者有强有力的英文写作能力，防止目标语（英语）出现"中式英文"。"翻译即写作"，中英文写作是译者的核心素养，即让·德利尔强调的"重建原文功能"的能力。当前，我国大学生、研究生的"中式英文"无处不在，"英式中文"泛滥成灾，成为阻碍学生提高翻译能力的"阿喀琉斯之踵"（Achilles' Heel）。

为此，翻译教学、研究有必要构建一个翻译路线图，既规范了庞杂的翻译教学内容，又能系统地训练译者的学习逻辑思维，总体上反映了译者的翻译过程，

为译者提供学习翻译的路径和方法。本书中的翻译路线图集本人数十年翻译实践、翻译教学心得，通过宏观思维、核心素养、工具性知识三个维度将翻译学习内容置于框架中，形成了一个有效的自主学习、自我完善的翻译学习系统。根据路线图学习翻译，有助于译者掌握翻译的基本要求、过程和方法，从而提高译者的翻译核心素养和翻译核心竞争力，为译者成为"善于学习的终身学习者"提供方法和指南。

　　教材是知识的载体，承载人才的培养理念和方法，关系到翻译人才培养的质量和终身学习能力的成败。"翻译学作为一门独立的学科，其教材建设是核心"（陶友兰，2017：85）。"翻译教学之难，首先难在没有好的翻译教材"（许渊冲，1991：1）。"授人以鱼"，不如"授人以渔"，翻译教材的编写和教学应从三个有利于出发：有利于培养译者的翻译核心素养，有利于提高译者的翻译核心竞争力，有利于译者翻译能力的可持续发展，摒弃以"增译""省译""拆分""重构"等传授翻译技巧为手段的传统教学方法，翻译教学再也不能"炫理论""玩技巧"了。

朱　华

2023年写于成都龙湖

目　录

第一章
非文学翻译概论

　　我国传统的翻译教学以掌握翻译技巧为教学目的，以字、词、句、篇章为主要教学内容，上课侧重讲"增译""省译""拆分""重构"等翻译技巧，课后做翻译练习巩固翻译技能、技巧，其结果是学生学了一大堆翻译技巧和理论，一上阵做翻译就败下阵来。"翻译没学好，中英文学坏了"，这是我国现在相当一部分翻译专业本科生、研究生翻译水平的真实写照，也反映出我国翻译教学"学术化""技巧化"给翻译人才培养带来的不良影响。

　　"授人以鱼"（传授翻译技巧），还是"授人以渔"（培养翻译能力）？这是我国翻译教学和人才培养亟待解决的问题，关乎我国翻译人才培养的质量和译者核心竞争力、可持续发展的根本问题。由于翻译领域多、内容庞杂、课时有限，翻译教学不可能面面俱到，其教学内容的安排和取舍需从"三个有利"出发：是否有利于培养译者的翻译核心素养，是否有利于提高译者的翻译核心竞争力，是否有利于译者翻译能力的可持续发展。

　　基于此，翻译教学必须摒弃英汉词法句法对比、传授各种翻译技巧、篇章翻译练习的传统教学方法，向拓展译者宏观视野、掌握工具性知识、提升翻译核心竞争力转变。翻译人才核心竞争力的培养必须从三个维度进行：一、宏观思维，即翻译宏观六要素和批判性思维。二、核心素养，即译者的中英文写作能力。三、工具性知识，即"平行文本""电子工具""语料库"等知识。

　　为此，本书制定了一个翻译路线图，将翻译学习内容均置于翻译路线图（见自序图1），既规范了庞杂的教学内容，又训练了译者的学习逻辑思维，反映了一般译者的翻译过程，为译者提供了翻译路径和学习方法。路线图中各要素相互联系、相互作用，译者可将框架的机理正向运用于翻译过程，也可反向验证翻译结果，评估学习效果。路线图不仅对学习、研究翻译起到提纲挈领的宏观引领作用，也可以指导译者在翻译实践过程中庖丁解牛，训练译者的翻译思维，达到翻译过程精细化的效果。

头脑风暴

汉学家、翻译家葛浩文认为："It has been my experience that most writers at least tolerate the men and women given the task of rewriting— for that is surely the nature of translation— their work into other languages."（Goldblatt, 2002）（"据我的经验来看，大部分的作者至少都能容忍男男女女将其作品改写为另一种语言——这绝对是翻译的本质。"）他强调改写或创造，忠实与背叛是"好翻译"不可或缺的两大要素。葛浩文将译文的接受性置于优先地位。翻译莫言小说《天堂蒜薹之歌》时，他叛逆地将小说的结尾改译成了相反的结局。你同意葛浩文"连译带改"的翻译方法吗？"葛式翻译"能否运用于非文学翻译？为什么？

案例研究

The Seventy-One-Million-Dollar Word

In 1980, 18-year-old Willie Ramirez was admitted to a Florida hospital in a comatose state. His friends and family tried to describe his condition to the paramedics and doctors who treated him, but they only spoke Spanish. Translation was provided by a bilingual staff member who translated "intoxicado" as "intoxicated". A professional interpreter would have known that "intoxicado" is closer to "poisoned" and doesn't carry the connotations of drug or alcohol that "intoxicated" does. Ramirez's family believed he was suffering from food poisoning. He was actually suffering from an intracerebral hemorrhage, but the doctors proceeded as if he were suffering from an intentional drug overdose, which can lead to some of the symptoms he displayed. Because of the delay in treatment, Ramirez was left quadriplegic. Eventually, he received a malpractice settlement of $71 million.

一字之差，7100万美元的代价

1980年，18岁的威利·拉米雷斯在昏迷状态下住进了佛罗里达的一家医院。他的朋友和家人想把他的情况反映给护理人员和医生，但他们只会说西班牙语。一名会双语的员工提供了翻译服务，但是将"恶心"翻译成了"喝醉"。专业译员应该知道，"恶心"更倾向于"中毒"症状，并没有"喝醉"所含的服用了药物或酒精含义。拉米雷斯家人认为他是食物中毒，其实是脑内出血，但医生按照药物使用过量来治疗，因为药物过量也可能引发同样的症状。由于耽误了治疗时间，拉米雷斯

最终四肢瘫痪。最后他收到7100万美元作为医疗失误的赔偿。

文学作品误译、漏译、编译，甚至改译都不会造成经济损失、医疗事故、法律纠纷或外交冲突，而非文学翻译以传递信息为主要目的，客观反映事实是译者的第一要务，忠实、严谨是非文学翻译的基本要求，译者应准确无误地再现原文所反映的客观事实，不能不懂装懂，任何误译、漏译可能造成重大政治、经济、法律后果，甚至生命代价。本案中，"intoxicado"（"恶心"）被误译成"intoxicated"（"喝醉"），一字之差，造成严重的医疗事故，赔偿金高达7100万美元，教训深刻，给从事非文学翻译的译员敲响了警钟。

一、非文学翻译概述

翻译历史悠久，早在远古时期就有了传译之事，西方有记载的翻译活动也有两千多年的历史，丰富多彩的翻译活动促进了翻译史的发展。彼得·纽马克认为，翻译犹如其所反映的人类社会，似乎经历了一个世俗化的历史进程。最早的翻译是宗教和法律等非文学翻译，而不是文学翻译，其译者主要是哲学家、科学家和个别神学家。非文学翻译的数量远超文学翻译。据估计，文学翻译仅占人类翻译活动总量的千分之三到四（侯向群，2002：410）。在我国，非文学翻译占整个翻译总量的99%以上（黄忠廉、李亚舒，2004：5），而文学翻译占比不到1%。

我国历史上出现了五次翻译高潮：第一次是东汉至唐宋的佛经翻译；第二次是明末清初的科技翻译；第三次是鸦片战争至五四前的政治思想与文学翻译；第四次是20世纪80年代改革开放时的科技翻译和文学翻译；第五次是21世纪中国"走出去"战略和"一带一路"倡议带动的工程技术翻译。五次翻译高潮都是非文学翻译占主导地位，取得丰硕成果，一些译著，如严复的《天演论》甚至推动了历史变革。虽然文学翻译也不断取得成果，但翻译数量较少，所占比例远不及非文学翻译。

进入21世纪，随着经济全球化，各国经济、科技、贸易、旅游交流日趋频繁，对于非文学翻译的需求日益增多。政治、经济、科技、医学、旅游等非文学领域，都需要翻译。政府机构的外事部门离不开外交翻译，企业的发展离不开合同翻译、商务翻译，发展旅游产业离不开旅游翻译，研究机构的学术交流也离不开翻译，而这些翻译大部分是非文学翻译。

由于非文学翻译在政治、经济、文化、外交、军事、旅游、科技、外宣等领域的重要性，非文学翻译的研究和人才培养逐渐受到重视，全国翻译硕士（MTI）专业学位教育指导委员会也将"非文学翻译"作为翻译专业硕士开设的必修课，非文学翻译的学术研究也逐渐得到重视。翻译理论家彼得·纽马克指出："I close by bringing to your attention two underplayed aspects of translation theory: the approach to non-literary translation and the impact of corpora from database on translation."（Newmark，1988）（"最后，我提请大家注意翻译理论被忽视的两个方面：非文学翻译方法和语料库对翻译的影响。"）

二、文学翻译与非文学翻译

文学翻译文本来源于生活，其内容虽可有事实基础，但整体虚构；非文学翻译文本来源于事实，重在真实，非虚构；文学翻译的语言文采四溢，生动形象，极富感情，而非文学翻译的语言准确真实，简洁有力；文学翻译要求保留原作韵味和风格，再现原作的艺术感染力，而非文学翻译则应基于翻译的目的和原文本的功能，准确无误地传达原文的信息事实，注重文本功能的传达和译文的可读性；非文学翻译灵活性小于文学翻译，责任大于文学翻译，严重的误译甚至可能导致危害他人生命的事故或冲突发生。

（一）相同之处

非文学翻译和文学翻译从内容上来说，都是对客观事物的反映；从形式上来说，运用的媒介都是语言；对作者来说，它们都是思维的成果；对读者来说，它们都有认知价值；从功能来说，它们都有社会价值。二者都对译者有共同的要求，主要包括几个方面：（1）都需译者透彻地理解原文；（2）都需译者以读者可接受的方式传递原文含义；（3）都需译者具有缜密的逻辑思维、严谨的工作态度和解决问题的能力；（4）都需译者的灵感、勤奋。

文学翻译与非文学翻译是两种不同的文本，但操作过程并无实质性区别。无论是非文学翻译还是文学翻译，都要求译前对原文宏观分析，查询背景资料，透彻理解原文；译中以严谨缜密的态度和科学的方法解决问题（如定性定量分析、回译、交叉验证、使用电子工具等）；译后认真校对译文，批判性复检，确保译文的准确性。批判性思维应贯穿于翻译活动始终（李长栓，2017：36）。

（二）不同之处

文学是虚构的，虽然可能有事实基础，如自传体小说；非文学是基于事实的，虽然其中也可能包含虚构的成分，如用于说理的举例。非文学翻译注重信息传递的准确性、文本预期功能的实现以及译文语际下的交际目的，这与特别重视形式、风格和语言感染力的文学翻译不同。从下表中的六个方面，我们看出文学翻译与非文学翻译的主要区别（表1.1）：

表1.1　非文学翻译与文学翻译的区别

区别要素	非文学翻译	文学翻译
作者	主要运用逻辑思维、客观事实、统计数字、逻辑的判断和推理说话	主要运用形象思维，以生动感人的形象描绘说话
内容	反映现实世界，重事实，具有客观的实在性	反映主观和想象的世界，虽然可能有事实基础
形式	贵在朴实明白	贵在文采生动
语言	质朴的语言、通用的或解释性比喻	原创性语言或富有想象力的比喻
读者	诉诸读者事实与理智，鉴赏者侧重于科学真实、具有实用功能的评价	诉诸读者以感情和想象，鉴赏者侧重于艺术真实和审美创造的判断
功能	传递信息	艺术感化
文本	多为信息型文本	多为表达型文本

一些翻译材料既有文学翻译成分，也有非文学翻译成分，如旅游翻译，按翻译题材或领域划分，它属于非文学翻译，但旅游翻译中也常有表达型文本和呼唤型文本，是文学翻译的范畴。陈刚指出："旅游翻译包含在文学翻译类中。由于旅游活动的口笔译内容包括风景名胜主题，山水文学（诗词、散文）主题，游记主题，楹联及横批主题，旅游指南主题，导游讲解服务或参观问答中的诙谐趣话，无目标语字幕的影视台词，无目标语字幕戏曲、歌剧、话剧的唱词及对白等，无怪乎欧洲翻译学者把有关的旅游翻译归类为文学翻译。"此外，一些"导游词常常不失为具有白描特色的优美的文学作品，所以它还可以是一种文学体裁文本"。（陈刚，2002：68）

三、文学与非文学翻译之争

自从人类有了语言交流，非文学翻译就占有重要地位，一些非文学翻译作品甚至改变了人类文明，一些引入的诸如政治、哲学、经济、科技等领域的非文学翻译作品改变了一个国家的政治经济生活。但由于受"文学至上"的误导，重文学翻译，轻非文学翻译，一直是译界的传统。文学翻译和非文学翻译孰轻孰重？谁更难？谁更优？译界争论不休，难以形成定论。

（一）孰轻孰重？

案例研究

请阅读下列译文，分析文学翻译与非文学翻译孰轻孰重，两者的误译相比有什么样的不同后果。

文学翻译

郎骑竹马来，绕床弄青梅。

——李白《长干行》

You came by on bamboo stilts, playing horse,

You walked about my seat, playing with blue plums.

（庞德 译）

以上为美国翻译家庞德（Ezra Pound）翻译李白《长干行》的译文，他将"竹马"译为"bamboo stilts"（竹"高跷"），但诗中的"竹马"并不是踩"高跷"，而是指把竹竿当作马来骑；"青梅"被译成个儿更小、美国产的"blue plums"，而不是中国产的"青梅"。余光中批评道："假李白之名，抒庞德之情，这种偷天换日式的'意译'，我非常不赞成。"但庞译《长干行》被选入美国教材，使李白的诗歌在美国大受欢迎，在20世纪掀起了一股学习中国古典诗歌的热潮。通过庞德的译介，李白的诗歌从中国走向世界，在海外的名气很大。

中国翻译实践证明，"再高明的西方翻译家，不出现错误以至严重错误的情况不多见"（潘文国，2004：43）。又如，翻译"昔为娼家女，今为荡子妇"这一诗句时，大名鼎鼎的汉学家翟理士（Herbert Giles）把"荡子"译成了"roue"（好色之徒），而庞德把"荡子"译成了"sot"（酒鬼）；然而，"荡子"出自《列子·天瑞》："有人去乡土游于四方而不归者，世谓之为狂荡之人也"，是指游走远方的"游子"。但是庞德、翟理士的这些误译并没有影响中国文化的对外传播，也没有产生政治、经济、法律后果，这与非文学翻译大不相同。

非文学翻译

In 1956, Soviet premier Nikita Khrushchev met

In 1956, Soviet premier Nikita Khruschev met the Western ambassadors at a reception at the Polish embassy in Moscow where he uttered a phrase that was translated as **"We will bury you."** The phrase was plastered across magazine covers and newspaper headlines, further cooling relations between the Soviet Union and the West.

Yet when set in context, Khruschev's words were closer to meaning **"Whether you like it or not, history is on our side. We will dig you in."** He was stating that Communism would outlast capitalism, which would destroy itself from within, referring to a passage in Karl Marx's *Communist Manifesto* that argued **"What the bourgeoisie therefore produces, above all, are its own grave-diggers."** While not the most calming phrase he could have uttered, it was not the sabre-rattling threat that inflamed anti-Communists and raised the spectre of a nuclear attack in the minds of Americans.

Khruschev himself clarified his statement – although not for several years. "I once said 'We will bury you', and I got into trouble with it," he said during a 1963 speech in Yugoslavia. "Of course, we will not bury you with a shovel. **Your own working class will bury you.**"

1956年，苏联总理赫鲁晓夫在莫斯科的波兰大使馆里接见西方诸国大使。赫鲁晓夫语出惊人："我们要埋葬你们。"这句话很快便被翻译并登上了各大报刊的头版头条，使苏联与西方的关系降到了冰点。

然而根据上下文来看，赫鲁晓夫原话的意思应该是："**不管你们喜不喜欢，历史都在我们这一边。我们会为你们掘土。**"他实际上指的是马克思在《共产党宣言》里写的一段话：资产阶级"**首先生产的是它自身的掘墓人**"，意思是资本主义将从内部自我毁灭。共产主义最终将战胜资本主义。虽然这句话也不那么让人安心，但毕竟还算不上什么刀光剑影的恫吓，也不至于激怒反共势力，让如临大敌的美国人以为受到了核威胁。

1963年，赫鲁晓夫本人在南斯拉夫的一次演讲中澄清了这段话。"我曾因为一句'我们要埋葬你们'，而引来许多麻烦。我们当然不会用铁铲埋葬你们。**你们国内的工人阶级将埋葬你们。**"

（二）谁更难？

翻译练习

试译下面两个文本，一个是文学翻译，另一个是非文学翻译，你认为哪一个翻译更难？

文学翻译

Had his brain been damaged by too many war films? Jim had tried to tell his mother about his dreams, but like all the adults in Shanghai that winter she was too preoccupied to listen to him. Perhaps she had bad dreams of her own. In an eerie way, these shuffled images of tanks and dive-bombers were completely silent, as if his sleeping mind was trying to separate the real war from the make-believe conflicts invented by Pathe and British Movietone.

Jim had no doubt which was real. The real war was everything he had seen for himself since the Japanese invasion of China in 1937, the old battlegrounds at Hungjao and Lunghua where the bones of the unburied dead rose to the surface of the paddy fields each spring. Real war was the thousands of Chinese refugees dying of cholera in the sealed stockades at Pootung, and the bloody heads of communist soldiers mounted on pikes along the Bund. In a real war no one knew which side he was on, and there were no flags or commentators or winners.

非文学翻译

The richness of the Moutuo tomb lies not so much in the sheer number of grave goods—though the number is indeed the highest yet encountered in a cist burial—as in the presence of objects from faraway places. Their origins are so scattered that the mere fact of their accumulation must have signified power and wealth to other members of the owner's society. The deceased was probably a warrior of very high status. Like other tombs of the same period, both in Sichuan and in the Chinese world, the Moutuo tomb contained many more weapons than the deceased himself needed for combat, and they were a very mixed assortment. While some belong to classic eastern Sichuan types, others stand out for their rarity. They vary also in casting quality and in technique of manufacture. For a large number of the weapons, bells, and vessels, Lothar von Falkenhausen has suggested points of origin or noted affinities with objects made elsewhere. Moutuo was the final destination of objects from many different regions.

（三）谁更优？

文学翻译形式优先于内容，更强调语言风格、跨文化交际；非文学翻译内容优先于形式，准确传达信息始终是第一要务。文学翻译陶冶情操，非文学翻译促进交流。文学翻译传播、吸收不同国家文化；非文学翻译加强国家之间的经济、科技、政治、外交等领域的联系。文学翻译难在译出文体、风格、修辞，诗歌还需押韵，体现诗歌的张力；非文学翻译难在涉及领域广、专业性强、工具性知识要求高。

译文分析

试分析以下两个文本，一个是文学翻译，一个是非文学翻译，你认为哪一个更优美？

文学翻译（诗歌）

绝句

两个黄鹂鸣翠柳，一行白鹭上青天。

窗含西岭千秋雪，门泊东吴万里船。

A Quatrain

Two yellow orioles chirp in the green willows,

White herons flutter into the blue sky in a row.

Snow-capped Xiling enframed in my window,

Boats from Dongwu anchor outside my abode.

（朱华　译）

非文学翻译（景点）

蒙顶山

蒙顶山由上清、玉女、井泉、甘露、菱角等五峰组成。诸峰相对，形状似莲花，山势巍峨，峻峭挺拔。前山，绝壁飞泉，茶畦披绿，红宇古刹，浓荫蔽日；后山，怪石嶙峋，藤萦蔓绕，杂花生树，曲径通幽。

Mengding Mountain

Mengding Mountain consists of five peaks: Shangqing, Yunv, Jingquan, Ganlu and Lingjiao, which stand opposite each other in the shape of a lotus flower. Steep and towering, they are often shrouded in rain and fog. On the front slope of the mountain you will be impressed by green tea trees, hanging cliffs and splashing springs and ancient temples tucked away in the greens. Behind, on the back slope, you will be delighted at rocks, flowers, rattans, woods as well as the winding paths.

（朱华　译）

从以上三个方面来看，文学翻译和非文学翻译谁更重要，无法衡量，也无须衡量。文学翻译和非文学翻译哪一个更难？无法衡量，也无须衡量。文学翻译和非文学翻译哪一个更美？文体不同，难以比较高下。文学翻译与非文学翻译都有自身的价值，在各自的领域里发挥相互不可替代的作用，不存在孰轻孰重；翻译都有难度，难易程度视文本而定，都需要深厚的中英文语言功底、百科知识和严谨的治学态度；都有自身的语言美和形式美，不存在孰优孰劣，更不能说谁更"高大上"。

四、翻译的素质要求

翻译视频

观看视频，你认为从事翻译工作应具备哪些条件？

（一）扎实的语言基本功

语言功底是检测职业译员基本能力的标准之一。一名优秀的译员应具备良好的英语修养和扎实的汉语基本功，掌握英汉两种语言的特点和互译方法，能快速、准确地遣词造句。译员要有良好的语言基本功、敏锐的听力、超常的词汇量、良好的语感以及灵活的表达能力。

翻译练习

译者为什么需要扎实的语言基本功？试译下文。

1. 东岳峰绝壁上镶有"别有天"三个字的石刻，石块为当地特产的白浆石，高2米、宽1.6米，重达千斤以上。云岩寺后立有一黝黑色"虎"字碑，笔力雄劲豪迈，乃世所罕见。

2. The sights, smells, and sounds of the Chengdu City markets, where exotic goods converged on a city nearly as large as metropolitan Chang'an, were so marvelous that one local prefect serving in the southwest, when faced with imminent execution for dereliction of duty, negotiated a delay in the date of execution so that he could visit the fabled markets once before he died.

（二）熟练的写译能力

翻译能力是通过训练获得的，是长期实践和不断积累的结果。翻译是"二度写作"，没有良好的中英文写作水平很难达到职业翻译的要求。好的译文应当用优质的母语表达而不露翻译痕迹，避免"翻译腔"（详见第三章），符合目标语读者的阅读习惯。英译汉是对译者汉语水平的考验，不能受英文思维影响，使用欧化语言，译成"英式中文"；汉译英则是对译者英语写作能力的考验，不能套用汉语的结构和语法，译成"中式英语"（详见第四章）。

【翻译练习】

译者为什么需要熟练的写译能力？改译下文，并说明理由。

1. **原文**：He sent flowers, gifts, pretty things he knew I'd like, things he knew I couldn't have on my own.

   译文：他送过花儿，礼物，和他知道我喜欢的东西以及他知道我买不起的东西。

2. **原文**：No problem too big. No business too small.

   译文：由于没有出现大问题，因此就可以经营小生意。

3. **原文**：计算机的用途并不止这些，至少还可以再增加几项。

   译文：These are not all the usage of computer, several more can be increased at least.

4. **原文**：众所周知，中国自然资源十分丰富，具备良好的条件发展工农业。

   译文：As is known to all, China is rich in natural resource, which gives China good conditions to develop industry and agriculture.

（三）广博的知识面

译员仅有扎实的语言基本功是远远不够的。常常有译员因缺乏主题知识或百科知识而出现"卡壳"的现象。译员必须掌握丰富全面的百科知识，例如专业常识、社会常识、法规政策常识、国际常识以及背景知识、国情地情、风土人情、名胜古迹、花草树木、昆虫动物等百科知识，拥有较高的文化修养，熟悉各行各业，努力做一个"杂家"或"万事通"。

【翻译练习】

为什么译者需要广博的知识？试译下文，并做简要分析。

1. 自贡名称源于自流井和贡井。北宋时期，四川发明了冲击式顿钻法，打下了上千口数丈深的新型井。

2. 常饮此茶，可怡神醒脑，明目清火，消食除腻。

3. Their new constitution was a fig leaf to conceal their intention to betray their people.

4. If a particular cargo is partially damaged, the damage is called particular average. It's obvious that the products are below the average quality.

（四）跨文化交际能力

"跨文化交际"这一术语是E.T.霍尔（1959）首先提出的。霍尔注意到误解并非源自语言，而是诸如"沉默""潜藏"或"无意识"等其他模式化（patterned）因素造成的，即来自文化的差异。翻译既是一种跨语言的交际活动，也是一种跨文化的交际活动。译者不仅需要了解中外语言差异，还要深入了解中西文化差异。下面是跨文化交际中出现的一段笑话。如果你当时在场，你会怎样翻译呢？

某外宾称赞一位中国官员的夫人美丽，这位官员忙说"哪里，哪里"，译员照直翻译"Where, Where"，外宾听了很诧异，只好回答"Everywhere"，这一交际失误的笑话是由中国官员和译员二人共同造成的：中国官员不了解西方文化，不懂得对方称赞他夫人美丽是礼貌友好的一种表达方式，也就不知道如何得体应答；译员缺乏跨文化交际知识，不了解汉英语言指称意义和蕴涵意义的区别，不但不会替这位官员圆场，弥补交际失误，反而使交际失误更加严重。

译文评析

从跨文化交际的角度判断以下AB句，指出正译或误译。

1. 人都是这山望着那山高，对自己的现状没有满意的时候。

   A. Almost all people think that the other mountain is higher than the one he's standing on. They never feel satisfied with what they've already got.

   B. Almost all people think that the grass is greener on the other hill. They never feel satisfied with what they've already got.

2. 北京申奥成功的消息令我们热血沸腾。

   A. Beijing's winning the bid for the Olympics makes us excited.

   B. Beijing's winning the bid for the Olympics makes our blood boil.

（五）责任心

20世纪30年代，林语堂在《论翻译》中提出了译者的三种责任：一是对原作者负责；二是对读者负责；三是对艺术负责。一位译员担任多明戈和宋祖英陪同翻译，他是这样谈翻译责任心的："当时为了她们的演唱会，我搜集了所有可能涉及音乐专业知识的资料和专业术语，加起来差不多五十页，结果所用到的少之又少。但是，一位负责的译员要做好万全准备。" 翻译应认真对待每一次翻译任务，加强责任心，忠实、准确地传达讲话人的原意，不得任意增删，不懂装懂。

（六）维护国家、企业形象

翻译工作是一个崇高的职业，译员作为交谈双方的中间人是必不可少的辅助人员，讲不同语言的人们只能通过译员来互相沟通。译员的工作作风和工作经验直接关系到国家、企业的声誉和形象以及交流的成败。因此，译员必须树立良好的职业道德观念，维护企业、国家的权益和形象。

案例研究

在一次谈判中，外方提出了一个明显过高、不合理的要求，中方非常生气，说："这老外发昏了，想吃天鹅肉啊！"外方也很着急，等着译员翻译。这时翻译急中生智，用中性的口气说道："This is really too much. If you insist, I'm afraid we can't go on."译者翻译时要考虑不同国家的政治、文化背景，既不能信口开河，也不能有话直说（翻译），这里"想吃天鹅肉"就不能直译，译者必须自觉维护企业和国家的形象和利益。

（七）良好的心理素质

翻译工作有时会在大庭广众之下进行，面对众多听众，临场经验不足的译员可能会怯场，尤其是在比较重要的场合，情绪紧张，造成翻译失误。怯场的原因多半是自信心不足，对专业或专业术语不熟，怕其他懂外语的人挑剔。为此，译员要注意突破心理障碍，努力战胜自我，培养从容面对听众的良好的心理素质。

翻译视频

84岁还是48岁？观看翻译视频，谈谈心理素质对翻译的重要性。

五、非文学翻译的职业化

翻译职业化是从口译开始的，1919年巴黎和会是现代翻译开始的里程碑，也是职业翻译的开端。1963年国际译联通过了《翻译工作者宪章》，肯定翻译的职业地位。第三次科技革命，特别是计算机、互联网、通信设备的飞跃发展，加上全球化的推动，大大改变了人际沟通及信息传播的面貌，非文学翻译呈现出欣欣向荣的局面，翻译已经成为对外交流的热门职业。目前，我国正处于第五次翻译高潮时期。与前四次相比，第五次翻译高潮时期的信息量更大，涵盖面更广泛，题材更丰富多样，方式更灵活便捷，技术更先进，从业人员更众多，理论研究更活跃，正在改变中国翻译以外译汉为主导的历史，对翻译提出了更高的要求。

（一）中国翻译的职业化

中国的翻译历史悠久，发轫于东汉时期的佛经翻译，唐宋时期发展到新高度。早在东汉时期，我国就已有专门的翻译机构，洛阳白马寺清凉台是西域、印度佛教学者、高僧来中国后翻译佛经的中心，中国第一个佛经译场。1629年徐光启主持历局，是中国历史上第一个科技翻译机构，职业翻译自古就有。目前，翻译职业在我国政治、文化、经济、科技、军事等各个领域中普遍存在，翻译机构众多，如政府、企事业单位中的翻译部门，以及遍布各地的翻译公司、翻译培训单位等（谢天振，2014：4）。方梦之（2012：2）认为，翻译职业化包含三方面的内容，即权威机构（翻译协会）指导、职业翻译主体、信息技术支撑。

图1.1　中国翻译协会网站

（二）职业译员

中国实施"走出去"战略和"一带一路"倡议，发扬大国工匠精神，已经成为世界制造工厂、经济大国，翻译工作量和翻译产值屡创新高，大量职业翻译人员为我国政治、经济、技术、医疗、工程、旅游等领域的对外交流发挥了重要作用，做出了重要贡献。他们或从事自由职业，或在翻译公司任职，或隶属于某个政府或非政府部门。

1. 自由译员

自由译员（freelance translator）是指自己独立接翻译业务，独立完成翻译的个人。他们不从属于任何翻译机构，是完全靠自己翻译挣钱的自由职业者。自由译员通过网络搜索以及招聘网站寻找专业翻译公司或出版社，登记为兼职译员，或由业内人士引介。但无论是兼职还是专职，客户都希望译员有经验，能够确保质量、守时，因此自由译员同样也需具有专业翻译所需的技能和精神。

2. 翻译公司

中华人民共和国成立以来首个翻译公司行业权威报告《2016中国翻译公司业务发展报告》表明，我国语言服务企业总数从16家发展到37197家，翻译公司专职从业人员达到119万人，其中翻译人员占53.8%。但与我国庞大的翻译市场需求相比，我国专职翻译人数少，远远不能满足翻译市场对专职翻译人才的需要。翻译公司随着翻译的职业化而出现，承担着我国翻译市场非文学翻译的重任。翻译公司由不同部门组成，以保证翻译流程有序进行。图1.2为翻译公司常见的组织架构。

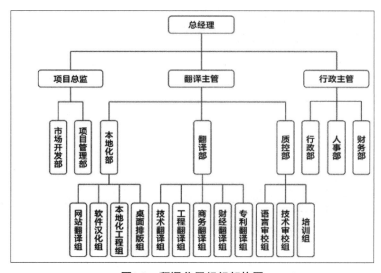

图1.2　翻译公司组织架构图

头脑风暴

你将来愿意做职业译员吗？你愿意在翻译公司什么样的岗位上工作？

3. 政府部门

外交部建立起一支拥有数十个语种的外交翻译队伍，即外交部翻译司，主要从事外交文件、文书笔译，领导人外事活动口译和国际会议同声传译，承担机构英、法、西、葡等语种高级翻译人员的专业培训工作。各省政府都建有外事机构，是省政府外事工作的组成部分，设置翻译岗位，归省政府管理。

（三）翻译资格认证

职业翻译应具备职业译员的核心素养，在实践过程中不断积累经验，拓展自身的知识面，从而不断提高自己的翻译水平。要成为一名职业译员，除了翻译专业知识，还应当通过系统训练获得翻译资格认证。在欧美国家，获得翻译资格认证是从事翻译的必要条件。比如，澳大利亚翻译资格认证局颁发的NAATI翻译证书（全称National Accreditation Authority for Translators and Interpreters），英联邦国家和欧美国家通用，在世界享有良好的声誉。

我国也有翻译资格认证，其中全国翻译专业资格（水平）考试，英文名称China Aptitude Test for Translators and Interpreters（CATTI），是为适应社会主义市场经济，更好地为我国对外开放和国际交流与合作服务，在全国实行的统一的、面向社会的、国内最具权威的翻译专业资格（水平）认证。取得证书并符合《翻译专业职务试行条例》的人员，用人单位可根据需要授予其相应技术职称（见表1.2）。

表1.2　翻译证书等级以及对应职称

等级	职称
资深翻译	评审（正高级职称）
一级口、笔译翻译	副译审（副高级职称）
二级口、笔译翻译	翻译（中级职称）
三级口、笔译翻译	助理翻译（初级职称）

六、非文学翻译发展前景

（一）行业现状

我国翻译行业处于成长期，有以下特点：语言服务外包产业发展前景良好；语言技术及产品研发日益成熟；翻译人才培养及评价体系日趋完善；语言服务行业的应用越来越广泛。我国翻译市场发展快，但也面临着巨大的挑战：翻译公司数量众多，翻译质量参差不齐；翻译企业规模小，品牌公司少，与目前整体翻译需求不协调；同行竞争激烈，价格不断走低，导致翻译质量下降，低质、劣质作品充斥市场。这就要求我国高等院校改革翻译教学，特别是非文学翻译的教学，提升翻译质量，培养高质量翻译人才，以适应中外翻译市场快速发展的需求。

（二）行业前景

我国是世界经济大国，也是安理会常任理事国，在世界舞台上举足轻重，在与世界各国政治、经济、科技、文化、外交的交流中，翻译产业也随之壮大。翻译行业是我国高成长行业，市场潜力巨大。据《2020中国语言服务行业发展报告》调查，2020年我国语言服务产值约366.25亿元。国际翻译市场市值不断增长，2021年全球语言服务产值突破500亿美元，并呈不断增长的趋势。

（三）翻译技术

我们处在信息化时代，翻译技术发展迅猛，在很大程度上缓解了传统翻译模式与日益增长的翻译需求之间的矛盾。一方面信息快速传递，翻译量剧增；另一方面信息技术使大规模、快速、群体翻译成为可能。从某种意义上讲，翻译职业化是信息时代的产物，信息化是翻译职业化的技术保证。随着翻译行业信息化进程的深入，翻译技术能力已成为现代职业译员的重要特征。因此，作为职业译员，有必要掌握一些翻译辅助软件（详见第五章）。

头脑风暴

翻译过程中你使用过哪些翻译工具？请列举你熟悉的翻译软件或工具。

（四）机器翻译与人工翻译

20世纪90年代末，我国开始开发翻译软件系统，但由于技术水平有限，对翻译市场影响有限。随着21世纪科技水平的发展，越来越多的翻译软件、"翻译机"开始在市场上出现，在翻译界掀起了一股新的热潮。近几年来，人工智能（AI）的发展推动了机器翻译的进步，各大互联网科技企业都加速抢占AI翻译这块"大蛋糕"，翻译市场正在发生变革，如ChatGPT不单是聊天机器人，还能撰写邮件、论文、文案、脚本，翻译，编写代码等。目前非文学翻译领域正在充分利用人工智能等前沿科技的推动力，继续释放其庞大的潜在需求，非文学翻译市场正在迎来更大的市场机遇。

延伸阅读

2016年9月27日，谷歌宣布推出谷歌神经网络机器翻译系统（GNMT），采用神经网络机器翻译（Neural Machine Translation，NMT）技术提升机器翻译的水平，《麻省理工科技评论》杂志（*MIT TR*）报道称："几乎与人类无异"。迈克尔·张（Michael Zhang）做了一次谷歌翻译引擎新老两个版本和人工翻译的对比：表1.3中的"GT1"代表2016年3月份GT机译结果；"GT2"代表2016年10月中旬GT机译结果。

表1.3　谷歌机器翻译准确性对比

原文	How much risk is being added by insurers' banking acquisitions?
GT1	多大的风险正在由保险公司的银行收购增加？
GT2	保险公司的银行收购增加了多少风险？
人工翻译	保险商收购银行（股权）会增加多少风险？

作为职业翻译，掌握计算机辅助翻译工具会大大提高翻译速度，这是大数据时代对非文学翻译的要求。计算机辅助翻译正在创新，人工智能翻译与传统翻译相辅相成，集合人们智慧的翻译更成了一件"改变世界"的趣事。

翻译视频

观看视频，谈谈机器翻译对传统翻译市场的影响。

研究表明，随着科学技术的发展，机器翻译的准确性在不断增强，在达沃斯年会等一些国际论坛上，智能同传翻译应用越来越普遍。机器翻译可用于文档翻译、语音翻译、拍照翻译、网站翻译、扫描翻译等重复性较高的翻译，也可以做创意类的复杂翻译。与传统的机器翻译系统相比，2022年推出的ChatGPT可以更好地模拟人的翻译过程，其准确性和流畅度已经逐步接近人工翻译的水平，并在某些特定领域取得了重大突破。

2016—2017年
AlphaGo打败人类顶尖围棋手

2017年
机器人Sophia被授予沙特国籍、
任联合国创新大使

2017年
新西兰科学家研制的机器人
索姆当上了公务员

2022年
OpenAI推出ChatGPT，不仅能与机器
聊天，撰写邮件、论文，编写代码，
创作小说、诗歌，还能翻译

翻译视频

观看视频，人工智能能否取代人工翻译？为什么？

有人认为，人工智能主导的翻译将取代人工翻译，让一大批翻译从业人员失业，然而实践证明，人工智能、计算机辅助翻译在很长一段时间里还不能取代人工翻译，符合客户质量要求的翻译离不开高智商的人工翻译。

本章小结

非文学翻译题材涵盖面广，涉及经济、科技、政治、医药、旅游等多个领域。随着全球化的发展，非文学翻译的需求日益增长，远远超过了文学翻译的体量。文学翻译与非文学翻译不存在孰轻孰重的问题；翻译都有难度，都需要深厚的中英文语言功底、百科知识和严谨的治学态度；都有自身的语言美和形式美，不存在孰优孰劣，更不能说谁更"高大上"。非文学翻译涉及政治、经济、外交、科学研究等领域的翻译，对译员的素质、职业道德提出了更高的要求，译员必须有严谨科学的翻译态度。随着翻译市场不断规范、质量标准要求越来越高，翻译职业化、翻译资格认证逐渐成为从事非文学翻译的资格认证。机器翻译、人工智能提高了翻译的速度和质量，但翻译的质量最终取决于人的智慧，而不是翻译工具或人工智能。

课后练习

一、翻译下列句子，并做译文分析。

1. We call them failing states-countries where governments can no longer provide personal security, food security, or basic social services such as education and health care.

2. It would make a beautifully tidy story if each of these modules represented an area of visual space. At the moment that seems unlikely, the modules are not large enough to accommodate cells responding to all possible orientations.

3. 林边有一个洞，叫鬼谷洞，传说孙膑的师傅鬼谷子曾经在这里修炼。

4. 四川有一处美妙的去处，背依岷山主峰雪宝顶，树木苍翠，花香袭人。它就是松潘县的黄龙。

二、阅读下列段落，译出画线部分。

　　1942年1月1日，中、美、英、苏等26国为结成反法西斯同盟在华盛顿发表共同宣言。宣言表示赞成《大西洋宪章》，并决心共同打败德、意、日法西斯侵略，直到侵略国无条件投降，决不和敌国单独议和。中国作为世界反法西斯战争四大盟国之一签署了该宣言。

三、修改下列译文，并做译文分析。

1. 原文：Man did not learn to write until about 3000 B.C.

   译文：人类社会到公元前3000年才学会书写。

2. 原文：Mr. President, we have the occasion to observe your ability and patience in conducting the Committee, which are clear evidence of your eminent

suitability, and vindication of the confidence we have placed on you.

> **译文**：主席先生，我们有机会看到你领导委员会工作的才能和耐心。这是你杰出的适合性的证明，也是我们对你信任的证实。

3. **原文**：我们十分关注巴基斯坦的局势发展，正在进一步了解情况。

> **译文**：We concern the developments in Pakistan very closely and making further investigation into it.

4. **原文**：外国人申请各类签证，应当提供有效护照，必要时提供有关证明。

> **译文**：When applying for various kinds of visas, aliens shall present valid passports and, if necessary, provide pertinent evidence.

5. **原文**：我们期待着，在"同一个世界、同一个梦想"的主题下，与全世界各国、各地区的运动员和世界人民共叙友情，共享欢乐，共创辉煌！

> **译文**：We hope that under the theme of "One world, One Dream", we and the athletes, together with people from around the world will cement our friendship, celebrate our achievements and accomplish new feats.

第二章
文本与翻译

笔者制定的翻译路线图构建了非文学翻译过程、策略、方法的框架，既规范了庞杂的翻译教学内容，又能系统地训练译者的逻辑思维，总体上反映了译者的翻译过程，为译者提供了学习翻译的路径和方法。译者根据翻译路线图的基本要求、过程和方法学习翻译理论和翻译方法，循序渐进、坚持不懈，方可领悟翻译之道，逐步提高自己的翻译核心素养和翻译竞争力（见自序图1）。

首先，译者应从宏观的视角分析源语，把握源语文本类型、分析源语的背景、话外之音：**Who** is talking to **whom**, about **what**, **when**, **where** and **why**，即翻译宏观"六要素"。分析源语之后，根据源语文本类型、文体选择相应的翻译策略，或"异化"，或"归化"；可参考平行文本，从微观和中观的角度斟酌字、词、句、段及语篇，再根据简明英语和《欧盟委员会翻译写作手册》的原则对源语中的信息进行编码、重构、转换。

翻译需运用工具，传统字典已经不能适应大数据时代非文学翻译对目标语"质"和"量"的要求，在转换、重构、复检的过程中，电子工具的使用和计算机辅助翻译将有助于提高非文学文本字、词、句、段翻译的速度和质量，但电子工具的使用必须结合定量与定性验证和交叉验证，才能有效地保证译文的质量。

校对是翻译最后也是必要的阶段，译完原文必须对译文进行审校、润色，使之准确、优美、地道。译前、译中、译后翻译过程中，译者应始终保持批判性思维和严谨的治学态度，对原文中出现的错误应勘误，或采用译者注纠错，批判性复检应贯穿翻译过程始终。

本章涉及非文学翻译的定义、特点、题材等，探索在功能翻译理论的指导下处理非文学翻译文本的策略和方法，包括原文信息的取舍、翻译策略的选择、形式和内容的确定等，以便在翻译路线图的框架内寻求非文学翻译的一般规律，掌握非文学翻译的原则、路径和方法。

一、非文学翻译定义

非文学翻译，是与文学翻译相对而言，是指文学翻译外其他文本的翻译，也可笼统地称之为应用翻译。"应用翻译是一种以传递信息为主要目的，又注重信息传递效果的实用型翻译"，"实用性强，应用面广，其范围几乎涵盖当今政治、经济、社会、文化生活的各个领域，大大不同于强调艺术审美与文学欣赏的文学翻译"。（贾文波，2004：1）

（一）非文学翻译的特点

非文学翻译从文本功能上讲，属于应用型翻译。"文学翻译与应用翻译在翻译目的、翻译功能、翻译策略等诸多方面存在诸多差异，不能等同视之"（傅敬民，王一鸣，2017：6）。与文学翻译不同，非文学翻译多为信息型文本，以传递信息为主要目的，注重信息传递的准确性，有以下特点：

1. 忠实、准确。忠实原文、准确传递信息是非文学翻译第一准则。但是，非文学翻译涉及面广，原文可能出现逻辑混乱、内容失真、书写错误、表意不明等问题。对于原文出现的以上问题，不要盲目忠实原文，必要时可与作者或客户沟通，对文本进行优化和修改，但不能损坏原文的关键信息。

2. 简洁、有效。非文学翻译以简洁、有效传递信息为目的，简洁性和有效性是非文学翻译的重要特征。译者应根据文本类型、翻译背景与委托人沟通确定翻译目的、时间、地点、场合、媒介、功能等，选择与之相适应的翻译策略和方法，提供简洁、实用的译本，在规定的时间、地点完成任务。

3. "信"优于"雅"。译文需意思连贯，语言准确，无前后矛盾，遵从原文的风格；简洁明了，直截了当，不说套话、废话；尽量用小词不用大词，便于读者理解。中译英时，采用简明英语的写作原则，对浮夸的原文应进行改写或重构。"信"优于"雅"，"雅"不伤"信"，"信"不碍"达"。

4. 团队精神。一些大型非文学翻译项目信息量大、翻译时间紧、翻译任务重，译者很难一个人按时保质完成，因此一般采取集体工作，项目管理人、译员、译审各司其职，但仍需相互协作，发扬团队精神。项目管理人统筹翻译资源，与委托人沟通；译员完成翻译后相互校对、修订，最后由译审质量把关。

特别提示

非文学翻译强调信息的准确性，但在不违反译入语习惯的前提下，也可追求语言的审美功能。如翻译广告、口号、导游词这类具有召唤功能的文本时，文本本身的审美功能、呼唤功能具有重要地位，需兼顾信息的传递和审美效果，使用带感情色彩或诗情画意的词，突出文本的审美功能、呼唤功能。

翻译练习

阅读以下译文，试分析非文学翻译的特点。

1. 法官可应被羁押上诉人的申请，为了能让其出席上诉或诉讼，可命令将其带上法庭。

   A judge may, on the application of an appellant who is in custody, order the appellant to be brought up to the court for the purpose of attending his appeal or any proceeding therein.

2. 黄河奔腾不息，勇往直前，忽而惊涛裂岸，势不可挡，使群山动容；忽而静如处子，风平浪静，波光潋滟，气象万千。

   The Yellow River tears and boils along turbulently through the mountains and, at some place, flows on quietly with a sedate appearance and glistening ripples.

3. The reinforced concrete is by reason of its strength, durability, availability and adaptability an economical material eminently suited for many types of permanent structure.

   钢筋混凝土因强度大、耐久性好、实用性与适应性强而成为一种非常适合于永久性建筑物的经济型建筑材料。

4. Except as otherwise stated in the Contract, wherever any Permanent Works are to be measured from records, these shall be prepared by the Engineer. The Contractor shall, as and when requested, attend to examine and agree the records with the Engineer, and shall sign the same when agreed. If the Contractor does not attend, the records shall be accepted as accurate.

   除非合同中另有规定，在需用记录对任何永久工程进行计量时，工程师应对此做好准备。当被要求时，承包商应参加审查并就此类记录与工程师达成一致，并在双方一致时，在上述文件上签名。如果承包商没有参加审查，则应认为此类记录是准确的并被接受。

（二）非文学翻译的题材

翻译是在理解原文的基础上将一种语言转换为另外一种语言的行为。按语言分类，可分为语内翻译（intralingual translation）和语际翻译（interlingual translation）；按题材划分，可分为专业型翻译（科技、商务、外交等）、实用型翻译（广告、海报等）、文学翻译（小说、诗歌、散文、戏剧等）等；按翻译材料的内容是否虚构，可分为文学翻译（literary translation）和非文学翻译（non-literary translation）。

关于非文学翻译的分类，译界多按题材或领域划分，如行政翻译（翻译政府行政文件）、商业翻译（翻译商业文件）、经济翻译（经济学领域的翻译）、法律翻译（法律文本、合同、条约等的翻译）、医学翻译（医学、医药文本的翻译）、旅游翻译（旅游景区、景点、导游词翻译）、科技翻译（各种科技文本的翻译）等。但是此种划分对翻译实践是否有现实的指导意义，学界一直存在争议；而按文本功能划分，对非文学翻译实践更具指导意义。

翻译视频

观看视频。视频中的文本属于哪一类的文本？属于哪一领域的翻译？

翻译练习

试分析以下翻译材料文体特征，指出它们属于哪一翻译题材或翻译领域。

1. Without prejudice to section 20, the following shall be treated as properly executed...

2. On a time-shared system, users access a computer through terminals. Some terminals are local, linked directly to a computer by cables, while others are remote, communicating with distant computers over telephone links or other transmission media.

3. We have to refuse to take delivery of your goods for the reason that they are quite different from the sample on which we made our order.

4. All countries should uphold the purposes and principles of the *United Nations Charter*, observe international law and universally recognized norms of international relations, and promote democracy, harmony, collaboration and win-win solutions in international relations.

二、非文学翻译文本

案例研究

本文是四川著名景区木格措的旅游景点介绍。按领域划分，是非文学翻译领域中的旅游景点介绍翻译；从文本分析来看，则更接近于呼唤型文本，其中含有大量文学元素，又可以被划到文学领域，如山水游记。事实上，文学翻译中有非文学翻译成分，非文学翻译也有文学翻译素材，而更多的翻译材料是信息型兼呼唤型兼表达型的杂合性文本。那么，木格措旅游景点介绍是文学题材还是非文学题材？翻译材料如何划分？是按题材、领域，还是按文本类型翻译？应当采取什么翻译策略和方法？

木格措

寒暑变换、四季轮回中，野人海的奇山异石、叠瀑飞泉、水雾烟霞，更是组成一幅幅风格迥异的奇观，如"双雾坠海""木格夕照""木格潮汐"等。盛夏的野人海，可以在海滨沙滩上悠然地享受日光浴；深秋的野人海，四周层林尽染，野果飘香；隆冬的野人海，银装素裹，玉树琼枝，宽阔的湖面结上厚厚的冰层，可以在上面尽情地溜冰滑雪。

Mugecuo

As each season takes its turn, mountains and rocks, waterfalls and springs, mists and clouds become mantled with a unique look, forming spellbinding spectacles, such as "Fog Dropping into the Lake", "Mugecuo Sunset", and "Mugecuo Tides in the Morning and Evening", etc. In summer, you can enjoy a sunbath at the lakeside and sandy shoals. In late autumn, you can see mountains covered with the serried and deep dyed woods, and the branches of trees laden with tasty wild fruits. In late winter, you can watch trees hanging the icicles, and everything is clad with snow. The immense expanse of the lake stretches to the horizon, frozen into the thick ice, on which you can go skating and play to your hearts' content.

（朱华　黄进　译）

从文本类型来看，木格措旅游景点介绍以传递信息、诱导行动为主，描写、记叙、说明兼而有之，是信息型兼呼唤型文本。为此，译者采用交际翻译策略，在传递木格措旅游信息的同时，尽量使用目标语读者所熟悉的语言和表达形式，包括使用感情强烈的形容词，增加文本间，读者与作者、译者之间的"对话性"，改变叙事角度，从而突出了文本的呼唤功能、感染功能。

例如，将"奇山异石、叠瀑飞泉、水雾烟雾"直接译为"mountains and rocks, waterfalls and springs, mists and clouds"；使用"You approach"，如"you can enjoy..." "you can see..." "you can watch..." "you can go..." "play to your hearts' content"，改变了文本的叙事角度，以增强文本的呼唤功能、感染功能；使用有感染力的词，如"unique" "spellbinding" "immense"等，以及动态型语言，如"see" "watch" "go" "play" "enjoy"等，诱导读者前往目的地旅游，符合信息型兼呼唤型文本的语言特点。

从本案不难看出，译员不能按题材或领域划分进行翻译。木格措描写、记叙、说明兼而有之。按领域划分属于旅游翻译，是非文学翻译题材（需忠实原文，准确无误），但文中的景观描写，具有强烈的文学性，与散文、游记无异，属于文学翻译（需表达形式，体现形式之美）。若如此划分翻译，两者不可兼得。实际上，文学翻译题材中有非文学翻译成分，非文学翻译题材中也有文学翻译素材，按题材、领域划分翻译材料不能为译者提供与之相对应的翻译方法。正确的方法是：文本决定翻译策略，翻译策略决定翻译方法。下文将逐一探讨、论述。

（一）赖斯等人的文本分类

凯瑟琳娜·赖斯（Katharina Reiss）是德国功能派翻译创始人、德国翻译理论家，她认为："在正常的情况下，文本类型决定译者的翻译方法；文本类型是影响译者选择适当翻译方法的首要因素。"（Reiss & Vermeer, 1984:75）因此，探讨非文学翻译的方法，应当首先了解翻译材料的文本类型。下文将重点讨论赖斯、切斯特曼、曼迪和纽马克文本类型的划分及其相关理论。

20世纪60年代，赖斯基于德国心理学家、功能语言学家卡尔·布勒（Karl Buhler）的语言语义功能分类，把语言的功能和具有这些功能的文本联系起来，将文本划分为四类，其中三个为主要文本类型：内容突出型文本（content-focused texts），亦称"信息型"文本；形式突出型文本（form-focused texts），亦称"表达型"文本；感染突出型文本（appeal-focused texts），亦称"操作型"或"感染型"文本。

芬兰学者安德鲁·切斯特曼（Andrew Chesterman）根据赖斯的三种文本分类

和功能特征，列举了常见的13种翻译题材，并勾画出三种文本包含的题材及其远近关系。在三类文本中，信息类文本最多。一些文本或偏向表达，或偏向操作，或兼而有之，并非纯粹的单一文本（见图2.1）。

如图2.1所示，参考书（reference work）是信息功能最强的文本，诗歌（poem）是表达功能最强的文本，广告（advertisement）是呼唤功能最强的文本，而处于中间的文本兼有其他功能。诗歌、传记、戏剧是表达型文本，属于文学翻译；而参考书、报告、操作说明等是信息型文本，属于非文学翻译；广告、演讲等操作型文本，就其翻译领域来讲，属于非文学翻译，但根据文本特征则具有文学特性，属于文学翻译，如马丁·路德·金题为"我有一个梦想"的演讲。

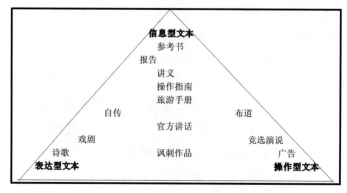

图2.1　切斯特曼文本类型示意图

由此可见，不同的体裁或翻译材料大致可归属三种不同的文本类型，而不同的文本类型及其功能需运用不同的翻译策略和方法。换言之，译者应根据不同的文本类型及其功能，而不是根据翻译材料、体裁或翻译领域采取不同的翻译策略和方法。为此，英国学者杰瑞米·曼迪将赖斯的三种文本的功能特征与相关的翻译方法进行匹配，对翻译实践具有一定参考价值（Munday, 2008）（见表2.1）。

表2.1　曼迪文本分类及其翻译方法

文本类型	内容突出型文本（信息型）	形式突出型文本（表达型）	感染突出型文本（操作型）
语言功能	信息功能（表达事物与事实）	表达功能（表达感情与态度）	感染功能（感染接受者）
语言特点	逻辑性	美学性	对话性
文本重点	侧重内容	侧重形式	侧重感染作用
翻译目的	表达内容	表现形式	诱发所期望的反应
翻译方法	简朴的白话文，按需要说明	仿效，忠实原著	编译，等效

特别提示

一个文本可能有多种功能，但功能应该分清主次。翻译过程中，译者应该以原文本最主要的文本功能决定翻译策略。虽然赖斯对文本进行了界线分明的分类，但同一文本可以同时兼具多种功能，且用于不同的目的。翻译策略的选择取决于文本类型，同时还受译者个人角色和目的，以及读者期盼、译文的可接受性的影响。

（二）纽马克文本分类

英国翻译家和翻译理论家彼得·纽马克认为，翻译即是对文本的翻译，翻译研究离不开对文本的分析。基于布勒的语言功能理论，他提出了自己的文本功能划分，分为六类：表达功能（Expressive Function）；信息功能（Informative Function）；召唤/呼唤功能（Vocative Function）；美学功能（Aesthetic Function）；人际功能（Phatic Function）；元语言功能（the Metalingual Function）。

以上六种功能中，前三种为最主要的语言功能，据此他提出三种主要文本类型，即A. 信息型文本（informative text）；B. 表达型文本（expressive text）；C. 呼唤型文本（vocative text）。在《翻译问题探索》（*Approaches to Translation*）一书中，纽马克以表格的形式对其做了分类和对比分析。

表2.2　纽马克文本分类

文本类型	A / informative信息	B / expressive表达	C / vocative呼唤
（1）典型范例	科技报告、教科书	文学、权威文本	辩论、布告、宣传、通俗文学
（2）"理想"文体	中性、客观	独特	劝诱、祈使
（3）文本重点	目标语	源语	目标语
（4）中心	作者（第二人称）	事态（第一人称）	读者（第二人称）

纽马克不仅对文本进行了分类，而且还提出了不同文本的操作指南（见表2.3）。纽马克的文本操作指南，对翻译实践有很大的参考价值，实际上也是为翻译提供了具体而实用的文本操作方法。

表2.3　纽马克文本翻译方法

文本类型	A / informative信息	B / expressive表达	C / vocative呼唤
（1）方法	等效翻译	"字面"翻译	等效再创作
（2）翻译单位	中	小	大

（续表）

文本类型	A / expressive表达	B / informative信息	C / vocative呼唤
最大单位	句子	搭配词	文本
最小单位	搭配词	词	段落
（3）语言类型	重写实	重修饰	重影响
（4）意义损失	中	大	因文化差别而异
（5）新词与新意	非具充分理由不允许	原文有，一定要保留	非正式文本，允许
（6）关键词（须保留）	主题词	主题词，文体标记	标记词
（7）新奇的比喻	意译	移译	再创造
（8）与原文比例	略长	大致相同	无定式

科技报告、历史著作等属于信息型文本，客观事实是译者要关注的，文本重点是源语。译者应尊重客观事实，内容优先于形式，语义翻译和交际翻译均可使用。翻译单位应适中，一般以句子和词组为翻译单位。科技、商务、法律、工程等领域的翻译，要求信息准确、语言通顺，可采用此种翻译方法。

文学作品以及其他权威性文本属于表达型文本，原作者是译者要关注的，翻译的重点应放在源语，形式优先于内容，较适用"异化""直译"，翻译单位较小，以词、词组，甚至音素为单位，要保留原文的比喻用法，语义翻译较适合此类文本的翻译。需要注意的是，旅游文本是非文学翻译题材，但其中的诗歌楹联属于文学领域，可首先尝试选择语义翻译策略，但如果发生重大交际困难，亦可采用交际翻译。

演讲、广告、宣传等属于呼唤为主体的综合性文本，但根本属性是呼唤性。翻译应以译入语为依归，以受众为导向，可采用交际翻译策略。翻译单位较大，大到整个文本，小到以段落为单位。应多用描述性强的语言，为了达到文本的呼唤功能，可以改写、编译，甚至再创作，原文的意义损失因文化差异大小而异。

纽马克的文本功能分类与大多数应用翻译体裁的文本功能不谋而合，为非文学翻译实践提供了较切合实际的翻译方法。根据文本类型，他提出"语义翻译"和"交际翻译"两大翻译策略，指出"语义翻译法"主要用于表达型文本，而"交际翻译法"用于信息型文本和呼唤型文本。两种译法的差异在于，前者要求译文接近原文的形式，在结构和词序安排上力求接近原文，后者则注重接受者的理解和反应，即信息传递效果（刘小云，2009：23）。

特别提示

　　纽马克的翻译是围绕语义翻译和交际翻译展开的，翻译方法按照对原文的忠实程度划分，构成了连续渐变体。从理论上看，纽马克的文本类型分类不构成连续渐变体，翻译方法却构成了连续渐变体。这说明这两个分类法并不是同构的，因此不能把各种翻译方法套在不同的文本类型上。

翻译练习

　　试翻译下列短文，对比参考译文，简要分析非文学翻译的文本特征。

　　如果工程师未能按照第14.6款[颁发期中支付证书]的规定开具证书，或者业主未能遵守第2.4款[业主的资金安排]或第14.7款[付款]，则承包商在21天以后即可通知业主，暂停施工或放慢工程进度，除非（或直到）承包商收到支付证书、业主合理的资金证明或付款。承包商可视情况而定并应遵守通知的规定。

三、功能翻译理论

　　非文学翻译具有信息性、实用性、匿名性等特征，其最大特点是实用性强、应用面广，强调信息传递的有效性。在翻译时，译者应当充分考虑目标语读者的接受能力、语言特点、文化背景，不拘泥于语言层面和形式上的对等，采取变通手段，使目标语通顺、自然，准确传达原文的信息。非文学翻译的这些要求与功能翻译理论相契合，因此功能翻译理论对指导非文学翻译具有较大的参考价值。

（一）理论综述

　　要了解功能翻译理论，首先需了解功能主义。什么是功能主义？与功能翻译理论有何联系？德国翻译理论家克里斯蒂安·诺德一言以蔽之："Founctionalist means focusing on the function or functions of texts and translations."（Christiane Nord，2001：1）（"功能主义关注的是功能或文本和翻译的功能。"）功能翻译理论涵盖多种理论方法，主要以德国功能翻译学派为主，也包括其他国家理论家的观点，如美国翻译家、翻译理论家尤金·奈达的功能对等以及英国翻译理论家彼得·纽马克的文本功能类型等。

　　长期以来，翻译学被看作语言学的一部分，遵循"等效原则"（principle of equivalent effect），强调原文在翻译过程中的中心地位。译文必须保留原文的文本特征，只有译文与原文对等才算是好的译文。1964年，奈达根据信息论原理提出了"功能对等"（Functional Equivalence），即"与源语信息最贴切而又自然的对等"。奈达所说的"对等"（equivalence）针对的是源语，"自然"针对的是译语，而"最贴切"是指两者之间的高度近似。"功能对等"包括词汇对等、句法对等、篇章对等、文体对等四个方面。

奈达强调，"对等"是一切翻译追求的目标，译者应在词汇、句法、篇章、文体四个方面动态对等，准确地在目标语中再现源语，好的译文效果应当是译入语读者读译文的反映与原文读者读原文的反映基本一致。"功能对等"分两个层次：最低层次的对等（能懂并有意义）和最高层次的对等（产生原文读者读原文的效果），未达到最低层次的对等是不合格的翻译，而最高层次很难达到，是译文追求的目标。

然而，人们发现，实现源语与译语的完全对等很难实现，完全对等是可望而不可即的理想目标。20世纪70年代初，一些翻译理论家提出翻译不仅要重视语言问题，也需要兼顾诸多非语言因素，由此提出"目的论"（Skopostheorie），代表人物是德国翻译理论家赖斯和汉斯·费米尔（Hans Vermeer）。"目的论"认为，受文化、期待以及需求的影响，译语读者，即译文的受众才是决定翻译最重要的因素，而不是传统翻译理论认为的以"忠实"为核心要素的原文和作者。"目的论"三原则如下：

1. 目的原则（skopos rule）

翻译是带有目的的行为，是一种必须考虑读者和客户要求的交际行为，译者采取何种翻译策略和方法取决于目标文本的翻译"目的"。"目的论"的创始人费米尔这样解释"目的"："每个文本均为既定目的而产生，亦应为此目的服务。译/释/读/写皆遵循某种方式，让译本在其使用环境下运作，面向想要使用文本译本的人，并且完全按照他们所希望的方式运作。"（张美芳，钱宏，2007：14）目的有三种：一是译者希望达到的基本目的；二是译文的交际目的；三是特定翻译策略需要达到的目的。功能翻译理论所指的"目的"，通常是指译文的交际目的。例如：

原文：喝一杯即饮柠檬，令你怡神醒脑！

译文1. A glass of instant lemon tea makes you refresh.

译文2. For refreshment? A glass of instant lemon tea!

原文是感叹句。译文1采用语义翻译策略，照文直译，将广告译为陈述句，虽然忠实原文的意义，与原文意义、句式对等，但没有文本的呼唤性功能，语言平淡无味，很难感染读者，没有达到广告文本感染受众的目的。译文2为了产生广告效应，采用交际翻译策略，改换原文句式，使用英语广告常用的疑问和省略句，具有强烈的感染功能，符合受众的期待视野，反而达到了译文的交际目的。

2. 连贯原则（coherence rule）

连贯原则是指译文必须符合语篇内连贯（intra-textual coherence）的标准。费米尔认为，翻译的策略和方法取决于目的，但译文必须让读者理解，且在其交际环境和目标语文化背景下有意义。换言之，在翻译过程中，译者要遵守语内连贯原则，即在交际情境和读者文化语境中读者能够理解译文，以保证实现其功能（潘平亮，2006：16）。译文要让读者理解、接受，读者不能理解、接受的译文无法实现正常的交际目的，也就达不到"目的论"的要求。例如：

原文：要约可以撤回，撤回要约的通知应当在要约到达受要约人之前或者要约同时到达受要约人。

译文1. If an offer is recalled the notice of recall should arrive before the offeree receives the offer or at the same time as the arrival of the offer.

译文2. The offer may be withdrawn before or at the same time when an offer arrives or the withdrawal notice reaches the offeree.

译文1主从条件句颠倒，语义重复，逻辑混乱，没有遵循连贯原则，语内连贯遭到破坏，导致译语读者迷惑不解，不知所云。译文2抓住原文的逻辑概念，语内连贯，也保持了原文法律文本的文体风格，符合目标语的表达方式和读者的阅读习惯，与原文产生的示意功能一致。

3. 忠实原则（fidelity rule）

忠实原则是指原文与译文之间的语际连贯（inter-textual coherence）。翻译把原文的信息转成译文的信息，因此译文和对应的原文之间就应该存在某种联系，这种联系就是传统翻译理论强调的"忠实"（"fidelity"或"faithfulness"）。译文对原文的忠实程度受译者对原文理解的影响，受译文所要达到的目的或期盼制约。忠实原则及忠实程度受目的原则和连贯原则制约，在某些情况下甚至会失去作用。为了达到译文的交际目的，在目的和内容、形式发生冲突的情况下，译者对译语可以做较大的调整。例如：

原文：该旅馆位于"十里蛙声不断，九溪曲流潺潺"的好地方。

译文1. This is a really comfortable hotel where you can hear the croak of frogs and the babbling of the stream.

译文2. This is a really comfortable hotel endowed with a poetic environment.

译文1是在传统的"信""达""雅"翻译标准指导下翻译的译文，忠实原文且语篇内连贯，但译文与原文没有产生相应的语境联系，未能达到应有的交际效果。对中国人来说，蛙声不断、溪水潺潺营造了一种宁谧的生活环境，但直译出来，外国游客可能会认为旅馆所处的环境嘈杂，不宜居住。译文2从语言上和形式上不及译文1忠实原文，但更体现了译入语的充分性以及言外标准，即情景、主题、时间、地点、接受者、发出者及"情感暗示"，因而取得了更好的翻译效果，这种效果也是原文作者、翻译活动发起者和译语读者所期望的效果。

由此看来，忠实原文并不是内容上一字不差，形式完全对等，其忠实程度取决于译者、发起人想要达到的目的，以及是否符合读者的期盼。在"目的论"三原则中，"目的原则"最重要，"连贯原则"其次，"忠实原则"第三。也就是说，对原文的忠实程度，取决于翻译目的，译文是否通顺、语篇是否连贯，而语篇的连贯不只是语篇内部的衔接手段，也必须考虑语篇的情景和语境。忠实原文固然重要，但必须连贯、流畅、易懂，且有美感。又如：

原文：北京的腿，西安的嘴，桂林的山水。

译文1. Beijing's leg, Xi'an's mouth, and Guilin's mountain and water.

译文2. In Beijing, there are so many places to see that the guide has to walk a lot; in Xi'an, there are so many histories to tell that the guide has to talk a lot; in Guilin, the guide does not have to talk or walk a lot, because the beautiful landscape is attractive enough for the travelers themselves to see and enjoy.

比较两个译文，译文1貌似更忠实原文，但忽略了译文的交际目的和交际对象，没有考虑语篇的外部因素（情景和语境），读者无法理解、接受，不知所云，莫名其妙，导致跨文化交际失败。译文2无论内容和形式都不及译文1忠实原文，但考虑了语篇的外部因素，对译文进行了变通，因而能被读者接受、理解，实现了跨文化交际目的。由此可见，译文对原文的忠实因文本和读者对象而定，在很大程度上取决于翻译目的。目的决定翻译策略，策略决定翻译方法，决定内容和形式。

那么，"目的第一"能否理解为译者可以背离原文，随心所欲地翻译呢？为此，诺德在"目的论"三原则上加上了"忠诚原则"（loyalty rule），即"功能加忠诚"（function plus loyalty）原则。所谓"忠诚"，是指译者既要对读者负责，也要尊重原文作者，强调原文作者、翻译活动发起者和译语读者之间的关系在译文中尽可能达到一致（贾文波，2004：50）。

（二）流派之争

"功能对等"与"目的论"是功能翻译理论在不同时期的两个流派，二者总体上都建立在对等理论基础之上。"目的论"并没有抛弃"功能对等"，在某种程度上是"功能对等"理论的继承和发展。事实上，"功能对等"与"目的论"都重视原文与译文的联系、读者的反应，都强调译文自然、连贯、可读、可接受性，都强调功能的作用，但是译者地位、原文地位、翻译标准、文化因素、适用文本侧重点不同，有不同的翻译主张，王振平、夏琴（2012：61）对"功能对等"与"目的论"的不同之处进行了总结：

1. 译者地位不同

奈达认为："译者不可介入，即使原文有缺点和错误也不可以编辑或改写，即使有能力也不可改良原文。"（张南峰，2004：75）由此可见，奈达把原文看成是神圣不可侵犯的，哪怕原文出现歧义或错误也不能改动。而"目的论"则允许译者根据翻译目的决定译文对源语的忠实程度，承认译者"改译、节译、编译"等的合法地位，否认只有一种"正确或最佳"译文。译者可以根据读者的需求、期待以及读者的知识背景等对原文进行处理，以达到翻译的目的。

2. 原文地位不同

"功能对等"重视译文与原文信息的对等，包括内容和形式上的对等。"功能对等"要求提供和原文信息大致类似的另一个信息。由此可见，"功能对等"总体上是以原文为中心的。"目的论"则摆脱了传统翻译理论中的"文本中心论"，将翻译的重心放在译文的功能上。翻译的成功不在于原文的神圣、高不可攀的地位，译文是否反映原文的语言特征和文体特征不再是衡量译文的唯一标准，译文在读者身上产生的效果，即阅读体验和阅读反应才是衡量译文质量最重要的标准。

3. 翻译标准不同

"功能对等"的翻译标准是："reproducing in the receptor language the closest natural equivalent of the source-language message"（Nida & Taber, 1969：12）（"在译语中用最贴切的自然对等语再现原文的信息"），包括：（1）传达信息；（2）传达原作的精神风貌；（3）语言顺畅自然，符合译语规范和惯例；（4）读者相似的反应，核心是"对等"（equivalence）。

"目的论"认为译文的优劣不是"对等"，而是功能上和交际上具有充分性（adequacy）。所谓"充分性"，是指根据目的形成译文与原文之间的关系。如果译文已经满足了委托人的目的，该译文就具备"充分性"。检验译文是否具有"充分性"有两个标准，一个是"言内标准"（intra-linguistic criteria），一个是"言外标准"（extra-linguistic criteria）。"言内标准"是指语义、词汇、语法和风格上的特点；"言外标准"是指情景、主题、时间、地点、接受者、发出者以及"情感暗示"。

4. 翻译策略不同

"功能对等"重视翻译的信息交流功能，但不重视翻译的文化交流功能。奈达认为："翻译的首要之点，是翻译信息的内容，即翻译原文的意思。因此，语言信息或语义的传译在翻译中享有优先地位。"（谭载喜，1999：13）"目的论"则认为"归化"或"异化"取决于作者的写作意图、原文的题材、译者的目的以及读者的需要。为了达到翻译目的，"语义翻译"和"交际翻译"两种不同的翻译策略可都用，甚至允许译者对原文进行符合其目的的改写。

5. 适用对象不同

"功能对等"强调翻译需以原文本为基础，要求译文要在内容上和形式上均忠实原文。由此可见，"功能对等"理论不仅适用于信息型文本，也适用于强调形式、韵律、节奏等文体对等的文学翻译；"目的论"允许译者根据翻译目的对原文本进行一定程度的改写，翻译时可以根据译者的目的刻意突出原文本的某些因素，而不要求原文的内容和形式的严格对等，因此"目的论"更适用于实用性文本的翻译，如非文学翻译中的广告翻译、旅游翻译、商品名称翻译等。

"功能对等"是西方最重要的翻译理论流派之一，而"目的论"是"功能对等"理论的发展和变革，两者的适用性主要取决于翻译文本的类型和目的。非文学翻译中的信息型文本强调真实的内容和有效的信息传达，主观性不宜过强，不宜有多种译本，如医学翻译、计算机翻译等，否则有可能造成歧义，因此强调"忠实""对等"的"功能对等"理论更加适用；非文学翻译中的呼唤型文本，如广告、演讲翻译等，更强调译者的主体性和译文的效果，多重文本不影响交际效果，"目的论"则更适用。文学翻译强调译文与原文形式、结构、音律、节奏的对等，"功能对等"理论更适用。

（三）翻译策略

翻译策略是实现文本功能和交际目的的重要行为。译者应根据文本功能和翻译目的，采取与之相适应的翻译策略。纽马克认为："Admittedly, all translation must be in some degree both communicative and semantic, social and individual. It is a matter of difference of emphasis."（Newmark, 1988：62）（应当承认，所有的翻译在某种程度上都既是交际翻译也是语义翻译，只是侧重点有所不同。）非文学翻译多为信息型文本，但有些文本并非单一文本，而是以某一文本为主（如信息兼呼唤型）的杂合性文本。至于采用语义翻译策略还是交际翻译策略，主要取决于文本功能及其翻译目的。

案例研究

"功能对等"强调，理想的译文应该在内容、语言和风格上与原文对等，但过分强调内容、语言和风格上的对等可能导致译文生硬；另一方面，如果原文与译文在内容、语言和风格上不需对等，以"翻译目的"代替"功能对等"，则又可能导致译文偏离作者意图，出现多个译文标准。以下是在"功能对等"理论和"目的论"指导下的两个译文。译文1在"功能对等"理论指导下采取语义翻译策略，强调四个对等，即词汇、句法、语篇、文体的对等；译文2在"目的论"的指导下采取交际翻译策略，体现了功能性、充分性。分析语义翻译与交际翻译在翻译实践中的不同运用，你认为哪一个译文质量更好？为什么？

原文：广州又称"羊城""穗城"，是祖国的南大门，早在秦汉时期就是繁华的都会。

译文1. Guangzhou, also called as "Ram City" or "Spike City", is the South

Gate of our motherland. It became a prosperous metropolis during the Qin and Han dynasties.

译文2. Guangzhou, also known as Canton, lies in the southern-most part of China. The city's long history dates back to more than two thousand years ago when it became a prosperous trading port.

翻译视频

观看视频，试分析翻译策略在翻译中国传统节日春节中的运用。

1. 语义翻译

语义翻译力争表现原文确切的意义，译文尽可能接近原文的词汇结构，强调再现作者的思维过程而非其意图，在寻找意义上的细微差别时包含更多的意义。语义翻译较客观，力求保留原文的文化、词汇和句法特色，忠实于原文作者（杨士焯，1989：68）。由于语义翻译要求译文最大可能地贴近原文形式，并尽量保留原文的谐音效果，多用"异化"，采用直译法，译文直接、具体，但可能出现让读者感到晦涩难懂的情况。

例1. An inch of time is an inch of gold.

一寸光阴一寸金。

例2. 谋事在人，成事在天。

Man proposes, Heaven disposes.

例1原文为英语谚语，为了尽可能重现源语的修辞风格，再现原文的上下文意义，译者采用了语义翻译策略，尽可能做到词汇、句法、语篇、文体对等。将"An inch of time is an inch of gold"译为"一寸光阴一寸金"，重现了原文的语义与句法结构。例2忠实原文意义，且形式与原文对等，把"天"译成中国代表宇宙万物的"Heaven"，而非基督教的"天"——God，旨在传播中国的人文精神和文化。译文以作者（源语）为中心，采用的是语义翻译策略。

2. 交际翻译

交际翻译更多考虑的是读者的感受，强调译文的可读性和效果，可对原作进行修正，因此交际翻译较主观。由于交际翻译不拘泥于原文的内容或形式，注重的是译文的整体效果，多用"归化"，采用增译、省译、合译、重构、转换、逆序等翻译方法，使译文更顺畅，可读性更强。但由于内容或增或减，可能导致一些内容被忽略，而一些内容被过度阐释。

例1. Wet paint!

　　油漆未干，请勿触摸！

例2. penny wise and pound foolish

　　小事聪明，大事糊涂

例1中的语义和句法很难在译语文本中找到与之相对应的语义和句法结构，译者不得不舍弃原文的句法，用汉语句法代替，使之产生与源语相同的文本功能，这是交际翻译的意义所在。例2如果直译为"便士聪明，英镑愚昧"，译文就不具备充分性，读者无法理解，达不到期望的交际效果。为此，译者采用"归化"译法，译为"小事聪明，大事糊涂"，不露痕迹地表达出原文的意义，这是以读者、译语为中心，运用交际翻译策略产生的翻译效果。

综上所述，语义翻译服从源语和原作者，交际翻译注重译语文化和译语读者的反应。语义翻译使译文和原文的形式更为接近，并尽量保留原文的结构和文体，而交际翻译追求译文的功能和可接受性，"摆脱原文结构的束缚，发挥译语的优势"（廖七一，2004：107）。语义翻译追求内容准确，强调原文与译文的"对等"，但有可能造成认知意义和语用意义的丢失；交际翻译注重译文表达效果，通常采用增译，弥补语义翻译中的缺失；或缩译，避免信息超载增加读者阅读负担，但也有可能偏离原文的意义。

（四）具体运用

"目的论"和"功能对等"是功能翻译理论的不同流派。在功能翻译理论指导下，译者或采取语义翻译，或采取交际翻译。至于采取什么样的翻译策略，主要取决于文本类型和翻译目的。翻译实践证明，语义翻译更契合"功能对等"，交际翻译更契合"目的论"。功能翻译理论及其翻译策略在非文学翻译实践中的具体运用，主要表现在以下三个方面：原文信息的取舍、译文形式和内容以及翻译目的和手段。

1. 原文信息的取舍

翻译是一种交际行为，传递信息是翻译的基本任务。但传递信息并不是文字搬家，而是有所取舍，注重传递的有效性。对于信息型文本，忠实原文是译者的第一要务，不能对原文信息随意"删""减""改"；对于呼唤型文本，翻译所强调的"忠实""对等"，主要是指文本功能上的对等，而不是一字不差的语言对等，可采取编译、改写的方法。

原文

"长城号"游船设施豪华舒适，除观景塔、露天观景塔、游泳池、酒吧间、日光浴室外，佳肴美点，中西皆备，并有宽敞的游步甲板，游客饱览沿途风光，华丽的客房均有空调设备，令您有宾至如归的感受。

译文

Being a deluxe cruiser touring the Yangtze River, "The Great Wall" offers you indoor and open-air observation towers, a swimming pool, a bar, a solarium as well as Chinese and Western restaurants and a spacious deck. All the cabins are superb, comfortable and air-conditioned.

原文是邮轮宣传资料，是信息型文本。对目标语读者来说，部分词汇华丽空泛，一些内容没有实际意义，如果全部译出，不能有效实现宣传功能，甚至会让读者生厌。译文抓住广告所要传达的核心意思，对原文进行了合理的取舍。译文增译了"长城号"的环游线路，省译了华丽夸张的语句，将"长城号"游船拥有的具体设施告知读者，有效传递了原文的信息。

头脑风暴

运用功能翻译理论分析以下两个译文。试分析译者对原文信息的取舍是否合理，为什么？

原文

六月的高山花园是一个山花烂漫的世界。这里有雍容华贵的高山杜鹃、婀娜多姿的长白罂粟、晶莹剔透的冰凌花、金黄娇艳的风毛菊，有红灿灿的百合、紫盈盈的龙胆、矮墩墩的石松，一片生机盎然。有诗为证：

> 百花争艳不觉奇，姹紫嫣红万里香。
> 置身花间云飘处，疑是天堂花园里。

译文1.

Every June, the Mountain Garden turns into a sea of wild flowers. We can see graceful alpine azaleas, charming poppies, crystal ice flowers, delicate daisies, red lilies, purple gentians and short club mosses. They look extraordinarily gorgeous and enchanting. A poem testifies to that:

> It's not surprising to see so many blooming flowers,
>
> Their fragrance has perfumed the garden for thousand miles.
>
> While wandering in the beautiful and fragrant garden,
>
> I was just wondering if I am in the paradise.

译文2.

Every June, the Mountain Garden turns into a sea of wild flowers. We can see alpine azaleas, poppies, ice flowers, daisies, lilies, to name just a few. They look extraordinarily gorgeous and enchanting. I was just wondering if we were in Arcadia or in the paradise.

2. 译文形式和内容

是重形式，还是重内容，始终是翻译争论不休的重大问题。无疑，文学翻译更应注重形式、节奏、韵律的"对等"，而非文学翻译则更强调信息内容的真实可靠。非文学翻译大多为信息型文本，应着眼于译文的预期功能和目的，而不拘于原文的形式，或追求译文与原文形式上的"对等"，如有可能，形式与内容可适当兼顾，如法律、商务、合同、广告的翻译，但"信""达"始终是非文学翻译中信息型文本的第一、第二准则。

原文

Walk in Britain in Style

Enjoy a relaxed, escorted walking tour

through idyllic village and countryside.

Stay at character country hotels.

See the real Britain close-up.

译文1.

风度翩翩地在英国旅行，

享受轻松的有人陪伴的徒步旅行，

穿越民风淳朴、风景宜人的乡村，

住宿在富有特色的乡下旅馆，

亲眼目睹真正的英国田园风光。

译文2.

> 风度翩翩英国行，
> 导游伴我慢步行。
> 过乡村，越田野，看田园风光。
> 住乡下特色旅馆，
> 近民风，观民情，享英伦风情。

（朱华　译）

这是一则英国旅游广告。旅游广告在语言上需具有感染力和鼓动性；在形式上需生动活泼，引人注目；在韵律节奏上应朗朗上口，给潜在消费者深刻、难忘的印象。译文虽也采取分行排列，但照文直译，语言直白，未能体现出广告的"关注价值"和"记忆价值"。改译排列有序，语言生动，表意突出，节奏明快，营造出英国田园风光的意境之美，在忠实原文的基础上尽可能地接近原广告的艺术风格。由此可见，非文学翻译的一些文本类型也需兼顾内容与形式之美。

头脑风暴

以下文为例，讨论形式与内容的关系。你认为译文的内容和形式哪一个更重要？为什么？

原文

桥面的西半边属于满城的范围，桥面的东半边属于大城的范围。清人《竹枝词》曾对此有过颇有微词的形容：

> 右半边桥作妾观，左半边桥当郎看。
> 筑城桥上水流下，同一桥身见面难。

译文

The west half of the bridge was under the jurisdiction of Manchu City, while the eastern half of the bridge was part of the larger city. One Qing author expressed his discontent with the layout in a *Bamboo Branch Verse*:

> A woman gazes from the right side;
> A man looks back from the left side.
> With a fort above and a river below,
> Two lovers cannot meet with a sigh.

（朱华　译）

3. 翻译目的和手段

目的决定手段，译者应在特定的翻译情境下为达到翻译目的采取不同的翻译策略和方法。是采用"异化"还是"归化"，"直译"还是"意译"，动态对等还是形式对等，或是两者并用，取决于翻译所期望达到的目的。文本功能和目的不同，翻译策略不同。通常来讲，计算机翻译、法律翻译、医药翻译、生物翻译等，信息传递要求真实、可靠，其专业术语以语义翻译为主，多采用直译；而导游词、广告、演讲等呼唤型文本，则多选择交际翻译策略，增译、省译、编译、改写是惯用的翻译方法。

原文

人民广场始建于1932年，因为伪满洲国1932年成立时由溥仪就任执政，年号大同，故名"大同广场"，1948年至今用现名。

译文1.

Renmin Square was built in 1932, when "Manchukuo" was established and Puyi was in power under the reign title Datong. And the square was then named Datong Square after the reign title. And in 1948, it got its present name.

译文2.

Renmin Square was built in 1932, when Puyi (1906—1967), the last Emperor of China under the reign title Datong, was installed by the Japanese as the ruler of "Manchukuo", a puppet state of Imperial Japan. It was then named Datong Square after the reign title Datong. And in 1948, it got its present name.

原文是人民广场的介绍，带有信息功能。译文1基本符合原文的表达，但"伪满洲国""溥仪"这类信息的音译会让不了解中国文化的读者一头雾水，无法很好地实现文本预期的信息功能。考虑到文本的目的、目标读者的语言文化背景，译文2采用了交际翻译策略，增译了对"伪满洲国""溥仪"的解释说明，实现了译文的"充分性"以及"情感暗示"，更好地实现了文本的外宣功能。

本章小结

本章讨论了非文学翻译的定义、特点、题材、文本类型，总结了非文学翻译和文学翻译的异同，并结合译例阐释了功能翻译理论对非文学翻译的指导作用，包括原文信息的取舍、形式和内容的确定、翻译策略和方法的选择。本章特别论述了功能翻译理论两大流派"功能对等"与"目的论"在译者地位、原文地位、翻译标准、文化因素、适用文本等方面的不同之处，介绍了语义翻译与交际翻译两大翻译策略在非文学翻译中的具体运用。文本决定翻译策略，翻译策略决定翻译方法，翻译方法决定翻译质量，因此，文本是决定翻译策略和方法的首要因素，译者在翻译前应对文本进行分析，以决定与文本相适应的翻译策略和方法。

课后练习

一、翻译下列句子，并指出所属题材或领域。

1. 为应对持续加大的经济下行压力，我们实施了定向调控和相机调控。

2. 这一模型显示了在工作载荷作用下柔轮的畸变变形特点及其规律。

3. Chew and swallow the bits with water or put them in water to melt them. Remove the wax before taking it.

4. Communication channels are an essential element of every communication system. These channels actually carry the data from one computer to another.

二、根据曼迪和纽马克的文本操作指南翻译下文，并做译文分析。

1. 双方首先应通过友好协商，解决因合同而发生的或与合同有关的争议。如协商未果，合同中又无仲裁条款约定或争议发生后未就仲裁达成协议的，可将争议提交有管辖权的人民法院解决。

2. 诞生于20世纪末的虎豹集团，信守孜孜以求、永不言退的发展理念，在市场经济的大潮中，任凭浊浪排空，惊涛拍岸，独有胜似闲庭信步的自信，处变不惊，运筹帷幄。尽握无限商机于掌间，渐显王者之气于天地。……虎豹人以其特有的灵气，极目一流，精益求精，集世界顶尖服装生产技术装备之大成。裁天上彩虹，绣人间缤纷，开设计之先河，臻质量之高峰，领导服装潮流，尽显领袖风采。……天道酬勤，不断进取的虎豹人攫取了一个又一个辉煌。

三、修改译文，并指出运用的翻译策略和方法。

1. 夫妻肺片　Husband and wife's sliced lungs

2. 不要摘花。Don't pick up the flowers.

3. 闲人止步。Idlers are forbidden!

4. 来也匆匆，去也冲冲。Come in a hurry, leave in a hurry.

5. 东西南北中，好酒在张弓。East, west, south, north, Zhanggong is a good wine.

第三章

翻译与写作

　　译者应从宏观的视角分析源语的背景，从微观角度斟酌字、词、句、段及语篇，根据简明英语和《欧盟委员会翻译写作手册》的要求对源语信息进行编码、重构、转换。本章所要讨论的简明英语标准，是翻译路线图中译者在信息加工、重构、转换过程中，译入语所参照的标准，尤其对信息型、呼唤型文本具有指导意义（见自序图1）。"翻译即写作"，原文是原始创作，译文是二次创作，都与写作相关，都要求译者具备良好的语言功底。下面从简明英语写作和《欧盟委员会翻译写作手册》两个方面，讨论翻译与写作的关系，以及它们在非文学翻译中的运用。

一、翻译与写作

　　翻译与写作关系十分密切。前者是语言之间的转换，以语际转换为主，其中也包含文化转换；后者是本土文化内的语言编码，以语内信息转换为主。英国翻译理论家纽马克指出："The translator's craft lies first in his command of an exceptionally large vocabulary as well as all syntactic resources—his ability to use them elegantly, flexibly, succinctly. All translation problems finally resolve themselves into problems of how to write well in the target language. "（Newmark, 1988: 17）（"译者的能力首先在于掌握大量的词汇，同时对各种句型也烂熟于心——传情达意，游刃有余；遣词造句，雅致飘逸。翻译问题最终归结于使用目标语写作的能力。"）无论是文学翻译，还是非文学翻译，"使用目标语写作的能力"都是翻译最基本的要求。如果译者的中英文写作能力差，即便其他方面，如理解、鉴赏的能力很强，也很难做到"传情达意，游刃有余；遣词造句，雅致飘逸"。

案例研究

写作是翻译的基础，也是译者最核心的竞争力。译者的翻译能力实际上是一种写作能力，而翻译过程也可以被视为写作过程。写和译是翻译的孪生姊妹，翻译过程是写中有译、译中有写。英译汉考验的是译者的汉语写作能力，没有深厚的中文功底不可能将英文译成地道的汉语；汉译英考验的是译者的英文写作能力，没有较高的英文写作水平不可能将中文译成漂亮的英文。试看以下译文：

原文

A little later the threat came also from Qin, which reoriented its foreign policy southward as much for economic as for political reasons. In its ambition to replace Zhou, and faced with a hostile coalition of Zhongyuan states, Qin needed lands, peasants, soldiers, horses, cattle, salt, ores, weapons–it needed all these at once, but first and foremost, grain. Sichuan symbolized these riches, real and potential, and Qin knew very well that if it did not take them for itself, the region, whose southern part already belonged to the Chu sphere, would be drawn entire into the orbit of its rival.

译文

后来，楚国也受到了来自秦国的威胁，秦国根据其经济政治情况向南调整了其对外政策。秦雄心勃勃想取代周朝，却遭遇了中原各国联盟的反抗，秦国需要土地、农民、士兵、马、牛、盐、矿石、武器，而且秦国需要在短时间内收集这些物资，但最重要的还是收集粮食。四川是这些财富的象征，不管是已有的还是待开发的财富，秦国很清楚这点，要是它不霸占这个南部已经属于楚国的地区，这个地区将全部是竞争对手的地盘。

从以上译文，特别是下画线译文可以看出，此段译文句式松散，遣词、造句、衔接不当，没有汉语的神韵和文采，存在严重的汉语"欧化""西化"现象，主要问题有：连词承转衔接明显，滥用介词和名词化片语；句式过长，前置定语过多，"翻译腔"明显，语言不够简练，应化静为动，用汉语四言八句、短小精悍的句式表达；"显性"的英语语言特征和树状语言结构应在译文中做"隐性"处理。

重译

尔后，秦威胁逼近，向南扩张，既有政治因素，也有经济考量。秦雄心勃勃，欲取代周，但中原诸国"合纵"抗秦。秦急需农民、士兵、土地、马、牛、盐、矿石、兵器等，而粮食乃第一要物。秦很清楚，四川物产丰富，潜力巨大，但其南部已为楚据，若再不取之，整个地区将被敌国楚收入囊中。

（朱华　译）

（一）翻译即写作

"翻译即写作"，是基于原文的"二度创作"。诗人、作家余光中认为："翻译也是一种创作，是一种'有限的创作'。"（余光中，2002：43）翻译家许渊冲认为，翻译是原文与译文两种语言的竞赛，译文可以超越原文。钱锺书认为："宁可读林纾的译文，不乐意读哈葛德的原文"，"理由很简单：林纾的中文文笔比哈葛德的英文文笔高明得多"。（钱锺书，2019：719—720）国外翻译家、作家大多也持相同观点。美国汉学家、翻译家葛浩文以莫言作品英译为例，认为："作者是为中国人写作，而我是为外国人翻译。""拿中文读，用英文写。"（To read as a Chinese, to write as an American.）（Goldblatt，2002；张耀平，2005：75—77）这些观点可能有些偏颇，但都印证了翻译与写作的关系。从本质上讲，翻译即写作，是一种文化改写和文化操纵（Bassnet & Lefevere，1998:138—139），是基于原文的"二度创作"。

译文评析

试比较下面两个翻译文本，从写译的角度评析哪一个译文更好，为什么说"翻译即写作"？

原文

七色海朝晖夕阴，时雨时雾，可观赏"莲花雾绕""莲花夕照""驼峰倒影"等佳景。天气变幻莫测，给七色海带来多姿多彩的景观，好像天宫中的画师不慎把巨大的调色板掉入七色海中，所有颜料顿时混在一起，五光十色，千变万化，瞬间变成一个五彩斑斓的万花筒。

译文1.

The sea with seven colors is fluky, sometimes rainy, sometimes hazy, and you can enjoy beautiful sceneries including fog around lotus, lotus after glow, hump reflection. The changeable weather brings seven-color sea colorful landscape, as if painter in heaven accidentally made the big seven color palette fall into the sea, and then all paints immediately mixed together, colorful, ever-changing, turning into a colorful kaleidoscope immediately.

译文2.

The Seven-colored Lake may be sunny in the morning or cloudy in the evening; now and then, rain and fog create such different sights such as "Lotus in Fog", "Lotus in Sunset" and "Reflections of Camel Hump Peak". The capricious weather brings a myriad of colors, as if the painter in the paradise happened to drop his huge palette into the lake, melting all the pigments together, transforming the water into a world of kaleidoscopic colors and patterns.

（朱华　黄进　译）

原文

Of Studies

Studies serve for delight, for ornament, and for ability. Their chief use for delight, is in privateness and retiring; for ornament, is in discourse; and for ability, is in the judgment and disposition of business. For expert men can execute, and perhaps judge of particulars, one by one; but the general counsels, and the plots and marshalling of affairs come best from those that are learned.

To spend too much time in studies is sloth; to use them too much for ornament is affection; to make judgment wholly by their rules is the humor of a scholar. They perfect nature and are perfected by experience: for natural abilities are like natural plants, that need pruning by study, and studies themselves do give forth directions too much at large, except they be bounded in by experience.

译文1.

论读书

读书能给人乐趣、文雅和能力。人们独居或退隐的时候，最能体会到读书的乐趣；谈话的时候，最能表现出读书的文雅；判断和处理事务的时候，最能发挥由读书而获得的能力。那些有实际经验而没有学识的人，也许能够一一实行或判断某些事物的细枝末节，但对于事业的一般指导、筹划与处理，还是真正有学问的人才能胜任。

耗费过多的时间去读书便是迟滞，过分用学问自炫便是矫揉造作，而全凭学理判断一切，则是书呆子的癖好。学问能美化人性，经验又能充实学问。天生的植物需要人工修剪，人类的本性也需要学问诱导，而学问本身又必须以经验来规范，否则便太迂阔了。

译文2.

论读书

读书足以怡情，足以博彩，足以长才。其怡情也，最见于独处幽居之时；其博彩也，最见于高谈阔论之中；其长才也，最见于处世判事之际。练达之士虽能分别处理细事或一一判别枝节，然纵观统筹、全局策划，则舍好学深思者莫属。

读书费时过多易惰，文采藻饰太盛则矫，全凭条文断事乃学究故态。读书补天然之不足，经验又补读书之不足，盖天生才干犹如自然花草，读书然后知如何修剪移接；而书中所示，如不以经验范之，则又大而无当。

（王佐良　译）

（二）写译对比

通过前面的探讨，我们初步认识了翻译与写作之间的关系。威廉·斯特朗克（William Strunk, Jr.）在《风格的要素》（*The Elements of Style*）一书中提出10项写作原则，如果与《欧盟委员会翻译写作手册》对比，更能体会到为什么说"翻译即写作"（见表3.1）。在译入语的语际下，译者选择最恰当的表达方式传递源语信息，使译语符合译入语的读写方式，这就是"二度写作"。只有按这样的写作方式，才能译出上乘之作，否则"英式中文"或"中式英语"在所难免（见第四章）。

表3.1　写作原则与翻译提示

The Principals of Composition	The Hints of Translation
Make the paragraph the unit of composition: one paragraph to each topic.	Think before you write.
As a rule, begin each paragraph with a topic sentence; end it in conformity with the beginning.	Focus on the reader—be direct and interesting.
Use the active voice.	Get your document into shape.
Put statements in positive form.	Make sense—structure your sentences.
Omit needless words.	KISS: Keep it short and simple.
Avoid a succession of loose sentences.	Cut out excess nouns—verb forms are livelier.
Express coordinate ideas in similar form.	Be concrete, not abstract.
Keep related words together.	Prefer active verbs to passive and name the agent.
In summaries, keep to one tense.	Be aware of false friends, jargon and abbreviations.

（续表）

The Principals of Composition	The Hints of Translation
Place the emphatic words of a sentence at the end.	Revise and check.

表3.1列举了写作10项原则与翻译10个提示，反映出翻译与写作之间的关系。下面举例解释为什么说在很大程度上"翻译即写作"。

例1. 需三个卫戍部队保卫仓库。

译文1. Three garrison divisions were necessary to perform the task of guarding warehouses.

译文2. Three garrison divisions were necessary to **guard** warehouses.

译文1运用动宾结构，译文2直接使用动词。译文1冗余繁复，译文2则简洁有力，可见写作原则提倡的"Omit needless words"与翻译提示"KISS: Keep it short and simple"是一致的。

例2. 兹通知你方，我们将在节假日期间施工。

译文1. You are verbally informed that the execution of the Works will be carried out during the public holidays.

译文2. We hereby notify you in writing that we shall execute the Works during the public holidays.

译文1使用被动语态，语义不清；译文2使用主动语态，逻辑清楚。可见写作原则"Use the active voice"与翻译提示"Prefer active verbs to passive and name the agent"息息相关。

例3. 反正财富、资源是向具有企业家精神的人手里集中的。只要市场是自由的，这种趋势无人能够改变。

译文1. In any event, wealth and resources will be concentrated in the hands of those endowed with an entrepreneurial spirit. As long as the market is free, this trend will not be subject to any change.

译文2. For in a free market, wealth and resources will ultimately flow into the hands of entrepreneurs and no force will stop that.

对比两个译文，译文2比译文1句型结构更紧凑。松散句违反了简明英语原则，会导致读者阅读疲劳。可见英语写作原则"Avoid a succession of loose sentences"与翻译提示"Make sense—structure your sentences"有异曲同工之妙。

例4. 第五本书《远足》中，华兹华斯对这座教堂做了一分钟的描述。

译文1. Wordsworth, in the fifth book of *The Excursion*, gives a minute description of this church.

译文2. In the fifth book *The Excursion*, Wordsworth gives a minute description of this church.

翻译应将相关的信息放在一起。译文1主语与宾语被分隔开，句子不紧密，不便读者理解。译文2将相关词放在一起（Keep related words together），逻辑严明，通顺易懂。

二、简明英语

1979年，克丽茜·马埃尔（Chrissie Maher）在英国国会广场和威斯敏斯特大教堂撕毁几百份官方文件，发起了简明英语运动（Plain English Campaign）。1983年英国政府内阁办公室开始实行简明英语政策，发放简明英语相关手册指导公务员写作。简明英语运动的范围由最初的政府公文写作，日渐拓展到法律、商业、技术、医疗等领域，并在主要的英语国家及欧盟普及，成为非文学翻译诸多领域倡导的翻译、写作指南。

（一）什么是简明英语？

简明英语，即简单明了的英语，一句话不应该包含不必要的单词，一个自然段里没有不必要的句子。通俗来讲，就是语言文字需简明扼要，不必拐弯抹角。非文学翻译是一种以传递信息为主要目的、注重信息传递效果的实用型翻译，其信息性功能决定了译文应避免晦涩难懂，冗余繁复。

试比较以下两个译文，从写作方法分析，哪一个译文更符合目标语的写作方法，符合目标语读者的阅读习惯？为什么？

原文

中国特色社会主义进入新时代，我国社会主要矛盾已经转化为人民日益增长的美好生活需要和不平衡不充分的发展之间的矛盾。① 我国稳定解决了十几亿人的温饱问题，总体上实现小康，不久将全面建成小康社会。② 人民美好生活需要日益广泛，不仅对物质文化生活提出了更高要求，而且在民主、法治、公平、正义、安全、环境等方面的要求日益增长。③ 同时，我国社会生产力水平总体上显著提高，社会生产能力在很多方面进入世界前列，④ 更加突出的问题是发展不平衡不充分，这已经成为满足人民日益增长的美好生活需要的主要制约因素。⑤

译文1.

As socialism with Chinese characteristics has entered a new era, the principal contradiction facing Chinese society has turned into the contradiction between unbalanced and inadequate development and the people's increasing needs to have a better life.① Our country steadily has solved the problem of food and clothing for over a billion people, has generally realized that people live decent lives, and will soon build a moderately prosperous society in all aspects.② The needs to be met for the people to live better lives are increasingly broad. Not only they put forward to higher requirements of material and cultural needs; their demands are increasing in the aspects of democracy, rule of law, fairness and justice, security, and a better environment.③ At the same time, China's overall productive forces have made a significant improvement and many areas of our production capacity gets into top list in the world.④ The more prominent problem is that our development is unbalanced and inadequate, which has become the main factor to constrain the realization of meeting the people's increasing needs for a better life.⑤

译文2.

As socialism with Chinese characteristics has entered a new era, the principal contradiction facing Chinese society has evolved. What we now face is the contradiction between unbalanced and inadequate development and the people's ever-growing needs for a better life. China has seen the basic needs of over a billion people met, has basically made it possible for people to live decent lives, and will soon bring the building of a moderately prosperous society to a successful completion. The needs to be met for the people to live better lives are increasingly broad. Not only have their material and cultural needs grown; their demands for democracy, rule of law, fairness and justice, security, and a better environment are increasing. At the same time, China's overall productive forces have significantly improved and in many areas our production capacity leads the world. The more prominent problem is that our development is unbalanced and inadequate. This has become the main constraining factor in meeting the people's increasing needs for a better life.

① 译文1中用"turn into"来表示变化关系，而译文2将此句拆分成两个句子，逻辑更清楚，行文简洁明了，符合简明英语多用短句的原则。译文1 "increasing needs to have a better life"中的"increase"，更多地用来指数量的增加，用"growing"形容"needs"更恰当，且包含了"steadily"的意思，故不宜再用"steadily"。此外，"have"并没有实际意义，可直接用"for"替代，句子更加简明。

② "温饱问题"不仅指"problem of food and clothing"，而且指概念更广泛的"基本需求"，译文2中译为"basic needs"符合简明英语要求。"see"有确保的意思，如果再用"steadily"修饰会显得意义重复。译文2将译文1中"realize"引导的从句换成动宾结构，句子更简洁、流畅。

③ "put forward to higher requirements"使句子显得冗长，而英语"grow"完全可以表达其意义。根据简明英语用小词、"以小替大"的原则，译文2用"grow"更简洁有力。此句中的"in the aspects of"是范畴词，将其删去，句子更明了，读起来更顺畅。

④ make an improvement=improve, 是V+N结构。遇到这种情况，简明英语提倡使用动词替代V+N结构，以减少读者的阅读负担。"gets into top list"也意为名列前茅，译文2用"lead"更简洁，符合简明英语化繁为简，"用小词、不用大词"的原则。

⑤ 此处用"which"引导非限制性定语从句容易引起混淆，不知道其具体指代的内容。译文2将其拆译为两个句子，逻辑清楚，简洁明了。"constrain the realization"也是V+N结构，中式英语，译文2直接用"constraining"替代，转换成现在分词修饰"factor"，句子更简洁。

特别提示

简明英语运动倡导"fighting for crystal-clear communication"。它以读者为中心，通过简洁的语言、专业术语、日常语言和读者熟悉的词汇来有效地传递信息。因此，简明英语不仅是一种方法，实质上也是一项语言改革运动，对非文学翻译产生了深远的影响。

（二）简明英语指导翻译

简明英语强调语言的简洁性，以简御繁是非文学翻译的根本要求。"以简御繁"，顾名思义，是指用简捷明了的方法来处理复杂纷繁的事务。简洁性是衡量非文学翻译质量的重要标准。因此，译者应当采取适合读者阅读习惯的写作方法处理原文中的信息，抓住重点，以简御繁，避免冗余。

1. 省略不必要的词汇

已经说过的不译；读者知道的不译；读者可以推知的不再译。

例1. 我认为我们必须考虑所有的意见。

译文1. In my personal opinion, we must listen to and think over in a punctilious manner each and every suggestion that is offered to us.

译文2. We must **consider** each suggestion carefully.

"my" 本身就含有自身的意思，"personal" 显得重复；"listen to" 和 "think over" 的意思相近，可浓缩为一个词 "consider"；"suggestion" 肯定是别人向我们提出的，没必要用 "suggestion that is offered to us" 来表达。英语写作原则 "Omit needless words" 与翻译提示 "KISS: Keep it short and simple" 是一致的。

例2. 这台电视机真是价廉物美。

译文1. This television set is really cheap in price and fine in quality.

译文2. This television set is really **cheap and fine.**

"cheap" 就指价格便宜，"fine" 指质量好，"in price" 和 "in quality" 语意重复，不必要，删掉后句子简洁而无损意义，符合简明英语原则。

例3. 在这九年期间，国民经济有所增长。

译文1. These nine years constitute a period in which the national economic strength has increased.

译文2. In nine years, the economy has grown stronger.

读者推知 "economy" 就是指国民经济，删去 "national"，译文会更加简洁；"a period"是范畴词，不必与"nine years"重复表达，造成句子冗长，故将"constitute a period"删去，不影响意义表达。

翻译练习

改写下列句子。

1. We failed to take care to ensure that there must be an all-around balance between the various planned targets.

2. We need to achieve the objective of clarity in ideology.

2. 信息流动通顺

英、汉两种语言的句法结构差别较大，如果按照原文的顺序翻译，译文会变得生硬、刻板，甚至出现错误。因此，译者应适当调整句序，保证译文信息流动、畅通。

例1. 东西越小，地心引力对它的吸引力就越小，重量也就越轻。

译文1. The thing is smaller, the pull of gravity on it is the less and the weight the less.

译文2. The smaller the thing, the less the pull of the gravity on it, and the less the weight.

本句需要处理好"东西""地心引力"和"重量"的关系。译文1字对字硬译，没有按英文读者的阅读习惯调整逻辑顺序，晦涩难懂。译文2调整语序，保证了译文信息的通畅。

例2. 这三个县经历了中国20世纪70年代第四次较为严重的、遍及数省的自然灾害。

译文1. The three counties underwent that Chinese 1970's fourth severe disaster in several provinces.

译文2. The three counties underwent the fourth rather serious disaster that plagued several provinces in 1970's in China.

汉语句法结构顺序通常是：限定性定语、国别定语、时间定语、次第定语、判断性定语、陈述性定语、本质性定语和中心词。英语句子结构的顺序通常为：限定性定语、次第定语、判断性定语、本质性定语和中心词、陈述性定语、国别定语、时间定语。汉语习惯将中心词后置，而英文句法常常前置中心词。译文1按照汉语句法顺序译出，不符合英文句法的信息安排；译文2将汉语语序作出调整，信息通顺、流畅，快捷地传递了原文的中心思想。

翻译练习

改写下列句子。

SFCA (Sight First China Action) campaign, the chief purpose of which is to help Chinese people cure or prevent cataracts with $15 million founded by the Lion Club International and some special government funds, is being carried out by the China Disable Person's Federation and the Ministry of Public Health.

3. 使用主动语态

传统观点认为，英语多用被动语态，但实际情况并非如此。简明英语提倡主动语态，慎用被动语态，因为主动语态能更好地突出中心词，强调动作或动作的发出者。

例1. 组委会否决了这项计划。

译文1. The project was rejected by the Commission.

译文2. The Commission **rejected** the project.

译文1没有明确动作的执行者，译文2改为主动语态，句式变得干净利落，一眼就知道动作的执行者"commission"。英语写作原则"Use the active voice"与翻译提示"Prefer active verbs to passive and name the agent"是一致的。

例2. 被告试图向最高法院对原判提出上诉。

译文1. The decision was attempted to be taken to the Supreme Court by the defendant.

译文2. The defendant **attempted** to take the decision to the Supreme Court.

译文1为被动语态，意义模糊，信息不畅。译文2改为主动语态，句式不仅干净利落，而且明确了动作的执行者。

翻译练习

判断下列哪一个译文更好，在更好的译文后打√。

1. 彼得给了玛格丽特一个礼物。

Peter gave Margret a present. （　　）

Margret was given a present by Peter. （　　）

2. 我们让他当了班长。

He was made our monitor. （　　）

We made him our monitor. （　　）

4. 以小替大

简明英语要求尽量选择简洁的表达方法避免冗余。用简洁表达方法并不会使读者感到作者或译者没有学问，译文没有文采，反而会让读者觉得文风朴实、亲切自然。

例1. 每个国家都为此做出了贡献。

译文1. Every country has made contributions to it.

译文2. Every country has **contributed** to it.

译文1使用"make contributions"，译文2直接使用动词"contribute"表达同样的意思，行文简洁，符合"Cut out excess nouns—verb forms are livelier"的翻译提示，也体现了简明英语"以动化静"的原则。

例2. 游击队走到哪儿，领导组织就跟到哪儿，应结束此情形。

译文1. It is necessary to put an end to the situation in which the leading organizations accompany the guerrilla units here and there.

译文2. Leading organizations **should stop** accompanying the guerrilla units wherever they go.

译文1将"结束"译为"put an end to"，并使用定语从句，整个句子冗余繁复，气息不畅。译文2将"结束"译为"stop"，简化了句子结构。译文气息畅通，给人耳目一新的感觉。

翻译练习

改译下列句子。

1. **原文：** 这就说明他们履行职责效率不高。

译文： This accounts for the inadequate efficiency in the performance of their duties.

2. **原文：** 音乐疗法是科学地运用音乐保持、恢复、改善人的精神健康。

   译文： Music therapy is the scientific application of music to accomplish the maintenance, restoration, and improvement of mental health.

5. 使用短句

简明英语要求一切从简，避免冗余。短句言简意赅，不仅能使读者快速理解内容，还能避免句子过长引起歧义，更好地表达原文的思想。

例：市政府的措施是，整合所有可用资源，在充分保障比赛场馆（无障碍设施）的同时，在整个城市大力推进无障碍设施的建设。

译文1.

What the city government has been doing is to use all the possible resources to fully guarantee the accessibility of all the competition venues and, at the same time, to devote efforts to the development of barrier-free facilities citywide.

译文2.

The municipal government is giving priority to providing accessible facilities in competition venues. **At the same time**, it is using available resources to develop barrier-free facilities citywide.

译文1用"what"引导名词从句，句子冗长复杂；译文2将复合句拆分为两个短句，减轻了读者的阅读负担。

翻译练习

改写下列句子。

While fighting corruption, we must demonstrate our will not to change the policies of reform and opening to the outside world and our resolve to deepen the reform and open even wider to the outside world.

6. 避免性别歧视

歧视性的表达会让读者感到不舒服，并可能产生严重后果。简明英语提倡男女平等，避免性别歧视。如"外行"可译为"lay person"，不译为"layman"；"销售员"可译为"sales assistant"，不译为"sales girl"；"工人"译为"workman"，不如译为"worker"等。

例1. 如果承运人签发空头提单，承运人有可能要对持票人承担责任。

译文1. If the carrier issues a bill of lading for which there are no goods, <u>he</u> is likely to be liable to the holder.

译文2. If the carrier issues a bill of lading for which there are no goods, **the carrier** is likely to be liable to the holder.

承运人包括男人和女人。译文1将承运人译为"he"，有差别对待之意。译文2将承运人译为"the carrier"，客观中立，避免歧义。

例2. 如投保人在 10 天内未能报告伤害情况，则保险权利丧失。

译文1. If <u>he</u> fails to report the injury within 10 days, <u>the insured forfeits</u> coverage.

译文2. **The insured** must report the injury within 10 days <u>or forfeits coverage</u>.

译文1将"投保人"译成"he"不妥。译文2将"投保人"译为"the insured"便显客观，因为"the insured"既可以指男性，也可以指女性，消除了性别歧视。

翻译练习

判断下列哪一个译文更好，在更好的译文后打√。

1. 各尽所能，按需分配。

From each according to his abilities, to each according to his needs. （　　）

From each of us according to our abilities, to each of us according to our needs. （　　）

2. 接受忠告者有时胜过发出忠告者。

He who can take advice is sometimes superior to he who can give it. （　　）

Someone who can take advice is sometimes superior to the one who can give it. （　　）

3. 老师应该鼓励孩子尽最大的努力前进。

The teacher should encourage the child to proceed as far as he can. （　　）

The teacher should encourage the children to proceed as far as they can. （　　）

The teacher should encourage the child to proceed as far as s/he can. （　　）

7. 慎用V+N结构

在英语表达中，我们经常见到V+N结构，如the introduction of...，其实用introduce就足以表达。简明英语提倡用动词不用名词，避免动词名词化，慎用名词化片语。

例1. 我们未能考虑到计划与目标之间的全面平衡。

译文1. We fail to give consideration to an all-round balance between the planned targets.

译文2. We fail to **consider** an all-round balance between the planned targets.

"give consideration to"等于"consider"，很显然，译文2比译文1更简洁，避免了"动词名词化"，符合简明英语慎用名词化片语的原则。

例2. 这一政策将限制人才流失。

译文1. This policy will have a restrictive effect on the brain drain.

译文2. This policy will restrict the brain drain.

分析：译文1 "have a restrictive effect on"是V+N结构，而译文2用动词 "restrict"代替V+N，已表达"限制"之意。译文用词简洁，表达清晰，符合简明英语和《欧盟委员会翻译写作手册》的要求。

(**翻译练习**)

改写下列句子。

1. Our troops made the use of the method of slow advance.

2. Our policy is to make assurance that not a single person shall perish from starvation.

三、写译提示

简明英语写作原则指导汉英翻译，能使译文更简明流畅，符合英语对非文学翻译多数体例和文本的要求。欧盟委员会翻译司在《简明英语指南》（*The Plain English Guide*）和《风格：朝向清晰和优雅》（*Style: Toward Clarity and Grace*）的基础上编写了《欧盟委员会翻译写作手册》（*Fight the Fog: How to Write Clearly*），从翻译的角度为非文学翻译提供了翻译方法和指南。根据《欧盟委员会翻译写作手册》，下文将从另一个方面探讨翻译与写作的关系。

（一）《欧盟委员会翻译写作手册》

《欧盟委员会翻译写作手册》用10个提示，通过具体范例，言简意赅地阐述了翻译写作的要点和方法，涉及用词、语态、句式结构等各个方面。手册强调翻译之前要认真思考，通读翻译材料内容，根据译语读者采取不同的翻译策略和方法；译后需对原文进行修订、润色。需要强调的是，《欧盟委员会翻译写作手册》明确地告诉读者，这10个提示（hints）并非确定性规则（rules），应根据目的和目标读者灵活运用，不应生搬硬套。

Hint 1：Think before you write.

Hint 2：Focus on the reader—be direct and interesting.

Hint 3：Get your document into shape.

Hint 4：KISS: Keep It Short and Simple.

Hint 5：Make sense—structure your sentences.

Hint 6：Cut out excess nouns—verb forms are livelier.

Hint 7：Be concrete, not abstract.

Hint 8：Prefer active verbs to passive and name the agent.

Hint 9：Be aware of false friends, jargon and abbreviations.

Hint 10：Revise and check.

（二）翻译写作提示

翻译是对文本形象的一种形式的重写。《欧盟委员会翻译写作手册》提倡以读者为本，从篇章布局、句型、篇幅、重点信息、动名词的使用，主动与被动、具体与抽象、静态与动态以及信息排列组合等各个方面，多维度地阐明翻译与写作的关系。手册提倡的英语翻译写作原则有助于理解优秀的英文写作标准，从而提高汉英译文的可读性，对非文学翻译实践具有重要的参考价值和指导作用。

1. 写前思考（Think before you write.）

写作时，作者首先会思考主题、读者是谁、怎样构思等：what, who, when, where, how, why, how much等。WHAT? My essential message；WHO? Persons concerned；WHEN? Days, hours, timelines, deadline；WHERE? Places；HOW? Circumstances, explanations；WHY? Causes and/or objective；HOW MUCH? Calculable and measurable data。翻译时，特别是在译前，译者要思考Who is talking to whom about what, when, where and why? 读者是谁? 受众是谁? 话语是在什么情景下? 何时、何地? 翻译目的是什么? 译与不译? 如何译? 思考后再下笔，确保译文质量。

例1. 站在屋顶可以发现，羌寨是家家相连、户户相通的布局。从村巷进入，各户是分开的；从屋顶晒台走动，则彼此通达。这也是一种有效的防御体系，一旦有事可以互相援助。羌寨巷道阴暗且多拐角，犹如迷魂阵，既是埋伏奇兵的好地方，又使入侵者难辨方向，不敢乱闯。

译文：When you stand on the roof, you will see the village presents a layout of houses adjoining houses which are accessible to one another. When you enter the lanes, you may think that each house is separated, but when you walk on the flat roofs, you will discover that all the houses are connected by the roofs. With such an effective defense system, the villagers could help each other. The lane is shadowy, winding its way through the village as if it were a maze, where people might set up ambushes. And the intruders were likely to lose their way, and dared not dash about.

该文本是介坪羌寨介绍，读者是游客，文本可能放置在旅游景区。因此，译文没有照文直译，而是转换原文的叙事角度，使用第二人称，拉近了与游客的距离；语言上使用短句、动态语，增强文本的召唤性功能；策略上采用交际翻译，而不是语义翻译，从而实现了旅游文本的呼唤性功能。

例2. 锦江花园餐厅倡导绿色养生的进食理念，追求自然及高品质的食材、醇正的口感、先进又创新的烹调方式，兼顾营养的科学配比，为蓉城国际化人士奉献正餐、欧式午茶、甜点以及美酒精粹。置身后现代欧式风格的精致艺术空间，品味浓郁的异国氛围，让您在煦暖的阳光下细细品尝一杯咖啡，或是在烛光掩映中享受优雅的人生，窗外簇锦团花，川流不息，让您更加贴切地呼吸到这座城市的百年繁华。

译文1.

Jinjiang Garden Restaurant, advocates green health eating concept, to pursue the natural ingredients and high quality, pure taste, advanced and innovative way of cooking, balance nutrition scientific ratio, for dinner, European style afternoon tea, and dessert and wine. In postmodern Europe type style design of delicate art space, strong exotic atmosphere, either in the warm sun, savoring a cup of coffee, or in the candlelight set off to enjoy the elegant life, the window cluster group, spend steady stream, allowing you to breathe more aptly century downtown of the city.

译文2.

Welcome to Jinjiang Garden Restaurant!

We advocate green and healthy eating concept, pursue natural and high-quality ingredients, pure taste. We advance the innovative way of cooking, consider nutrition scientific ratio, and offer you dinner, European-style afternoon tea, and dessert and wine. Moreover, you would immerse yourself in the delicate art space with a design of postmodern Europe type style and enjoy strong exotic atmosphere here. You cannot only savor a cup of coffee in the warm sun, but also enjoy the elegant life under the candlelight. Here, you can enjoy the elegant life and breathe more aptly century downtown of the city.

本文是对锦江花园餐厅的对外宣传，发起人是锦江花园餐厅（who），对象则是客户（whom），翻译目的是吸引顾客消费（about what）。译文1只考虑了字、词、句的翻译，没有考虑到文外因素，采取的是直译方法。译文2考虑到目标读者或潜在客人为住店客人，运用很多具有感染力的动词和形容词，赋予译文动态性；运用第一人称与第二人称，使译文具有对话性，拉近了餐厅与顾客的距离，达到了吸引顾客到锦江花园餐厅消费的目的。由此可见，翻译前先思考，有助于译者采取正确翻译策略和方法，译出好译文。

翻译与写作有异曲同工之处。写作前，作者需构思，思路清晰才能写出好文章；翻译前，译者要思考，对文本类型、语内因素、语外因素进行分析，宏观视觉下做微观翻译，才能正确表达作者的思想和文体风格，译出一流作品（参见第六章）。

翻译练习

翻译下列句子。

1. 这里皑皑雪峰，牧场雪白，森林五彩缤纷。

2. 《中国日报》是国内最为权威的英文刊物之一，国内外媒体转载率最高的中国报纸。

2. 以读者为本——直接兴趣（Focus on the reader—be direct and interesting.）

无论翻译还是写作，都要考虑读者的阅读体验。翻译是为读者服务的，只有把读者放在首位才能更好地服务读者，这也是《欧盟委员会翻译写作手册》和简明英语共同的原则。《欧盟委员会翻译写作手册》提示"Focus on the reader"（"以读者为本"），翻译应"direct and interesting"（"直接有趣"），"尽可能以读者的观点观察事物"（"Try to see your subject from the point of view of your readers"）。

例1. 听到这些数字，有人敬畏，有人目瞪口呆。也许有人会纳闷：中国人究竟是如何建造起如此巨大的雕像？大佛为何能在这里千年不倒呢？

译文： When **you** hear these figures, some are awe-stricken, some dum-bstruck. Maybe **you** are wondering: How could the Chinese build such a colossal statue? Why could the Giant Buddha have been standing there for over 1, 000 years?

这是一篇英语导译文本，目标群体是游客。译者以第二人称"you"做主语，直接面对游客。简明英语和翻译提示都提倡以读者为本，应以读者为导向，"直接有趣"的译文才能达到良好的交际效果。

例2. 人一踏上桥面，会同桥一起起伏荡漾，如泛轻舟。大家行走的时候，请走上桥中间的主走道板。注意安全，不要故意摇晃。

译文： As soon as you set foot on bridge, you have the sensation of drifting in a small boat on calm water. Please keep to the wooden boards in the centre of the walkway and try not to sway too much.

译文以读者为本，以读者为导向，采用读者视角（You approach），增译了第二人称"you"；使用祈使句，直截了当，将原文中的提示语译为："Please keep to the wooden boards in the center of the walkway and try not to sway too much."起到委婉提示、劝告的作用；将"故意摇晃"译为"sway too much"，也有调侃、诙谐之功效。

翻译练习

翻译下列句子。

1. 国际航班，建议在航班起飞时间前至少三小时到达机场。国内航班，在航班起飞时间前至少两小时到达机场。

2. 中华人民共和国成立60年来，这个曾经航道淤积、破烂不堪的小港，在党和国家、天津市委市政府的关怀和支持下，经过几代天津港人的拼搏奋进，现已成为我国著名国际深水大港。

3. **篇章布局合理，注意句子逻辑**（Get your document into shape.）

写作时，作者通常会考虑文章的谋篇布局；同理，译者在将原文译成目标语时也要考虑译文的合理布局。所谓"shape"，指文章头尾相顾、布局合理，可用标题、副标题或图表等，且"follow your logic and reasoning"（"逻辑推理得当"）。篇章布局需从宏观考虑语篇，而句子逻辑安排和重构需从微观处理文本。英、汉在语篇连贯方式和篇章布局上存在诸多差异，译者应注意句子的逻辑，从语篇结构层面上重组原文的信息。

例1. Many people agree with that state merit, arguing that the persistent decline in the dollar's purchasing power hurts people directly because products cost increases, and also causes a kind of psychological damage.

译文1. 许多人有同感，认为美元购买力持续下降，直接损害了人民，因为产品价格提高了，并且给人们造成一种心理上的创伤。

译文2. 许多人有同感，认为美元购买力持续下降，造成了产品价格的上涨，这就直接损害了人民的利益，并且给他们造成一种心理上的创伤。

译文1按照原文翻译，采用顺译法，造成逻辑关系混乱。译文2在理解了原文的基础上，对句子进行了重构，句子的逻辑关系清晰，因果关系符合逻辑。

例2. 峨眉山下，伏虎寺旁，有一种蝴蝶，比最美丽的蝴蝶可能还要美丽些，是峨眉山最珍贵的特产之一。当它阖起两张翅膀的时候，像生长在树枝上的一片干枯了的树叶。谁也不会注意它，谁也不会瞧它一眼……

译文1. Butterflies that fly around Fuhu Temple are one of the most precious specialties in E'mei Mountain. Their beauty exceeds the most gorgeous ones. A person is unlikely to notice them once they close their winds resembling dry leaves.

译文2. Butterflies that fly around Fuhu Temple at the foot of E'mei Mountain are one of the most precious specialties in that area. Their beauty even exceeds the most gorgeous ones. However, once they close their wings resembling dry leaves on branches, they won't attract anyone's attention.

本例围绕枯叶蝴蝶展开，汉语原文中，前两个小句的主语是蝴蝶，而最后却转向了人："谁也不会注意它，谁也不会瞧它一眼⋯⋯"汉语是意合语言，在没有任何连接手段的情况下，这样写并不会造成任何理解障碍，而英语主语突然转换会造成前后逻辑关系断开，容易造成叙事对象不清，给人语义不连贯的错觉。更好的做法是将已知的"蝴蝶"放在前面，补充的新信息放在句末，主谓保持一致。这样一来，段落的连贯性和逻辑性增强，篇章布局更合理。

翻译练习

合理布局，注意逻辑，改进下列译文，并做简要分析。

1. 成都位于成都平原，是一座历史文化名城，自然风光和历史人文景观交相辉映，素有"天府之国、鱼米之乡、熊猫故乡、旅游胜地"的美誉。

译文： Chengdu is located in Chengdu Plain, and it is a famous historical and cultural city. It has beautiful landscapes and rich anthropological features. It has long been known as "a land of abundance" "a land of honey and milk" "the home of giant pandas" and " a paradise for tourists."

2. 最打动她的是，这将是一家德国公司：在德国建厂、产品由德国工人制造、聘用德国管理层，由本地研发中心为欧洲客户量身定做产品。

译文： What impressed her most is the idea that this will be a German company for the following reasons: the factories are built in Germany, the products are made by Germans, the management is Germans, and the local R&D center customizes products for customers.

4. 控制长度，简化语言（KISS: Keep It Short and Simple.）

● **控制句子长度（Keep it short）**

以非文学翻译中的广告翻译为例，简明扼要，能抓住顾客的需求，让顾客念念不忘。长句不一定有价值，简明扼要，短小精悍更难能可贵，更符合简明英语写作原则和《欧盟委员会翻译写作手册》要求。手册要求"Try to break them up into shorter sentences"（"长句分成短句"），使用简单语言和"小词"，并建议：

一个文件最多15页（1 document = 15 pages at the most）

一个句子平均20个单词（1 sentence = 20 words on average）

例1. 申请交货时间不得晚于2010年3月15日。

译文1. The deadline for submitting applications is 15 March, 2010.

译文2. Application deadline: 15 March, 2010.

译文1看似简洁，实则冗余。原文的重要信息就是交货截止日期，译文2简洁明了，省时省力，符合译入语的表达方法。

例2. 新大楼办公区的设计别具一格：波浪形的办公桌及设计，让空间的利用率更高，同事间沟通的范围更广，工作的气氛也容易活跃，取消了传统的天花板设计，使办公区的高度达到了最大化。

译文1. The new working buildings are designed specially: wave-shaped desks increased the efficiency for the use of space; co-workers are easily communicate with each other; it is easy to add life to the atmosphere of the working area; the office don't use the traditional ceiling design and make the ceiling as high as possible.

译文2. The new **office buildings** are designed specially. **Streamlined** desks increase **spatial efficiency**. Co-workers have a wider area to communicate with each other. It is easy to add life to the atmosphere of the office area. **Without** the traditional ceiling design, the designer makes the ceiling as high as possible.

译文1是英文长句，以分号连接各分句。译文2将原文划分为几个短句，比译文1逻辑关系更明确，简洁易懂。"office"表示办公区，"streamlined"表示流线型，而"efficiency"在此处本就有合理利用空间的意思，因此可将"for the use of space"删去，避免重复。用介词"without"构成的短语代替包含两个谓语的句子，有效地控制了句子的长度。

● 使用简单词汇（**Keep it simple**）

英语喜用介词短语，例如for the propose of等于to，in the event of等于if。英语形容词还可变为抽象化名词，readability源于readable，carelessness源于care。《欧盟委员会翻译写作手册》建议："Use simple words where possible. Simple language will not make you seem less learned or elegant: it will make you more credible."（"尽可能使用简单词汇。简单的语言不会让你看起来浅薄或不够优雅，而会更加可信。"）这也是简明英语倡导的原则。

例1. 这本杂志很好看。

译文1. This magazine enjoys readability.

译文2. This magazine is readable.

译文1用复杂词汇 "readability"，给人故弄玄虚的感觉；译文2使用简单词汇 "readable"，并没有让人感到用词浅薄或不够优雅，反而让人觉得言简意赅、句意十足。

例2. 我们必须摆脱无计划供应材料的惯例。

译文1. We must <u>get rid of the practice</u> of supplying materials in an unplanned way.

译文2. We must **stop** supplying materials in an unplanned way.

"get rid of the practice" 是对原文字对字的翻译，没有语法错误；译文2用单词 "stop" 替代 "get rid of the practice"，语言简单，行文简洁，句子反而更流畅。

翻译练习

修改下列译文，尽量使用小词。

1. 对学生来说，写好英语作文很费力。

   译文：It is really very arduous for a student to write a good English composition.

2. 计算机广泛应用于商业、工业和交通领域。

   译文：Computers are widely utilized in the fields of business, industry, and transportation.

3. 工人努力争取在下星期二前完成这项工作。

   译文：The workers all endeavor to finish the job by next Tuesday.

5. 构建合理句型，有效传达信息（Make sense—structure your sentences.）

无论写作还是翻译，都会通过构建合理的句型有效传达信息。《欧盟委员会翻译写作手册》强调重点信息置后，明确动作的执行者，并给出四种排列信息的方法：

（1）Name the agents of each action and put the actions in the order in which they occur. 明确每个动作的执行者，按发生的先后顺序排列这些动作。

（2）Put old or known information at the beginning of the sentence and new or complex information at the end. 将旧信息或已知信息放在句首，新信息和复杂信息放在句末。

（3）Make sure your sentences have strong endings—that's the bit readers will remember. 确保句子的结尾有力，有力的结尾使读者容易记住。

（4）Some more ways of putting important information in the best position—at the end of the sentence. 其他方法，将重点信息置于最佳位置——句子末尾。

下面列举汉译英重点信息后置的例子，包括使用强调句、there be句型等。

例1. 奖委会的资助分配份额根据欧盟援助收到的申请而定。

译文1. Its decision on allocation of EU assistance will be taken subsequent to receipt of all project applications at the Award Committee's meeting.

译文2. When all applicants have **submitted** their project applications, the Award Committee will meet to decide how much EU aid it will grant to each one.

译文2除了用主动语态代替被动语态，"明确动作执行者"外，还遵循了"按时间先后顺序排列这些动作"的原则，重点信息置后，逻辑清晰，符合简明英语写作原则和《欧盟委员会翻译写作手册》的要求。

例2. 为了抗击新冠肺炎，中国政府提出了几项倡议。

译文1. As for fighting Covid-19, the Chinese government outlined several proposals.

译文2. The Chinese government outlined several proposals for fighting **Covid-19**.

仔细读这个句子，"抗击新冠肺炎"是本句的重要信息。根据《欧盟委员会翻译写作手册》，句子结尾要有力——最后看到的、最容易记清楚的是主要信息，置于句末，而次要信息移到句子左侧。译文2把"fighting Covid-19"置于句末，凸显了重要信息。

例3. 公共区域禁烟好像要开始了。

译文1. The ban on smoking in public areas now seems likely to be implemented.

译文2. Smoking in public areas is now likely to be **banned**.

"seems"和"likely"意思相近，用在一起冗余繁复，不符合简明英语的要求。"ban"是本句重要信息，译文1中"ban"作名词，译文2将"ban"用作动词，不仅"化静为动"，而且做到了重点信息置后，句子简洁有力。

翻译练习

翻译下列句子。

1. 彻底的制度改革在大多数情况下是本报告倡导的。

2. 在几个阶段内，新成员国加入看来是有可能的。

6. 去掉多余名词，动词形式更加生动（Cut out excess nouns—verb forms are livelier.）

从语言习惯来看，英文惯用抽象名词，汉语惯用动词叠加。无论是在高中英语作文，还是大学英语四、六级考试中，一些学生喜欢用名词、抽象表意，似乎会得高分，其实适得其反。《欧盟委员会翻译写作手册》要求去掉冗余名词，抽象名词向动词转换，让文体更活泼、语言更轻快，见表3.2。

表3.2　用动词，不用名词

Nouns	Verbs
by the introduction of	by introducing
for the allocation of	for allocating
of the provision of	of providing
submit an application for	apply for
carry out an evaluation of	evaluate
implement an investigation of	investigate
conduct a review of	review
perform an assessment of	assess
effect a renewal of	renew
……	……

例1. 政府号召为灾区捐献更多物资。

译文1. The government appealed to the public for more <u>donation</u> for disaster area.

译文2. The government appealed to the public to **donate** more for disaster area.

"donation"是动词"donate"转换过来的抽象名词，其实完全可以使用原形动词"donate"，更简洁、有力，符合简明英语和《欧盟委员会翻译写作手册》的要求。

例2. 从1959年起，纽芬兰省政府每年都向该协会划拨一笔补助金，直到1971年省政府接管发育障碍儿童的教育工作为止。

译文1. In 1959 the provincial government awarded the Association a yearly grant, which lasted until 1971, when the government took responsibilities <u>for the education of</u> developmentally challenged children.

译文2. In 1959 the provincial government awarded the Association a yearly grant, which lasted until 1971, when the government took responsibilities for **educating** developmentally challenged children.

译文1"for the education of"用词复杂，不简洁。译文2用"educating"代替介词短语，化静为动，变迁回为直接，简洁有力。

翻译练习

翻译下列句子，翻译时特别注意画线部分。

1. 国家无论大小、强弱、贫富，都应该做和平的**维护者**和**促进者**。

2. 我们要对新系统进行合理的**评估**。

3. 他简短地**介绍**了自己。

7. 要具体，不要抽象（Be concrete, not abstract.）

《欧盟委员会翻译写作手册》写道："Concrete messages are clear—abstract language can be vague and off-putting. Too much abstract language might even lead your reader to think either that you don't know what you are writing about or that your motives for writing are suspect."（"具体的语言清晰明了；抽象语言可能模糊不清，令人反感。抽象语言太多甚至有可能会让读者不知道你在写什么，或者怀疑你的写作动机。"）使用"大词"、抽象名词影响信息传递，晦涩难懂。过分使用抽象名词甚至会让人觉得是在玩弄词汇，故弄玄虚。汉译英，应化抽象为具体，变迁回为直接。

表3.3　抽象词与具体词对比

Abstract	Concrete
establish	fix
emphasis	highlight
orient	steer
eliminate	cut out
determine	set

（续表）

Abstract	Concrete
objective	goal, target
initiating impulse	trigger
employment opportunities	jobs
decisive innovation	breakthrough

例1. 城镇新增就业6600万人以上，14亿多人口的大国实现了比较充分就业。

译文1.

More than 66 million new urban employment opportunities have been added, and our country, with its population of over 1.4 billion, has achieved relatively full employment.

译文2.

More than 66 million new urban **jobs** have been added, and our country, with its population of over 1.4 billion, has achieved relatively full employment.

分析：译文1将"就业"译为"employment opportunities"，用词复杂、抽象，易造成读者阅读负担。译文2直接使用"job"，简洁易懂，也符合简明英语的原则。

例2. 全党增强"四个意识"、自觉在思想上政治上行动上同党中央保持高度一致，不断提高政治判断力、政治领悟力、政治执行力。

译文1.

All Party members have enhanced "Four Consciousness". They have become more purposeful in closely following the Party Central Committee in thinking, political stance, and action, and they have continued to improve their capacity for political judgment, thinking, and implementation.

译文2.

All Party members have become more conscious of the need to **maintain political integrity, think in big-picture terms, follow the leadership core, and keep in alignment with the Central Party Leadership.** They have become more purposeful in closely following the Party Central Committee in thinking, political stance, and action, and continued to improve their capacity for political judgment, thinking, and implementation.

习近平总书记在中国共产党第二十次全国代表大会上强调，全党同志要增强政治意识、大局意识、核心意识、看齐意识，自觉在思想上政治上行动上同党中央保持高度一致。"四个意识"是具有丰富内涵的中国特色词语，没有对等语，不能简单地字对字翻译，抽象地译为"Four Consciousness"，让人不知所云。译文2根据"四个意识"的内涵，译出了"四个意识"的具体要求，化抽象的概念为具体、可感知的内容。

翻译练习

改译下列句子。

1. 这部小说在中国<u>很受欢迎</u>。

This novel enjoys great popularity in China.

2. 决不允许增加<u>"三公"经费</u>。

No increase in spending on three official expenditures is permitted.

8. 用主动，慎用被动，明确动作的执行者（Prefer active verbs to passive and name the agent.）

《欧盟委员会翻译写作手册》提出宜主动，慎被动，但一些教科书称，英语惯用被动语态，汉语常使用主动语态，此话不假。用主动语态还是被动语态取决于文本类型和语境。科技、工程、法律、商务等文本要求客观公正、以有效传递信息为目的，故提倡被动，慎用主动；演讲、外宣、旅游等文本要求对受众施加影响，故提倡主动，慎用被动。例如：

> 例：时间由董事长确定。
>
> **原译：** <u>Confirmation</u> of the date <u>will be sent from</u> the president.
> **改译：** The president will **confirm** the date.

首先，没有必要把"确定"动词名词化；再者，使用被动语态，句子变长，不简洁，违背了简明英语原则和《欧盟委员会翻译写作手册》的要求。

《欧盟委员会翻译写作手册》提倡用主动，慎用被动，但并不是要求所有的句子都使用主动语态，下列情况适用被动语态：

1. 不需要或已经清楚谁为行为负责（Who is responsible for the action is not needed or already clear.）

> 例：老人的尸体在小巷尽头被发现了。
>
> **The old man's body** was found at the end of the alley.

2. 被动语态强调行为的受众（Passive voice puts emphasis on the receiver of the action.）

例：最受争议的欧盟议员接受了相关提议的新闻采访。

One of the most controversial members of the European Parliament **has been interviewed by the press** about the proposal.

3. 若要把旧信息或已知信息放在句首，可以将新信息或引人注意的信息放在句末（If you want to position old or known information at the start of the sentence, you can put new or surprising information at the end. ）

例：他们的提议包括成立一个有权搜查农场的特别调查组。欧盟委员会官员通常不具备这样的权力，于是防欺诈是欧盟的优先事项之一。

Their proposals include setting up a special task force **with powers** to search farms. **Such powers are not normally granted** to Commission officials, but fraud prevention is now one of the EU's main priorities.

翻译练习

翻译下列句子。

1. 战争结束时，八百人被这一组织拯救，但是以两百多比利时人和法国人的生命为代价的。

2. 根据这一新政策，中国电信业将被纳入营改增试点范围，实行差异化税率，基础电信服务和增值电信服务分别适用11%和6%的税率，为境外单位提供电信业服务，免征增值税。

特别提示

明确动作的执行者（Name the agent）是《欧盟委员会翻译写作手册》的一项重要原则。明确动作的执行者可以使译文更清晰，意思更明确，读者不用花过多时间揣测作者的意图，在一定程度上减少翻译中的语义失误。记住以下两句话：

1. Don't be afraid to make "I" or "we" the agent.

   大胆使用"I"或"we"作施动者。

2. Don't be afraid to make an inanimate object the agent.

   大胆使用无生命事物作施动者。

（1）用I或We作主语

例：必须大胆吸收和借鉴人类社会创造的一切文明成果。

译文： <mark>We</mark> should not hesitate to draw on the achievements of all cultures.

原文无主语，是典型的意合句，译为英语可增译主语"We"或"People"。

（2）用无生命事物作主语

例：这项指令倡导缩短工人的工作时间。

译文： The directive calls upon employers to cut working hours.

"The directive"（这项指令）是无生命的事物，可以直接译成英语主语。此用法适用于法律等讲述客观事实的翻译。

翻译练习

翻译下列句子。

1. 凡事应该适度，适度是最安全的。

2. 这座新建的公寓大楼有许多现代化的便利设施。

9. 警惕假朋友，注意行话、缩写（Be aware of false friends, jargon and abbreviations.）

"false friends"，即法语faux amis，最早由科斯勒（M. Koessler）和德罗克奎尼（J. Derocquigny）于1928年在《英语词汇的假朋友和骗子：给翻译者的建议》中首次提出。翻译中的"假朋友"是源语和译语中"形同（似）义异"的表达方式。"假朋友"貌合神离，似是而非，是翻译的陷阱，主要体现在词汇、短语两个方面，在翻译过程中一定要警惕"假朋友"，不要被这些"假朋友"欺骗，造成"误译""欠译"。

（1）词汇

词汇是句子语篇结构的单位，理解词汇中的"假朋友"现象是整体理解句子的关键。初学者对词汇中的"假朋友"容易望文生义，信以为真。例如：white wine≠白酒。英语white wine指的是白葡萄酒，酒精含量只有15度左右；汉语白酒指酒精含量在50度以上、用蒸馏法制成的酒。因此"白酒"应译为spirit或liquor，也可直译为Baijiu。pull one's leg不是"拉某人的后腿"而是"搅局或开玩笑";cup sleeve也不是"杯袖"而是"皮碗套"。词汇中的"假朋友"很多,见表3.4。

表3.4 "假朋友"与"真朋友"

英语	"假朋友"	"真朋友"
restroom	休息室	洗手间
busboy	公交售票员	餐厅服务员
greenhouse	绿房子	温室
typewriter	打字员	打字机
hot potato	热土豆	棘手的问题
morning glory	晨光	牵牛花

(2)短语

英汉语言文化存在差异,有很多"假朋友",翻译时应根据言语服从思想、形式服从内容的原则灵活处理,切忌把"假朋友"当成"真朋友",闹出笑话来。部分短语、词组是文化负载词,分为本体概念文化词和附加概念文化词。"本体概念文化词"是指目标语与源语没有对应概念、目标语读者无法理解的词汇,属于"文化空缺",如"北漂"(Beijing Dream Pursuers);"附加概念文化词"是指除了本体意义外,还附加了本民族特殊概念的词语,这类文化词不能直译,可意译或归化处理。例如,"我认识的几对老鸳鸯","老鸳鸯"只能意译为"old couples",不能译为"old mandarin ducks"。

例1. John can be relied on. He eats no fish and plays the game.

译文1."假朋友":约翰是靠得住的,他不吃鱼还玩游戏。

译文2."真朋友":约翰是靠得住的,他既忠诚又遵守规则。

分析:这个句子如果按照字面意思直译,就会掉进"假朋友"的陷阱,无法正确理解原文并传达出其真正的意义。在英国历史上宗教斗争曾十分激烈,旧教规定斋日(星期五)吃鱼,以表示忠诚于新教。"eats no fish"意为"忠诚",而"play the game"意为遵守游戏规则,因此,"play the game"应理解为"遵守规则"。

例2. 我跟贾斯汀和丽莎在一起的时候,有时候我觉得自己像电灯泡。

译文1."假朋友":Sometimes when I'm with Justin and Lisa, I feel like an electric bulb.

译文2. "真朋友"：Sometimes when I'm with Justin and Lisa, I feel like a third wheel.

分析："电灯泡"除本意外，还附加了汉语的特殊概念，指多余的人。在英国，马车上一根轴装上三个轮子也是多余的，因此英国人用"third wheel"比喻"碍手碍脚的人""不合时宜的人"。此外，中文"电灯泡"是"附加概念文化词"，不能直译，只能归化翻译，译为"third wheel"，否则就会把"假朋友"当成"真朋友"。

10. 修改与复检（Revise and check.）

修改与复检是翻译过程中不可缺失的重要环节。在复检的过程中，译者检查、修改译文中的语法和拼写错误，辨别哪些是"真朋友"，哪些是"假朋友"，批判性地阅读译文，将自己放在读者的立场上分析译文是否做到以读者为本，句子长度是否适当、是否有逻辑错误；篇章布局是否合理，语言是否是"英式中文"或"中式英文"。通过复检、修改、润色，让译文在符合译入语语法规则的同时，力争体现原文的意境和文体风格（见第十章）。

本章小结

> 翻译过程写中有译、译中有写，写和译是翻译的孪生姊妹。英译汉，需要译者具有良好的汉语写作能力；汉译英则需要译者具有较强的英文写作能力。本章从简明英语写作原则和《欧盟委员会翻译写作手册》两个角度，深入浅出地阐明了翻译与写作的关系。简明英语要求以读者为中心，多用主动语态，以小替大；使用短句，避免性别歧视语言；以动化静，用动词代替名词化片语，简化句子结构，减少读者阅读负担。《欧盟委员会翻译写作手册》要求以读者为本，篇章布局合理，尽量使用短句，重点信息后置，用动词不用名词，要具体不要抽象，宜主动、忌被动，警惕"假朋友"等。两相对比，不难看出两者的异曲同工之处，对非文学翻译实践具有重要的参考价值和指导作用。

课后练习

一、按照《欧盟委员会翻译写作手册》的要求翻译下列句子。

1.过于频繁地出差是员工辞职的首选理由。

2. 中国政府承诺不对无核国家使用核武器。

3. 坦率地说，这主要同一百多年的帝国主义侵略有关，也与历代反动政府的腐败有关。

4. 中国以习近平主席提出的理性、协调、并进的核安全观为指导，全面推进核安全工作。

5. 动物油、植物油和矿物油是主要的三大油类。

6. 立足国内资源，实现粮食基本自给，是中国解决粮食供给问题的基本方针。

7. 现附上销售确认书，编号：NO.BA120，一式两份。

二、遵循简明英语写作原则改写下列句子。

1. The Rolls-Royce radiator has never effected a change, except that when Sir Henry Royce died in 1933 the monogram RR was changed from red to black.

2. This picture was painted by Professor Smith.

3. Over the past decades he has devoted the greater part of his life to developing and spreading improved orange stains among fruit growers.

4. We must get rid of the practice of eating junk food.

5. We should have a sober view that failure is the mother of success.

6. We should strengthen and improve our comprehensive national power.

7. A good job must be done in medical-care work for the urban residents.

8. Actually, as means and methods adopted in improving the national economy, various policies can reach the goal.

9. I'll go to visit my uncle and say "Happy New Year" to him today.

10. Our policy is unswerving and will not be shaken, and we shall always follow it.

三、比较以下译文，用√标出较好的译文。

1. 如果你想解决各种问题，投入实际工作很重要。

译文1.

Plunging yourselves into practical work is very important for you to find solutions to all sorts of problems. （　　）

译文2.

If you want to solve problems, it is important for you to plunge into practical work. （　　）

2. 当然，我们还要积极吸引跨国公司来华投资，特别是鼓励他们投资研究、开发和参与国有企业的改组、改造。

译文1.

Of course, we also should actively attract multinational corporations to invest in China, especially encourage them to invest in product research and development and take part in the reorganization and reform of state-owned enterprises. （　　）

译文2.

Of course, we also should make an active attraction to multinational corporations to invest in China, especially encourage their investment in product research and development and take part in the reorganization and reform of state-owned enterprises. （　　）

3. 广交会的全称是中国进出口商品交易会，1957年创办，每年春秋两届。

译文1.

The full name of the Canton Trade Fair is the China Import and Export Fair, which was held twice a year, in spring and autumn respectively since its establishment in 1957. （　　）

译文2.

The full name of the Canton Trade Fair is the China Import and Export Fair. It started in 1957, and has been held twice a year, in spring and autumn respectively. （　　）

4. 我们要确保更有效地利用外资。

译文1.

We should make sure that we make a more effective use of the foreign capital. （　　）

译文2.

We should ensure we use the foreign capital more effectively. （　　）

5. 我发现有些事情，专业人员们天天在做，已经习以为常，往往不加思考地做，从来没有想过为什么要这样做。

译文1.

I find that there is something what the professionals do everyday has become so accustomed that they are usually done without any thinking about them. （　　）

译文2.

I find that the professionals do something everyday and has become accustomed.

They are usually done without any thinking about them. (   )

四、按照简明英语和翻译写作提示改译下文。

原文：1992年经济工作，我们应当在党的基本路线的指导下，加快改革的步伐，扩大对外开放的范围，密切关注经济结构的调整和改善效率，注重改善农业和大中型国有企业，并促进国民经济持续、稳定、和谐发展。

译文：In doing economic work in 1992, we shall, under the guidance of the Party's basic line, step up the pace of reform, broaden the scope of opening to the outside, pay close attention to readjustment of the economic structure and improvement of efficiency, lay stress on improving agriculture and large and medium-sized state-owned enterprises, and promote sustained, stable, and harmonious development of the national economy.

第四章
英式中文与中式英语

英式中文和中式英语是译者在信息加工、语言重构过程中出现的错误。汉译英，译者应遵循简明英语和《欧洲委员会翻译写作手册》的原则，避免使用不符合英语习惯的词汇和句式；英译汉，应采用汉语特有的表达方式，使译文符合中文读者的阅读习惯。修订、校对时，应特别审查译文是否存在中式英语或英式中文，确保译文准确、地道、优美。英式中文和中式英语严重影响译文质量，是阿喀琉斯之踵，必须高度重视，花大力气克服。本章将讨论英式中文和中式英语的类型、表现形式、成因及解决方案等，从理论、实践上指导非文学翻译实践，以提高译文质量（本章与其他内容的关系，见自序图1）。

案例研究

案例一：日本核污染水强排入海贻害无穷

8月24日，日本东北太平洋沿岸，东京电力公司开启了福岛第一核电站核污染水的正式排海。此后的数十年间，福岛核电站产生的污染水将持续排入大海。日本强排核污染水入海，已经造成和将要带来的后果怎么强调都不为过。

此举将对海洋环境带来的长期影响后果难测。福岛第一核电站迄今储存的核污染水多达134万吨，东电制定的2023年度排放"指标"为3.12万吨，但毫无疑问以后会大幅增加排放量。同时，因用水冷却熔毁堆芯以及雨水和地下水等流过，每天继续产生大量高浓度核污染水。日媒援引专家的话评估，今后漫长期间，核污染水将源源不断产生并排入大海。且不说用来"处理"核污染水的系统寿命如何、可靠与否，仅积年累月排放的氚等核素总量就非常惊人，其对环境和生物的长期影响无从准确评估，不确定性就是最大的风险之一。

西方国家和大多数媒体对日本强排核污染水不仅不批评质疑，还默认纵容乃至站台背书。这固然与那些国家距离日本地理位置远、切身利害少有关，但更重要的恐怕还是源于根深蒂固的"双重标准"。因为日本是盟友、是西方阵营，西方对日本排海

<u>采取了睁一只眼闭一只眼的态度</u>，实际上充当了日本核污染水排海的"帮凶"。

这篇文章对日本核污染水强排入海进行了报道，批判了欧美国家采取的"双重标准"，但受英语和"翻译腔"的影响，文中出现了一些英式中文、"欧化"语言，不符合汉语"意合"句的语言特点，主要问题包括但不限于：过多使用"的"字作为结构助词，如"福岛第一核电站核污染水<u>的</u>正式排海"；频繁使用将来时态中的情态动词"将"，如"<u>将</u>持续排入大海"；滥用介词，如"<u>对</u>海洋环境带来的长期影响后果难测"；使用不必要的连词，如"<u>但</u>毫无疑问……""<u>因为</u>日本是盟友……"；过多使用前置定语，如"<u>仅积年累月排放的</u>……"；常用V+N结构（动词+名词结构），如"<u>采取</u>了睁一只眼闭一只眼的<u>态度</u>"；套用英语句型表达汉语，如"不确定性就是<u>最大……之一</u>"等。

试修改文中的英式中文。

日本核污染水强排入海贻害无穷

8月24日，日本东北太平洋沿岸，东京电力公司<u>正式开始</u>福岛第一核电站核污染水排海。此后数十年间，福岛核电站产生的污染水<u>持续排入大海</u>。日本强排核污染水入海，已经造成和将要带来的后果怎么强调都不为过。<u>人们很难预测此举对海洋环境带来的长期影响</u>。福岛第一核电站迄今储存的核污染水多达134万吨，东电制定的2023年度排放"指标"为3.12万吨，<u>毫无疑问</u>会大幅增加排放量。同时，因用水冷却熔毁堆芯以及雨水和地下水等流过，每天继续产生大量高浓度核污染水。日媒援引专家的话评估，今后漫长期间，核污染水将源源不断产生并排入大海。且不说用来"处理"核污染水的系统寿命如何、可靠与否，<u>氚等核素积年累月，排入大海</u>，其总量就非常惊人，<u>更无从准确评估其对环境和生物的长期影响</u>，<u>不确定性就是最大的风险</u>。

西方国家和大多数媒体<u>不仅不批评质疑</u>日本强排核污染水，还默认纵容乃至站台背书。这固然与那些国家距离日本地理位置远、切身利害少有关，但更重要的恐怕还是源于根深蒂固的"双重标准"。<u>日本是盟友</u>、是西方阵营，西方对日本排海<u>睁一只眼闭一只眼</u>，实际上充当了日本核污染水排海的"帮凶"。

案例二：中式英文之鉴
原文
本篇汉英实践报告选自陆树铭的人物传记《我遇关公》的第一章，目前尚无英译本。该人物传记不仅介绍了陆树铭的生平经历，还是他饰演电视剧《三国演义》中关公这一人物角色的内心独白，并向世人宣传了关公精神。本篇传记中出现了大量人名、地名、电影片名等专业术语，具有记叙文本的基本特点。译者翻译的第一章主要介绍了陆树铭年少时期的不凡经历。他历经艰难，久经磨难，虽然最初不被家人所理解，不被社会所接受，不被世人所同情，但并未自暴自弃，而是利用一切时间精进自己的业务能力，最终实现了自己的梦想。

译文

This report on Chinese-English translation is based on the first untranslated chapter of *I Met Master Guan Yu* by Lu Shuming. This biography not only details Lu Shuming's life, but also conveys his inner monologue regarding his portrayal of Guan Yu in *Romance of the Three Kingdoms* and promotes the cultural significance of Guan Yu's spirit throughout the world. This biography is mostly narrative in style and involves a great deal of specialized terminology, such as proper names, places, and film titles. The first chapter translated by the translator focuses mostly on the extraordinary childhood experiences of Lu Shuming. He endured untold hardships and sufferings and overcame adversity, and despite first being misunderstood by his family, rejected by society, and despised by the world, he did not give up on himself and instead devoted all of his time and energy developing his artistic abilities and achieving his goal.

此段译文句式松散，遣词、造句、衔接不当；汉语思维过重，存在严重的英语"汉化"现象；没有英语的语言特点和文采，中式英文随处可见，主要问题有：词汇堆砌、冗繁，违反简明英语的原则；滥用连词、介词和名词化片语；一些句式过长，句式衔接不当；用中文思维，如用中文连动句、流水句翻译英文，"翻译腔"明显。

改译：

This <u>report on Chinese-English translation</u> (C-E translation report) <u>is based on</u> (was written on the basis of) the first ~~untranslated~~ chapter of *I Met Master Guan Yu (Lord Guan Yu),* the biography by Lu Shuming. <u>This</u> (Lu's) biography not only <u>details</u> (describes) <u>Lu Shuming's</u> (his) life, but also <u>conveys</u> (reveals) his inner <u>monologue</u> (world) <u>regarding his</u> portrayal of Guan Yu (through the character he acted) in *Romance of the Three Kingdoms*, <u>and</u> (thus) <u>promotes</u> (promoting) ~~the cultural significance of~~

Guan Yu's spirit throughout the world. This biography (It) is mostly narrative in style and involves(, containing) a great deal of specialized terminology (special terms), such as proper names, places, and film titles. The first chapter ~~translated by the translator~~ focuses ~~mostly~~ on the extraordinary childhood ~~experiences~~ of Lu Shuming. He (, who) endured ~~untold~~ (tremendous) hardships and sufferings ~~and overcame adversity, and~~ despite (.Despite) ~~first~~ being misunderstood by his family, rejected (unaccepted) by society (the communities), ~~and despised by the world,~~ he did not give up; ~~on himself and~~ instead, devoted all of his time to ~~and energy~~ developing his artistic abilities and ~~achieving his goal~~ ~~making his dream come true.~~

一、英式中文

英式中文（Englinese）是指以汉语为本族语、英语为目标语的语言使用者以及以英语为本族语、汉语为目的语的语言使用者，由于受各自目标语及本族语的影响和干扰，将英语特征和使用规则引入汉语，从而产生的一种带有浓郁英语风格的"似是而非"的汉语。维基百科把英式中文纳入"欧化汉语"的概念："欧化汉语或西化汉语是指语法、文笔、风格或用词受欧洲语言过分影响的中文，一般带贬义。欧化汉语除了缺乏中文的特色，也可能因为用词烦琐生硬，导致阅读及理解的障碍。"一些译者过于重视外语的词义和形式，即"狭隘的语义对等意识"，就会出现不符合汉语表达习惯的英式中文。

中国出现具有英语特色的汉语，即英式中文，始于19世纪鸦片战争后通商口岸和租界时期，盛行于20世纪初，随着自媒体的出现，现已充斥在各社交媒体，是我国学习英语过程中诞生的畸形汉语。从语言角度来看，英式中文的成因包括翻译过度异化、受英语思维影响等；从社会角度来看，英式中文的产生则要归于社会、经济、文化全球化、中国英汉语言教育失衡、英汉语言学习方法不协调、现代生活节奏过快等因素。当前汉语面临的一大危机是日益严重的汉语"欧化""西化"现象，英式中文泛滥成灾，严重影响了汉语的生态环境。"英语没学好，中文学坏了"，这是我国高校英语专业、翻译专业学生中出现的令人担忧的现象。

翻译练习

修改以下英式中文。

1. 关于那篇文章，你觉得怎样？

2.这本著作的可读性非常高。

3.他被选为班长了。

4.她是最美丽的女人之一。

（一）英式中文面面观

余光中（1987）指出："中文的西化有重有轻，有暗有明，但其范围愈益扩大，其现象愈益昭彰，颇有加速之势。"英式中文违反汉语表达习惯，把英文的表达方式生搬硬套，破坏了汉语的简洁性，这是多年来业余翻译造成的严重后果，已经严重危及汉语的生态。下面根据余光中《怎样改进英式中文？——论中文的常态与变态》一文，从词语、句子两个方面讨论英式中文对非文学翻译的影响，防微杜渐，尽量避免英译汉出现英式中文。

1.词语

（1）名词

受英文影响，中文滥用科学名词现象严重，很多名词都套上了"术语"词缀，常见的有"度""性"二字。说人名气大，便说他"知名度高"；"很舒服"说成"舒适度高"；"十分精准"说成"精准度高"。"前瞻性""真实性""临时性"等伪术语也常被滥用，翻译应当避免。

> 例：The book is highly readable.
> a：这本书可读性颇高。
> b：这本书很好看。

这句话明明可以说"这本书很动人"，或者说"这本书引人入胜"，又或者干脆说"这本书很好看"，却非要说成"这本书可读性颇高"。受英语影响，滥用这种科学名词现象严重，影响翻译质量。

特别提示

英语有些词语隐含一定意义，译为汉语时，应显现其意义，补译缺失的内容，这些内容往往是必不可少的名词。

> 例1.
> a：根据福克斯女主播翠西·里根，"我们别无选择"，唯有一"战"。
> b：根据福克斯女主播翠西·里根的说法，"我们别无选择"，唯有一"战"。

例2.

a：这种负疚感来自个体只是一个生存于世却对审美价值没有贡献的人。

b：这种负疚感来自这样的<u>事实</u>：个体只是一个生存于世却对审美价值没有贡献的人。

（2）动词

英文好用抽象名词，弱化了动词，架空了动词，明确有力的动词渐渐变质，简洁的单音节动词变成了含有抽象名词的片词。受英文影响，一些汉语动词西化，成为"弱动词+抽象名词"的复合动词，如"进行了……实验""经历了……打击""作出了……反应"。巴仁（Jacques Barzun）、屈林（Lionel Trilling）等把这类动词叫做"弱动词"（weak verb），翻译应避免或酌情使用。

表4.1　慎用"弱动词+抽象名词"

英式中文	地道中文
实行自杀	自杀
机器**发生了**损坏	机器坏了
火箭已**找到了**宇宙探索的应用	火箭已经用来探索宇宙

（3）代词

英语有所有格，所有格形式多样，在表达意义时不可缺少，否则会造成语义缺失，语义不清，令人产生误解；汉语是意合句，通过话语即可表达逻辑关系，因此所有格往往可以省略。

例1.

a：与此同时，那年轻人已经给<u>自己</u>穿上了一件明显很破的上衣，他站在炉火前面。

b：与此同时，那年轻人<u>已经穿上了</u>一件很破的上衣，站在炉火前面。

例2.

a：她穿上了<u>她的</u>新衣服。

b：<u>她穿上了</u>新衣服。

英语表达中，物主代词、反身代词、所有格等的运用比较广泛，汉语则不同。a 句是受英语影响翻译出来的句子。b 句表达顺畅，是地道的中文表达方式。

（4）副词

表4.2　避免滥用副词

英式中文	地道中文
她**成功地**说服了父母。	她说服了父母。
大家**苦中作乐地**竟然大唱民谣。	大家苦中作乐，竟然大唱民谣。
他说："究竟到什么地方，我们还没有**十分决定**，也许到湖边吧。"	他说："究竟到什么地方，我们还没有决定，也许到湖边吧。"

滥用副词是英式中文的一个显著特点。翻译时尽可能删除"地"，代以逗点，不但可以摆脱主客关系，语气也会灵活一些。

　　　　例1. 他苦心孤诣地想出一套好办法来。

　　　　　　改为：他苦心孤诣，想出一套好办法来。

　　　　例2. 老师苦口婆心地劝了他半天。

　　　　　　改为：老师苦口婆心，劝了他半天。

特别提示

　　汉语里一些公式化的表达也泛滥成灾，如"越来越""更好地""进一步"等，原因仍是英式思维在英译汉的体现。"人们越来越深刻地认识到科技的作用"可以表述成"人们愈加深刻地认识到科技的作用"。"为更好地践行社会主义核心价值观，我们必须努力提升自己"可说成"为深入践行社会主义核心价值观，我们必须努力提升自己"。"我们要进一步开展思想教育活动"则可说成"我们要深入开展思想教育活动"。

（5）连词

英语中常出现连词"and"，表示并列和对比关系，如"father and mother""black and white""near and far"，但汉语则不常用连词，仅说"父母""黑白""远近"即可。汉语连词"而"不但能表示转折，也可表示递进关系，如"slow but sure"可译为"慢而可靠"。

　　　　a：上海的社会与经济改革，显然比内陆起步更早及迈步更快……

　　　　b：上海的社会经济改革，显然比内陆起步更早而迈步更快……

c：上海的社会经济改革，显然比内陆起步更早，迈步更快……

此处用连词"与""及"没有必要，"起步更早及迈步更快"读起来就像是阅读英文。"与""及"的滥用破坏了中文生态，中文没有这种用法。如果一定要用连接词的话，只能用"而"，不是"及"。

特别提示

汉语"并""且""又"等词可以表示递进关系。"而"不但可表示更进一步，还可表后退或修正，例如"国风好色而不淫，小雅怨诽而不乱"，可谓兼有 and 与 but 的功用（余光中，1987：121）。英译汉时应当注意中英文连词的差异，用纯正的汉语表达中文的意义。

（6）介词

介词不具有实际意义，不可单独充当句子成分，但常与其他词汇结合，是构成逻辑的一个重要成分。英语是形合语言，注重逻辑，介词、连词多；中文为意合语言，介词数量不多，使用频率也没有英语那么高，如：

There are many wonderful stories to tell about the places I visited and the people I met.

译文1. 关于我所访问的一些地方和遇见的一些人有许多奇妙的故事可以讲。

译文2. 我访问了一些地方，也遇见了一些人，要谈起来，奇妙的事可多着呢。

汉语不用介词便可连接语篇，译文1没有注意到汉语的语言特征，机械地将介词"about"翻译为"关于"，翻译腔十足。译文2没有一个介词，运用汉语主题——述题结构，意合代替形合，以意统形，没有翻译痕迹。

表4.3　英汉互译介词的使用

英式中文	地道中文
在昨天，我收到了人生中第一本散文诗集。	昨天，我收到了人生中第一本散文诗集。
由于救援物资短缺，灾区人民饥寒交迫。	救援物资短缺，灾区人民饥寒交迫。
关于裁员一事，请您慎重考虑。	裁员一事，请您慎重考虑。
他**通过**苦思冥想，最终得出了答案。	他苦思冥想，最终得出了答案。

（续表）

英式中文	地道中文
他作为家中的长子，早早担负起生活重任。	他是家中的长子，早早担负起了生活重任。
……	……

汉语在很多情况中不需要介词就可以表达完整的意义。"由于""关于""就""通过""作为"等介词在翻译时常被滥用。英译汉，可将"作为"这一类英语表达中不可或缺的介词去掉，这样更符合中文"意合"的表达方法。

（7）形容词

如今，中文一用到形容词，似乎就离不开"的"，可以说无"的"不成句，甚至出现"好滴"这样的网络语言，严重影响了汉语传统的句型结构和表达方式。

表4.4　避免滥用"的"字

英式中文	地道中文
好的，好的，我马上来。是的，没问题。	好，好，我马上来。是，没问题。
他肯定是别有用心的。	他肯定别有用心。
她是个漂亮的，优雅的，温柔的女人。	她，漂亮，优雅，温柔。

中文前饰句是关闭句，后饰句是开放句。一些文章不知何故，几乎一律前饰，用"的"字修饰名词，似乎不懂后饰之道。前饰句以名词压底，句式变得僵硬、累赘；改为后饰，就会自然得多。因为后饰句可以一路加下去，且不用"的"字修饰中心词，句式多样，富于弹性。如：

I saw a man who looked and spoke like your brother.

我见到一个长得像你兄弟说话也有点像他的陌生男人。

我见到一个陌生男人，长得像你兄弟，说话也有点像他。

（8）复数

英文有复数形式，中文没有单复数的变化，表示复数的词有"各位""诸""之辈""之类""等""列""众"等。现在，很多词都被生生套上了复数词尾，如"男人们""女人们""观众们"等。男人、女人之类本就为复数形式，添上"们"多此一举，翻译时最常见的复数滥用便是"们"。

表4.5　避免滥用"们"字

英式中文	地道中文
女人们是感性动物。	女人是感性动物。
文官们、武官们，听好了。	文武百官，听好了。
丫鬟们都聚在一起。	众丫鬟都聚在一起。
学生们全都在教室等您。	学生都在教室等您。

（9）"之一"

"之一"同样是汉语西化的表现，源于英文"one of the..."的表达方式。"他是我最喜欢的歌手之一"，本可说"他是我最喜欢的歌手"，若非强调还有"之二""之三"，"之一"则完全多余，因为有没有"之一"，不会影响"最喜欢"的程度。

表4.6　避免滥用"之一"

英式中文	地道中文
龙是汉民族古代崇拜的图腾之一。	龙是汉民族古代崇拜的图腾。
他是我最喜欢的歌手之一。	他是我最喜欢的歌手。
九寨沟是四川著名旅游景区之一。	九寨沟是四川著名旅游景区。
……	……

特别提示

有些情况下"之一"不能省去，如"砚是中国文房四宝之一""川菜是中国四大名菜之一""韩愈是唐宋八大家之一"，这种有具体数量限定的表达，如省掉"之一"就变为"砚是中国文房四宝""川菜是中国四大名菜""韩愈是唐宋八大家"，出现数字逻辑错误。尽管如此，仍可以用其他说法表达出来，不必非用"之一"不可，如"韩愈位列唐宋八大家"等。

翻译练习

1.修改下列英式中文句子。

（1）由于他的家境贫穷，使得他只好休学。

（2）元素是一种不能用常规的化学方法分解为更简单的物质。

（3）她说话有完全的道理，"有个哥哥肯定很好。"

（4）两千块超过了他能支付的金额。

（5）在一个月以前，他们就搬离了这个村庄。

2. 评析下列句子，指出哪一句是英式中文，打上×，并说明原因。

（1）a. 他的收入的减少改变了他的生活方式。

　　　b. 他收入减少，改变了生活方式。

（2）a. 作为竹林七贤之一的刘伶以嗜酒闻名。

　　　b. 刘伶是竹林七贤之一，以嗜酒闻名。

（3）a. 他被怀疑偷东西。

　　　b. 他有偷东西的嫌疑。

（4）a. 老师在认真备课；学生正在复习。

　　　b. 老师们在认真备课；学生们正在复习。

（5）a. 经过不懈努力，他登顶珠穆朗玛峰。

　　　b. 经过不懈努力，他成功地登上了珠穆朗玛峰。

2. 句子

在句子层面上，英汉翻译出现英式中文的案例很多，特别是网络媒体、新闻报道以及人物采访，在一些正式刊物上也屡见不鲜，严重影响了中文的生态环境。具体表现为：时态痕迹明显、机械套用句型、滥用被动语态、句子结构问题等。下面逐一论述。

（1）时态痕迹明显

英语时态是表示动作发生的时间和方式的语法形式。英语为形合句，动词变化表示时态特征，痕迹明显；汉语为意合句，时态在语意中自然表达，不露痕迹。英语时态的变化体现在动词的变化上，如study, studied, studying等，而汉语动词则没有变化。由此可见，英汉时态的差别主要体现在动词上。受英文的影响，汉语时间状态的表达方式开始具有明显的时态痕迹，翻译时应避免过度使用。

例1.

a：如此的国家将有很大的人口而很小的力量了。

b：这样的国家，人口会很多，力量却会很小。

例2.

a：世界<u>正</u>一日千里地向前发展<u>着</u>。

b：世界发展一日千里。

（2）机械套用句型

英语有多种句型和固定的表达方式，把<u>这些</u>英语句型<u>生搬硬套</u>到汉语中，采取直译的方法，就形成了英式中文。

表4.7　避免机械套用英文句型

英式中文	地道中文	所套句型
她好奇心强，跟着兔子奔过田野，**刚刚来得及看见**它跳进篱笆底下的一个大兔洞。	她满心好奇，跟着兔子奔过田野，**正好看见**它跳进篱笆底下的一个大兔洞。	just in time to...
情境有如此支配作用，以至于我们应该把它看作产生修辞活动的最好理由。	**情境具有很大的支配作用**，我们应该把它看作产生修辞活动的最好理由。	so...that

（3）滥用被动语态

英汉都有被动语态，但英语被动语态的使用频率高于汉语。事实上，许多英语被动语态译为汉语时多转变成主动语态。汉语与英语不同，汉语的"主语"和"谓语"是一种语义上的"话题"和"评论"关系。汉语的被动概念常常是语义上的，而不是语法上的。如：

糖都吃光了。

戏看完了。

稿写了一半。

钱已经用了。

汉语也有被动表达方式，比如"为字结构"等，如"为人所害"；"受""给""让"也常在句子中表达被动的含义。汉语中的"被字结构"常表示不幸的事件，如"他被打了""小刘被骗了很多钱""车子被刮了"等。

（特别提示）

主动和被动从两个不同的角度表达了同一个事实，其意义差别表现在：主动叙述强调的是动作，被动强调的是动作完成了以后所呈现出来的结果。相比而言，英语常用被动句，汉语多用主动句。从英、汉两种语言被动语态的对比可以看出，英汉不仅句式结构不一样，被动语态使用的频率也不一样，使用的语境更是迥然不同。译者应该将这些差异熟记于心，才能更好地在两种语言之间进行转换，提高翻译质量。

（4）句子结构问题

1. 语序混乱

英、汉两种语言另一个重大差异体现在语序排列上，特别是状语的位置。通常情况下，汉语的状语出现在谓语之前，比如"严重（地）伤害"，而英语则习惯把状语放在谓语之后，如"hurt badly"。翻译时将英语语序塞进汉语当中，就会破坏中文生态环境，甚至词不达意，闹出笑话来。如：

Writers cannot bear the fact that poet John Keats died at 26, and only half playfully judge their own lives as failures when they pass that year.

a：作家们无法忍受这一事实：约翰·济慈26岁时就死了，于是就几乎半开玩笑地评判他们自己的一生是个失败。这时，他们才刚刚过了这一年。

b：诗人约翰·济慈年仅26岁便溘然长逝，作家们对此深感惋惜。他们过了26岁之后，便不无戏谑地叹息自己一生无所作为。

a句把英语的时间状语强加于汉语中，不仅读起来别扭，还导致了误译；b句将状语提到前面，前因后果，符合原文本意。

2. 句子冗长

英语为"树状"结构，句式冗长是英语一大特色；而汉语为意合句，以短句著称。盲目照搬英语句式，会造成冗长的英式中文句式。如：

a：那些掉进了为每一个情景创造一种相对应的语言表达法陷阱之中的教科书作家们，是必定要失败的。

b：为每一个情景创造一种相对应的语言表达法，那些掉进这个窠臼的教科书作家，是必定要失败的。

a句用了前置式定语，形成冗长的英式中文句子，读起来拗口难懂。b句把原文冗长的句式拆分为短句、小句，符合汉语的表达方法。

翻译练习

指出下列句子的不当之处，并改正。

1. 是非对错，我自己会做判断，不用你来指手画脚。

2. 巴拉斯的同事特迪·科勒克记得在街上曾被一个路人接近，这个路人是一位犹太干果进口商人，从事干果进口工作……

3. 他"机智老练，能力出众"，法国大使这样形容他。

4. 许多人跟随救援行动离开了伊斯坦布尔，其中至少有3994人——接近巴拉斯救助总人数的三分之一——没有经历过大屠杀。

5. 这就是为什么巴拉斯和希尔施曼经常走出佩拉宫和工业酒店，穿越塔克西姆广场，直奔哈比耶区的原因，他们要去……

（二）英式中文成因

英式中文是在社会经济全球化进程中，一些人和机构崇尚西方教育而形成的一种违反汉语表达方式的畸形汉语。从翻译学和语言习得角度来看，英式中文的成因包括翻译过度直译和异化、英语思维差异以及第二语言对母语的反向迁移。

1. 过度直译和异化

王力（1955：349）指出，欧化的根源在于翻译，近代大量的翻译造成了对汉语的冲击和改造，特别是直译和异化，对汉语的影响非常大。过度直译以及过度异化导致出现欧式中文句式，也就是英式中文。如：

　　a. 戴卓尔夫人拒绝改变她的经济策略，并且预言英国经济问题的解决已经在展开。
　　b. 戴卓尔夫人拒绝改变经济策略，并预言英国的经济问题已经开始解决。

a句"英国经济问题的解决已经在展开"，是按照英语"something is on the way"的结构原原本本地直译过来的，直接使用了英语的表达方式。过度直译是典型的英式中文，翻译腔很浓。

2. 英汉思维差异

以英语为母语的民族，偏重分析型思维，语言更加注重词语和词语间的组合（注重形合），即词语或语句间的连接。而中国人崇尚天人合一，偏重综合性思维，喜欢把对象的各个部分综合成统一的整体进行考察。汉语注重整体语义，词语或语句的连接主要凭借语义或语句间的逻辑关系实现。

a. It is **so cold that** the river froze.

译文1. 天气**如此**冷，**以至于**河水都结冰了。（英式中文）

译文2. 天气太冷了，河水都结冰了。（地道中文）

b. **If** one doesn't exert oneself in the youth, one will regret in old age.

译文1. 如果一个人年轻时候不努力，老了就会后悔。（英式中文）

译文2. 少壮不努力，老大徒伤悲。（地道中文）

3. 英汉语言教育失衡

改革开放以来，我国掀起了学习英语的热潮，很多学生忽视了汉语的重要性，母语水平下降。在英汉教育失衡的情形下，他们更容易受到英语的影响。中国英语教学以应试为导向，过分强调词汇和语法的学习，也在一定程度上导致英式中文的滋生和盛行。

4. 汉语生态环境恶化

英语是世界公认的第一语言，在国际交流，包括经济、政治、文化、科技等方面的交流中，英语是主要的交流工具。当今新闻资讯快速传播，许多英语文本被以最快的速度翻译出来。为了追求时效，一些译者直接按照英文原文的结构翻译，甚至用机器翻译不加审校。这样的翻译态度和方式导致英式中文四处蔓延，严重损害汉语生态环境。

翻译练习

1. 试译下列句子，注意避免英式中文。

(1) Youth is not a time of life, it is a state of mind, it is not a matter of rosy cheeks, red lips and supple knees; it is a matter of the will, a quality of the imagination, a vigor of the emotions; it is the freshness of the deep springs of life.

(2) At the foot of Mount Yuchan is the Toad Pond where all rocks look like toads, small or large, standing or squatting, croaking or jumping, looking at each other.

(3) The greed is the fiercest fire, the hatred the worst insistence. The puzzling and false insight is the net hardest to escape from, the love the river hardest to ferry.

(4) When you look back with forgiveness, ahead with hope, down with sympathy, up with gratitude, then you stand on the top of the soul.

2. 改写下列英式中文句子，将其改为地道的中文。

（1）人们收入的增多改变了他们的社会地位。

（2）公路的再度塌陷，是今日的头条新闻。

（3）材料的选购，只好委托你了。

（4）政策的推行，要靠大家的努力。

二、中式英语

中式英语（Chinglish）是指中国英语学习者受母语的干扰和影响，生搬硬套汉语的规则和习惯，在英语交际中使用不合英语规范和文化习惯的畸形英语（万鹏杰，2005：41）。有人认为中式英语具有中国特色，为了加强新时代中国在世界的话语权，应积极推广中式英语。中国英语在某种程度上丰富了英语的词汇量、构词方法、句式等，有积极的一面，但是中式英语并不是中国英语（China English），并不为英语国家所接受，在社会经济文化交流中造成的更多的是误解和伤害。

从某种程度来说，任意篡改一种语言是对这种语言的亵渎。中式英语削弱了原本期待这些语言所能够提供的美学价值、教育价值和文化价值，不利于中外社会、经济、文化交流，严重的中式英语还可能造成经济损失、法律纠纷、生命安全问题、外交冲突，导致跨文化交际障碍和误解、误判，也是影响汉译英译文质量的主要问题。

> 特别提示

中国英语是以规范英语为核心，表达中国社会文化诸领域特有事物，不受母语干扰，通过音译、译借以及语义再生等方法进入英语交际，具有中国特点的词汇、句式和语篇，如"麻将"mahjong（音译），"改革开放"reform and opening-up（译借），"赤脚医生"bare-foot doctor（语义再生）等。而中式英语是中国英语学习者思维方式固化，受母语干扰和影响，套用汉语规则和习惯形成的不符合英语语言文化习惯的畸形英语。

琼·平卡姆认为，中式英语是"misshapen, hybrid language that is neither English nor Chinese"（Joan Pinkham，2000：1）（"畸形的、混合的、既非英语又非汉语的语言文字"）。李文中（1993：19）认为，中式英语是中国人学习或使用英语时，由于受母语干扰和影响，生搬硬套汉语的语法规则，不符合英语规范或英语文化习惯、带有汉语语音或语法变化的畸形英语。下面盘点一些让人爆笑的中式英语，不仅老外摸不着头脑，中国人看到了也常常忍俊不禁。

1. 你有种，我要给你点颜色看看。You have seed, I will give you some color to see see.
2. 哪儿凉快上哪儿待着！Where cool, where you stay!
3. 我叫李老大。I call Li old big.
4. 要钱没有，要命一条！Want money no, want life one!

翻译视频

观看以下视频，谈谈你对中式英语的看法。

（一）中式英语面面观

中式英语是中国人在学习英语过程中出现的语言现象，主要是学习者的思维模式、语言环境、语言差异所致。从语言学的角度来讲，中式英语是语言学习（主要是二语学习）的迁移现象，这里指的是"负迁移"。也就是说，学习者会习惯性地将母语中的概念、表达直接搬到外语中。下面仍然从词语、句子两个方面探讨中式英语对非文学翻译的影响，避免汉译英出现中式英语。

1. 冗繁词汇

冗余（Redundancy）即指使用过多不必要的词语，或者是重复使用一些相近的词语或短语。汉译英会出现一些外国人看来没有必要的"冗繁词汇"，成为中式英语的标志。实际上，删除这些名词、动名词或短语并不影响信息表达，它们所要表达的含义句子中的其他词汇已经表达出来了。

翻译实践中，一些译者习惯在名词前添加没有必要的形容词，在动词前增加多余的副词，在句末添加多余的时间状语，或者在名词前添加不必要的动词等，这些"冗繁词汇"会使目标语变得冗余拖沓，成为不能被接受的、畸形怪异的中式英语。

（1）名词

受汉语思维的影响，一些翻译在英语句子中大量使用不必要的、意义空泛的名词，使句子变得冗长，意思模糊。如：

例1. 城乡人民的生活水平不断提高。

a: Living standards ~~for the people~~ in both urban and rural areas continued to rise.

b: Living standards in both urban and rural areas continued to rise.

该句中"for the people"显然是多余的词，因为living standard "生活条件"本身就是针对people这一群体的。

例2. 中国政府十分重视师范教育事业的发展。

The Chinese government has attached great importance to ~~the development of the cause of~~ the teachers' training.

例3. 我们要注意防止权力滥用的现象。

We must take care to prevent ~~the phenomenon of~~ the abuse of power.

中文使用"发展""现象"等词语的情况很普遍，但在英语里是这些冗余词汇。删除这些冗余词汇后，译文更简洁流畅，符合简明英语的原则，避免了中式英语。

> **翻译练习**

根据以上所述，改正下列句子。

1. These hardships are temporary in nature.

2. We should adopt a series of measures to protect the environment.

3. It's essential to strengthen the building of national defense.

4. We must oppose the practice of extravagance.

（2）动词

冗余动词往往出现在词组中，通常结合名词出现。冗余动名词组合分为两种情况：

◆ 冗余动词+名词

例1. 他们应当仔细检查机器。

a: They should conduct a careful examination of the machine.

b: They should carefully examine the machine.

翻译"仔细检查"采用动词+名词结构，不仅弱化了主要动作"检查"在句中的地位，还使译文显得重复冗余。其实"conduct"一词完全可以省略，将"examination"一词用动词表达即可。

例2. 所有项目都应被批准。

a: Approval should be given to all these projects.

b: All these projects should be approved.

"to give an approval"等于"to approve"。根据简明英语和翻译写作原则，可直接用动词替代动词短语。

例3. 这一时期，浙江省经济经历了最快发展时期。

a: Zhejiang Province economic strength experienced the most rapid increase during this period.

b: Zhejiang economy grew most rapidly during this period.

本句中的to experience increase =to increase =to grow，是动词+名词产生的多余词汇；"economic strength"只是对"economy"含义的进一步抽象化，没有实际的意义。b句简洁明了，符合译入语的表达方式。

◆ 冗余动词+名词+第三个词

例：我们要努力实现现代化。

a: We will take our efforts to reach the goal of modernization.

b: We will take our efforts to modernize.

句子中心意思是努力实现现代化，"reach the goal of"属于多余的成分，而"modernization"可直接使用动词"modernize"。

◆ 其他情况，如：

例：早在五千多年以前，就有人类在杭州大地上繁衍生息并创造了良渚文化。1949年5月3日杭州解放，开始书写历史发展的新篇章。

a: As early as 5000 years ago, there were human beings <u>multiplying and living</u> in Hangzhou area, creating the Liangzhu. Hangzhou was liberated on May 3rd, 1949, thus begun to <u>write its new chapter of development</u> in history.

b: As early as 5000 years ago, there were human beings <u>living</u> in Hangzhou area, creating the Liangzhu Culture. Hangzhou was liberated on May 3rd, 1949, thus begun to <u>write its new chapter</u> in history.

"multiply"和"live"意义相近，都有繁衍生息之意，不宜同时使用。"a new chapter"也有发展的含义，如果在其后加上"development"，也属于冗余成分。

特别提示

英语动词分为强势动词和弱势动词。强势动词具有强烈的目的性或较强的感情色彩，用以描述具体的动作或行为，如reform, introduce, purchase, support等；弱势动词是感情色彩较弱，行为上看起来比较抽象的动词，如make，have，give，see等，英语也称为"万能词"。受英文影响，如今汉语动宾短语应用频繁，宾语前频率出现较高的动词有"做出""进行"等，如"做出承诺""进行实验"。汉译英时，具有动词性质的名词可直接处理成句子的谓语动词，省去不必要的弱势动词，如："We must make an improvement in our work." 可改译为："We must improve our work." 以下为汉语转换成英语常见的动宾结构，可用动词替代，更符合简明英语的原则。

make a study = study

make a decision = decide

make a proposal = propose

make an effort = try/attempt

make an analysis = analyze

make an investigation = investigate

（3）形容词

一些英文名词已表达了内在意义，如果再用形容词修饰名词便是冗余词汇，它会使译文变成中式英语。请看以下几个例子：

成功完成 ~~successful~~ accomplishment

事实情况 ~~actual~~ fact

严重骚乱 ~~serious~~ chaos

新的革新 ~~new~~ innovation

财政支出 ~~financial~~ expenditure

重大历史变革 a great ~~historic~~ change

再看下面几个例句：

例1. 2022 年末，杭州常住人口 1237.6 万人。

a: By the end of 2022, the population of <u>long-term residents</u> in Hangzhou city was 12.376 million.

b: By the end of 2022, the <u>residents</u> in Hangzhou were 12.376 million.

译文中，"population" 和 "residents" 属于<u>重复表达</u>，而 "resident" 一词本身就表达居民、常住人口的意思，如果再用 "long-term" 修饰 "常住居民"，就显得多余了。

例2. 杭州历史上名人辈出。

a: Hangzhou fostered a galaxy of <u>cultural celebrities</u>.

b: Hangzhou fostered a galaxy of <u>celebrities.</u>

"celebrity" 意为："A celebrity is someone who is famous, especially in areas of entertainment such as movies, music, writing, or sports. If a person or thing achieves celebrity, they become famous, especially in areas of entertainment such as movies, music, writing, or sports." 由此可见，"celebrity" 一词本身就有体育、文化声望之意，再用 "文化" 之类的修饰词完全没有必要。同时，"a galaxy of..." 也有 "一群显赫的、重要的人或物" 之意。

（4）副词

汉语中经常使用 "十分" "很" 等副词来加强语气。英语讲求平实，加强词过多起不到加强的作用，反而会成为句子中的冗杂成分。在地道的翻译里，译者往往会选用一个表达精确有力的词来表示强烈程度。

　　例1. 我坚信我们队会赢。

　　a: I firmly believe that our team will win.

　　b: I believe that our team will win.

　　c: I am convinced that our team will win.

在以上句子中，"坚信"一词按英文写作习惯不会使用副词"firmly"，需删除，也可直接使用意思准确且语气强烈的词语，如"convince"替代。

　　例2. "东坡肉"具有烂而不糜、味纯而嫩等特点。

　　a: Dongpo Pork is ruby in color and softly tender in taste.

　　b: Dongpo Pork is ruby in color and tender in taste.

"tender"本身就是描述食物嫩、易嚼之意，没有必要再用"softly"修饰，否则"softly"会变为冗余之词，整个句子变成中式英语。

　　例3. 在整个改革期间，我们必须坚持反腐败。

　　a: During the entire process of reform and opening-up, we must persistently oppose corruption.

　　b: Throughout process of reform and opening-up, we must oppose corruption.

"persistently"可译为"坚持""持续"，但这一副词与"During the entire process"的表达形式存在语义重复，不符合简明英语和翻译写作的原则，可删除。

　　例4. 只要团结香港各界人士，就能保障香港长期稳定和繁荣。

　　a: The long-term stability and prosperity of Hong Kong will be assured as long as we widely unite the Hong Kong people from all walks of life.

　　b: The long-term stability and prosperity of Hong Kong will be assured as long as we unite the Hong Kong people from all walks of life.

"widely"可译为"全面地""广泛地"，但与"all walks of life"的表达形式存在语义重复，不符合简明英语和翻译写作的原则，可删除。

2. 句式结构混乱

（1）"主+谓"句型改为"主+谓+宾"句型

汉译英，由于受汉语影响，译者倾向于使用动宾短语代替单独动词的表达方式，把英文句子原本的"主+谓"结构复杂化，变成"主+谓+宾"句型，增加了读者的阅读负担和记忆负担，成为中式英语。

例1.

a: We adopted the policy of withdrawal.

b: We withdrew.

例2.

a: Three garrison divisions were necessary to perform the task of guarding warehouses.

b: Three garrison divisions were necessary to guard warehouses.

（2）滥用抽象名词、介词短语等，使句子结构复杂化

a: This would not only be a hindrance to the people of different nationalities in exchanging experience with and learning from each other but also a great disadvantage to the development of culture.

b: This would not only make it difficult for people of different nationalities to exchange experience and learn from each other, but would also impede the development of culture.

a句使用抽象名词、介词和动名词，如"hindrance""learning""in exchanging experience with"等。当一个英文句子具有中式英语的特征时，原本简洁明了的英文句型就会被中式英语冗长、晦涩的句式扭曲。

（3）情态动词、时态表达与时间状语重复使用

中式英语往往会在有情态动词的句子中添加时间状语，如将来时增译"in the future"，而地道的英语不会再增加此类时间状语。使用动词过去时，再加上时间状语"in the past"或者"previously"便是多余的，应避免重复使用。

例1. 今后发展经济主要靠我们自己。

a: The development of our economy in the future will, to a large extent, depend on...

      b: The development of our economy will depend to a large extent on...

在这个句子中，will是将来时态，已经表示将来，因此 "in the future" 是多余的成分，是典型的中式英语。

    例2. 过去我们过分强调阶级斗争。

    a: <u>Previously</u>, we used to overemphasize the class struggle.

    b: We used to overemphasize the class struggle.

此句中的 "used to" 已经表明过去时态， "previously" 是多余的成分，加上后语义重复，变成中式英语。

翻译练习

以批判性思维分析下列句子，删除句子中的冗余成分，并做修改。

1. These practices should be totally abolished.

2. Although the road before us is rough and bumpy, we believe that the favorable situation will continue.

3. Statistics show that from 1990 to 1994, imported vehicles totaled 960,000 units, compared with the four million vehicles produced in the country.

（二）中式英语成因

中国与国际社会交流日益增多，越来越多的中国人学习英语，但始终有一个难题困扰着一些中国人，那就是他们学了十几年的英语，仍然说的是 "中式英语"。"中式英语" 是中国人在学习英语过程中出现的一种语言现象，究其原因，主要是学习者的思维模式、语言环境、语言差异所致。

1. 思维模式

思维是人脑对客观现实的反映过程，是漫长的历史进程中人类特有的、从社会实践中产生的一种精神活动。各民族由于不同的文化、历史背景以及世界观、认识方式差异很大，形成不同的思维方式。英汉思维差异及其主要语言特征对比如下：

表4.8　英汉思维差异及其主要语言特征

汉语	汉语为意合语言，重悟性、感性。语言重隐性逻辑，句与句之间的逻辑关系不依赖语言手段（如关联词）来体现，而是注重意义上的连贯，句中的语法意义和逻辑关系通过词语和分句的含义表达。汉语造句少用或者不用形式连接，注重隐性连贯、逻辑事理顺序，注重功能、意义，以神统形。
英语	英语为形合语言，重理性分析。语言注重显性逻辑，句与句之间的逻辑关系依靠语言手段（包括语法衔接、词汇衔接）来体现。英语造句常用各种形式的连接词、短语、分句或从句，注重显性接应、句子形式，注重结构完整、异形显义。英语句子中的连接手段和形式多种多样，使用十分频繁。

例1. 当下众人七言八语。

By now proposals of all kinds <u>were being made</u>.

例1汉语为主动句，人称作主语，而译文用被动句，物作主语，这体现了对主体和客体的不同态度。中国人一般对思维的主体和客体不区分，句子语态呈隐性；英国人的思维注重客观事物对人的作用和影响，英文多用无生命名词作主语，主动与被动两个范畴泾渭分明。

例2. 能为他的这本散文集作序，<u>我觉得非常荣幸</u>。

I find <u>it a great honor</u> to be asked to write a preface to this collection of essays.

例3. 昨天下午4点半在公园门口，我遇到了多年未见面的中学同学。

I met with my middle school classmate at the entrance of the park at 4: 30 yesterday afternoon, whom I haven't seen for years.

例2、例3体现了思维方式不同以及语言上的差异。 例2将汉语评语放在最后，而英语则放在开头。例3汉语句式结构重心在后，头大尾小，而英语句式结构重心在前，头短尾长。因此，英汉互译时，译者应根据各自语言的特点调整语序、语态，使译入语符合读者的思维方式、语言特点。

思维是语言转换的基础，思维的差异势必会影响两种语言的相互转换，根深蒂固的母语思维方式对英语学习的影响可以说是无孔不入、无时不在。翻译表面上是将一种语言形式转换为另一种语言形式，实质上是思维方式的转换。中国人在语言转换时，或多或少会受到本民族思维的影响。不少人没有意识到或忽视了不同民族思维的差异，用汉语思维方式对英语语言进行操作，因此产生了大量中式英语。

翻译练习

认真阅读下文，辨析正误，指出中式英语句子，用×表示。

1. There have been good harvests in agriculture.

There have been good harvests.

2. They must make up their minds to implement the reform of the current system.

They must make up their minds to reform the current system.

3. The students all dislike him because he often pats the teacher's ass.

The students all dislike him because he often licks the teacher's boots.

4. Imports of foreign automobiles have declined sharply this year.

Imports of automobiles have declined sharply this year.

2. 语言环境

社会学习理论认为，从认知、行为和环境影响之间持续的相互作用，可以解释人类的惯性行为，语言环境对英语习得者会产生重大的影响。中式英语产生的原因，不仅是由于两种语言自身的差异，还有中国人学习英语的语言环境。在中国，汉语占据绝对主导地位。老百姓阅读汉语书籍，听汉语广播，观看汉语电视节目，浏览中文网站，用中文交谈。即使有英语版本，大多数人更倾向于依赖中文字幕，这样的语言环境是产生中式英语的重要原因，并有愈演愈烈之势。例如，在全国各地，公示语中的中式英语俯拾皆是。

表4.9　公示语中的中式英语

中文	中式英语	地道英文
安静！	No Noising!	Be quiet!
问讯台	Question Authority	Information Desk
残疾人	deformed man	the disabled
航空食品	airline food	in-flight food
……	...	...

翻译练习

修改以下公示语的翻译。

（1）

（2）

（3）

（4）

3. 语言差异

形态变化、语序和虚词是表达语法关系的手段，三者之间存在密切的关系。汉语缺乏形态变化，表达语法关系借助语序和虚词。英汉两种语言存在明显的语法差异是汉译英出现中式英语的重要原因。

（1）英语有形态变化，汉语没有严格意义的形态变化。

英语词缀灵活多变，常常一缀多义，不仅数量多，而且种类齐全。汉语利用词缀构词不论规模、数量或者种类都不及英语。英语通过词形变化可以表达相同的意思；汉语没有词形变化，难以用英文这么多的句式来表达同样的意思。

> 例：他行动快，令人惊讶。
>
> He moved astonishingly fast.
>
> He moved with astonishing rapidity.
>
> His movements were astonishingly rapid.

特别提示

英语动词、助动词和情态动词常常结合起来，用形态变化表示动词的时态、体态、语态和语气。汉语没有助动词和情态动词，有时借助一些半独立的词语来表示，但多数隐含在句中或上下文里。翻译时要注意二者之间的差异，避免中式英语。

（2）英语语序比较灵活，汉语语序相对固定。

形态变化与语序有密切关系。形态变化越多，语序越灵活，反之亦然。汉语是典型的分析语，词没有形态标志，位置一般不能随便移动，词语之间的关系主要是通过语序、使用虚词来表达。

①英汉句子的主要成分如主语、谓语动词、宾语或表语的语序基本上相同。一般来说，英汉的排列顺序都是：主—谓—宾（表）。与汉语相比，英语语序倒置的现象比较多。英语语序能够灵活倒置，是形态变化和丰富的连接词使然。汉语缺乏形态变化，少用或不用连接词，语序相对固定。除了诗词或某些惯用的句式外，汉语语序的改变大多是把宾语提到谓语或主语之前，从而引起宾语的句法功能的转变。

例：He had to quit the position and went in exile, having been deprived of his power.

他被剥夺了权力后，只好流落他乡。

②汉语的定语一般放在名词的前面。英语的定语在许多情况下可以通过形态变化或借助连接词置于名词的前后，位置比较灵活。

例1.

a: a very important question

b: a question of great importance

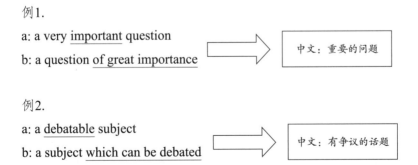

中文：重要的问题

例2.

a: a debatable subject

b: a subject which can be debated

中文：有争议的话题

③英语的修饰词和被修饰词有时借助形态变化或连续词还可互相转化，从而改变其修饰关系，汉语则往往不能有类似的转化：

例1.

a: There is no inconsistency in what he said.

b: There is nothing inconsistency in what he said.

例2.

a: His sparkling eyes betrayed her great excitement.

b: The sparkle of her eyes betrayed her great excitement.

④翻译汉语定语，应视情况改变其位置，可前置，也可后置，避免中式英语。翻译英语定语，则应根据汉语的习惯灵活处理，如以静化动，可将英语的形容词改为汉语的动词或四字格，避免英式中文。

例1. 1976年，绵竹县发现一墓葬。墓中有近150件葬品，引人注目。

A notable instance is a tomb discovered in 1976 in Mianzhu county, and contains almost 150 objects.

例2. She had such a kindly, smiling, tender, gentle, generous heart of her own.

她心地厚道，为人乐观，性情温柔，待人和蔼，心胸宽广。

例1为汉译英，译文既有形容词作定语，也有分词作定语；既有前置，也有后置，形式灵活多样。例2为英译汉，当数个英文描写性词语连用修饰名词时，多作定语，少作谓语；而汉语则多作谓语，少作定语，因此将英文的形容词全部译成四字格，更符合汉语的语言习惯。

⑤英语虚词包括冠词、介词、助动词、并列连接词和从属连词等；汉语虚词包括介词、助词和连词等。英汉虚词都是与实词相对而言的，在句中主要起辅助和连接等作用。英语经常使用定冠词和不定冠词，这是英语的一大特点。汉语没有冠词，英译汉时可以省略，但有时有无冠词，意义大相径庭。

例1. out of question 毫无疑问

out of the question 不可能

例2. She was with a child. 她带着一个孩子。

She was with child. 她有身孕。

翻译练习

改写下列中式英语。

1.China's population is the most in the world.

2. The bedroom has a bed, a sofa, a desk and a chair.

3.The prices of the vegetables are too expensive recently.

4. My only capital is diligence.

5. It's time to eat your dinner.

本章小结

本章讨论了英式中文与中式英语产生的原因、表现形式以及解决方法。英式中文（Englinese）将英文的表达方式生搬硬套，时态痕迹明显、滥用被动语态、句型固定死板，违反了汉语表达习惯，严重危害了汉语的生态。中式英语（Chinglish）是套用汉语规则和习惯，形成不符合英语语言文化习惯的畸形英语，涉及语用、词句和发音等多个层面。汉语是意合语言，措辞简洁凝练，句式结构灵活，声调铿锵有力；英语是形合语言，逻辑思维严密，呈"树"状句型，井然有序，二者存在明显的差异。因此，译者应充分考虑英汉语言差异，避免使用不符合译入语表达的词汇和句式。英译汉，避免英式中文；汉译英，谨记中式英语之鉴。

课后练习

一、改写下列句子的译文，并分析改译的理由。

1. 我们必须加快经济改革的步伐。

We must accelerate the pace of reforms in the sphere of the economy.

2. 让整个社会一夜骤变是不可能的。

It's impossible to accomplish the transformation of the society overnight.

3. 新加坡将禁止美国著名流行女歌手麦当娜在其境内演出。

Singapore will bar America's popular female pop star Madonna from staging a show in its territory.

4. 杭州市政府在努力创建"宜居、宜游、宜学、宜商"城市，大力提升城市环境，发起实施天蓝、水绿、绿化、宁静四大工程。

The government of Hangzhou is making great efforts to improve the urban environment under the brand of "residing, traveling, studying and establishing business in Hangzhou", and to initiate the implementation of Four Projects, namely: Project Blue Sky, Project Green Water, Project Greenness and Project Quietness.

二、辨别正误，地道英语标√，中式英语标×。

1. A. The vocational education's six plans have been promoted vigorously and the students' skills and abilities have been gradually improved.

   B. The vocational education's six plans have been promoted and the students' abilities have been improved.

2. A. We need to achieve the objective of clarity in ideology.

   B. We need to be clear in our ideology.

3. A. This measure will have a restrictive effect on the activities of speculators.

   B. This measure will restrict the activities of speculators.

4. A. The Chinese government took all possible eventualities into account when it made this policy decision.

   B. The Chinese government took all eventualities into account when it made this policy decision.

5. A. Previously, we used to make some mistakes in our marketing mix.

   B. We used to make some mistakes in our marketing mix.

三、阅读下文，修改文中的英式中文。

解读《雍正王朝》之隆科多在夺嫡中的重大作用

上期我们讲到，在康熙祥和的寿宴上，却暗流涌动！扑杀过来阵阵血腥的味道！

大家都知道，康熙身子骨挨不了多久了！大宝空悬，人人觊觎！就如万米马拉松一样，众皇子们该使出浑身解数进行最后的冲刺了。

夺嫡拉开了最后的厮杀，一场短兵相接的厮杀！而此时的胤禛却被康熙解掉了所有的职位，正在房子里发闷。一向坚韧的胤禛到最后却很无奈，因为到最后，无论怎么看。他都没有任何机会！

论声望，他盖不过胤禩。论军功，他盖不过胤禵。看起来结局已经很清晰了，似乎胜利的天平永远不会垂青这位刚坚不可夺其志的胤禛。然而邬先生却告诉胤禛，机会还很大，让他不要慌。

皇子们热火朝天地夺嫡，这可让一位大臣变得炙手可热，那就是身为九门提督的隆科多，九门提督掌管整个皇城的安全卫戍工作，在政局充满变数的多事之秋，这个职位显得尤为重要。

胤禛明白这个道理，胤禩也明白，当然康熙也更明白！

谁都想拉拢隆科多，在隆科多心里，也深深清楚，他的立场，有可能左右大清未来的主子是谁。然而，朝廷里的水有多深，他心里深深清楚，若此时的队伍一旦站得不对，那么就可能断送所有的前程，荣华，富贵。一旦站对队伍，那么，他将会以拥立新君的姿态，傲立朝堂，拥有一切！

于是，隆科多想起了一个老人，这个老人晚年在政治的尾声略显失意，然而，毕竟，姜还是老的辣！这个老人就是他的六叔佟国维。经历了政治沉浮的佟国维用最后敏锐的嗅觉告诉他，此刻，谁来求你，都不要答应，也不要完全拒绝，最后等圣意！

第五章

电子工具的使用

在互联网时代，熟悉翻译网站和桌面电子词典，掌握各种查询方法并充分利用电子工具、计算机辅助翻译是对译员的基本要求。非文学翻译专业性较强，对译员的专业知识要求高，职业译员不可能样样精通，但借助电子工具和计算机辅助翻译，翻译中的大多数疑难问题都会得到解决。本章根据翻译职业化的要求，讨论如何使用搜索引擎、电子词典、语料库、计算机辅助翻译等，以便有效地提高译者的翻译速度和质量（本章与其他内容的关系，见自序图1）。

案例研究

以下是四川师范大学校长汪明义2017年在西部国际有机化学研讨会上的致辞，内容比较简单，如何翻译呢？搜索引擎、桌面电子词典等电子工具提供了解决方案。汪明义校长致辞讲稿部分截图见图5.1。

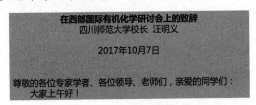

图5.1 汪明义校长致辞讲稿部分截图

首先解决关键词。"校长"一词英文主要有两个：president和 principal。大学校长是president还是principal？通过谷歌搜索，"校长"翻译结果如下：

再搜索，其他翻译结果如下：

校长 的翻译

名词

▬▬▬	principal	校长, 本金, 首长, 老本, 血本
▬▬▬	president	主席, 总统, 校长, 议长, 总会会长
▬▬	chancellor	校长, 大臣, 长官
▬▬	rector	校长, 牧师
▬	schoolmaster	校长

维基百科和有道桌面词典交叉验证：

Principal

From Wikipedia, the free encyclopedia

Principal may refer to:

Common usage [edit]

- Principal (academia), the chief executive of a university or college
- Principal (education), the head teacher of a primary or secondary school
- Principal or dean, the head of a cathedral or collegiate church

有道 *youdao*　　中英 ▼　校长

新汉英大辞典

校长 [xiào zhǎng]

1. （中小学）headmaster; schoolmaster; principal

2. （大专院校）president; chancellor

短语：
校长负责制 principal accountability system

以上来源于：《新汉英大辞典》

词语辨析

— **president, principal, headmaster**
这组词都有"校长"的意思，其区别是：
president 在美国专指大学的校长，在英国指学院院长。
principal 在英国可指大学校长、院长以及中小学校长，但在美国仅指中小学校长。
headmaster 在英国指对中小学校长的一般称呼，尤指私立学校的校长。

从上面两个截图可知：president指大学、大专校长；principal指中小学校长。
再查证，其结果如下：

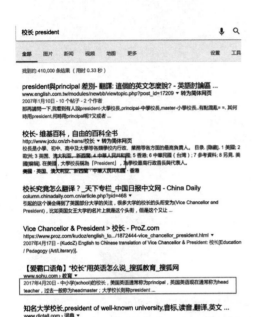

一、电子工具概述

在大数据时代，翻译过程中使用电子化产品非常普遍，从而提高了译者的翻译速度和翻译质量。从翻译质量上来看，电子工具可以帮助译者在海量的数据中尽快检索到相关术语和专业知识，从而做到精准翻译；帮助译者明确词意以及使用方法，使译文更加地道；查找平行文本，帮助译者校对、修订译文。从翻译速度来看，通过电子工具检索关键词不用重复查询就可以获得多个资料来源。电子工具的复制粘贴功能方便快捷，不用笔摘录或复印，还能避免打印引起的错误，这在专业翻译公司效果尤其明显。如果每位译员每天工作8小时，以前传统手工翻译每天可译2500字（汉译英），而现在用电子工具和机算机辅助翻译，每天翻译的工作量能达到5600字及以上。

常见的翻译电子工具分为三大类：网站、搜索引擎、电子词典。

1. 网站：雅虎Answers、中国知乎、美版知乎Quora、大英百科全书（Encyclopedia Britannica）、维基百科（Wikipedia）、翻译论坛等。

2. 搜索引擎：百度、谷歌（Google）、必应（Bing）等。

3. 电子词典：《金山词霸》《有道词典》《欧路词典》《灵格斯翻译家》等。

二、搜索引擎

翻译任何专业内容时，有效的搜索引擎都是译员强有力的帮手。译前，搜索引擎可以给译者提供平行文本，帮助译者更好地理解原文，从宏观上把握原文的风格和特色；译中，搜索引擎可以帮助解决术语的翻译，包括人名、地名、专有机构、专业术语等；译后，在校读译文时，对于不确定的词义、词组搭配等，译员同样可以借助搜索引擎，通过定性定量、交叉验证法来保证译文的质量。以下是一些常用的搜索引擎。

（一）常用网站与搜索引擎

1. 维基百科

维基百科（http://www.wikipedia.com）是大众熟知的电子百科全书，其内容公开，可编辑，且有多种语言。通过维基技术，任何人都可以使用，并用网页浏览器修改其中内容。对于非文学翻译而言，其丰富的内容、海量的知识有助于译员了解原文的背景知识，准确翻译。

案例研究

下文选自2016年11月5日的《经济学人》，试借助搜索引擎翻译，特别注意文中"influence peddling"的翻译。

Mrs. Choi said she had "committed a crime", but has denied allegations of corruption and influence peddling.

——*Economists* 2016.11.5

译文1.

周女士说她"犯了罪"，但是否认对腐败和叫卖影响的指控。

如果不了解相关背景，后半句不知所云。译员可查询维基百科，了解相关释义。打开浏览器，在地址栏直接输入维基百科网址，进入网站，然后输入"influence peddling"，搜索结果如下：

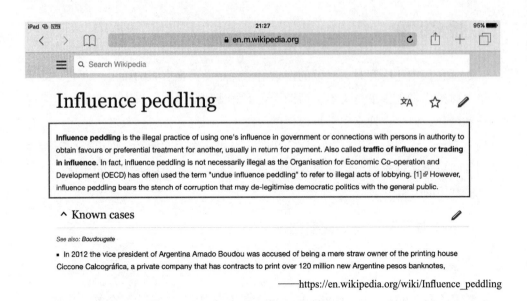

——https://en.wikipedia.org/wiki/Influence_peddling

参考维基百科的解释，着手修正译文，使其语言流畅、意义完整。修改译文如下：

译文2.

周女士说她"犯了罪"，但是对于腐败和以权谋利的指控，她拒不承认。

2.《中国日报》

《中国日报》（http://www.chinadaily.com.cn/）是由中共中央宣传部主办、国务院新闻办公室代管的一份全国性英文报纸，界面如图5.2所示。《中国日报》创办于1981年6月1日，办报宗旨是"让世界了解中国，让中国走向世界"。2000年，《中国日报》网站与中国互联网络新闻中心网、人民网、新华网、中国国际广播电台网被确定为中央五大网站。由于其所属部门的特殊性，《中国日报》也成了众多中英文学习者的权威参考网站，对特定语句或词组、专业术语、对外术语翻译有极高的参考价值。

图5.2 *China Daily*网站首页界面

案例研究

阅读下面这则介绍南沙群岛的材料，思考"南沙群岛"如何翻译?

南沙群岛属海洋性热带雨林气候，气候反差大，高温、高湿、高盐，年平均气温28℃—30℃，夏季地表温度高达60℃。

菲律宾和日本试图以非法手段挑衅我国领土完整，其手段之一是对黄岩岛和钓鱼岛重新命名，混淆视听。菲律宾将黄岩岛改称为"帕纳塔格礁"（Panatag Shoal），一些国家称其为"斯卡伯勒浅滩"（Scarborugh）。通过谷歌和维基百科搜索"南沙群岛"，西方国家译为"Spratly Islands"，这反映了西方的意识形态。如果不加鉴别取其表达方式，将损害我国国家主权和领土完整。

南沙群岛是中国固有领土，在*China Daily*网站可查找到其权威的表达方法，南沙群岛的译法为"Nansha Qundao"。在网页左边译者可看到数据来源统计，右边是译法出处，可见该译法的来源。综上所述，"Nansha Qundao"为官方标准译法，代表我国的领土意识、主权主张。

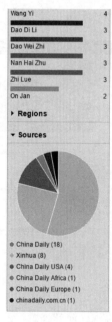

Wang Yi	4
Dao Di Li	3
Dao Wei Zhi	3
Nan Hai Zhu	3
Zhi Lue	3
On Jan	2

▸ Regions

▾ Sources

● China Daily (18)
✦ Xinhua (8)
● China Daily USA (4)
● China Daily Africa (1)
● China Daily Europe (1)
● chinadaily.com.cn (1)

issue

(Xinhua) 2016-07-26 14:09

...China's long-standing historic rights in the South China Sea. "The Philippines' territorial claim over part of Nansha Qundao is groundless from the perspectives of either history or international law," the Chinese government said in a white...

Why South China Sea territory is Chinese

(China Daily Europe) 2016-07-15 08:05

...published in many countries mark Nansha Qundao (the Nansha Islands) as belonging...islands and reefs of China's Nansha Qundao. The Philippines has concocted...islands and reefs of China's Nansha Qundao it has invaded and illegally occupied...

History and law back China's sovereignty

(China Daily) 2016-07-14 07:51

...Qundao (the Zhongsha Islands) and Nansha Qundao (the Nansha Islands). These...of various numbers and sizes. Nansha Qundao is the largest in terms of both...islands and reefs of China's Nansha Qundao, creating a territorial issue...

Full Text: China Adheres to the Position of Settling Through Negotiation the Relevant Disputes Between China and the Philippines in the South China Sea

(Xinhua) 2016-07-13 15:06

...Qundao (the Zhongsha Islands) and Nansha Qundao (the Nansha Islands). These...of various numbers and sizes. Nansha Qundao is the largest in terms of both...islands and reefs of China's Nansha Qundao, creating a territorial issue...

Reaffirming china' s sovereignty, maritime rights and

图5.3 数据来源统计图

——http://searchen.chinadaily.com.cn/search?query=Nansha+Qundao

【特别提示】

西方对中国岛屿的多种命名或模糊命名，影响英语受众对南沙群岛主权归属的认知和态度，也有碍中国话语权的构建。译员在翻译时应格外注重中国地名的翻译及翻译中的意识形态，利用电子工具搜索、辨别相关资料来源，不能不加思考，采取"拿来主义"的态度。

3. 必应搜索

必应（http://www.bing.com）有几大特色，包括每日首页美图，与Windows操作系统深度融合，支持全球搜索与英文搜索，可以输入中文、全球搜图等。作为贴近中国用户的全球搜索引擎之一，必应一直致力于为中国用户提供美观、高质量、国际化的中英文搜索服务。

【案例研究】

翻译下文画线部分。

At first, the American company didn't accept any discount of the price, but its representative turned up in Beijing this week cap in hand.

——www.economist.com

　　"cap in hand"是什么意思？初步估计可能是英语习语或者固定搭配词组。下面通过必应搜索引擎，查询"cap in hand"的意思。

　　第一步，在百度搜索或其他搜索引擎中输入"必应"，也可以直接输入必应的网址：http://www.bing.com。

　　第二步，进入必应界面，输入要查询的内容。

　　必应搜索快速检索，很轻松找到"cap in hand"的英文解释："to ask someone for money or help in a way which makes you feel ashamed"，翻译过来较为对应的解释应为"毕恭毕敬地"或者"卑躬屈膝地"。

翻译练习

　　翻译以下句子，下画线部分用搜索引擎翻译。

1. Many Americans were ***taken aback*** when news broke in January that Peter Thiel, an Internet billionaire and adviser to Donald Trump, had New Zealand citizenship.

2. Some foreigners will ***stump up*** even if costs rise. More Americans are house-hunting abroad, for example.

（二）常用搜索语法

在大数据时代，翻译数量和质量都很重要。为了更有效地使用电子工具，提高翻译的质量和速度，译员必须学会高效地使用电子工具搜索译文，借鉴表达方法。本节将详细介绍两种常见的翻译搜索：逻辑检索和精确检索。

1. 逻辑检索

布尔逻辑检索方法是逻辑检索的一种，也是使用面最广、使用频率最高的方法。它用运算符把检索关键词连接在一起，构成一个逻辑检索式，能迅速帮助译者搜索相关信息。常用的逻辑运算符有三种，即"与""或""非"。如图5.4所示，布尔逻辑有以下四种表达方式：

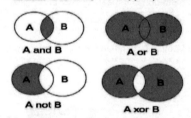

布尔逻辑的四种表达式（前三种常用，第四种罕见）：
1. A与B: A and B；A×B；A*B
2. A或B: A or B；A+B
3. A非B: A not B；A –B
4. A异或B: A andor B；A xor B；(A+B) – A×B

图5.4　布尔逻辑四种表达

——百度文库

（1）逻辑"与"

用运算符"AND"或者"*"或空格表示，主要用在搜索两个及两个以上关键词，并且关键词必须同时出现在搜索结果中。

（2）逻辑"或"

由运算符"OR"或者"+"来实现，是指满足关键词中任一项，此处的 OR 必须大写。

（3）逻辑"非"

逻辑"非"用运算符"NOT"或"−"来实现，表示搜索结果中不包含"NOT"或者"−"后面的关键词，即排除掉后面的关键词。使用"NOT"这个符号时，该符号与前后的关键词之间都要有空格，即 A NOT B；而使用"−"时，与前面的关键词之间必须有空格，与后面关键词之间没有空格，即 A−B。

案例研究

在我国"一带一路"倡议下，中国与沿线其他国家的铁路建设紧密合作，签订了多个合同、协议和备忘录，投标文件很多，翻译工作繁重，传统的翻译方式已经不能满足日益增长的翻译需求。为了给庞大的翻译工作做必要的准备，可采用三种逻辑关系检索铁路建设的相关信息，例如有关铁路合同的相关信息。

在百度搜索中输入"铁路"和"合同"关键词，比较三种逻辑检索方式的结果。检索铁路中有关合同的信息，既包含铁路也包含合同的内容，故在这里应该选择逻辑"与"来检索。

逻辑"与"

逻辑"或"

逻辑"非"

2. 精确检索

搜索会出现海量信息，如果搜索方法不当，欲速则不达。为了提高搜索效率，译者可运用精确检索过滤不需要的信息，快速筛选出有用的知识和表达方法。精确检索主要方法有：限定搜索、代替搜索、站点搜索、文档类型搜索等。

（1）**限定搜索**：使用英文双引号""表示搜索结果与英文双引号中的关键词或词组完全匹配，包括顺序匹配。图5.5为模糊匹配，图5.6完全匹配。

图5.5　模糊匹配

图5.6　完全匹配

（2）**代替搜索**：使用 "*" 代替英文关键词或中文字符，但需放在操作符 "" 中使用，否则会被忽略。如果某个词组中的某一个单词记不准确，就可以用这个方法加上之前的布尔逻辑检索进行组合式搜索。

案例研究

中国有一个形象的比喻，将杂而不精的人比喻成"万金油"。要查找"万金油"对应的英语俚语，如果只模糊记得英文词组中间有 of 这个介词，那怎么办呢？代替搜索可提供有效的翻译方案。

根据代替搜索和精确检索规则，在必应搜索引擎中输入万金油"*of all"，结果显示，万金油的英文表达为"jack-of-all-trades, master of none"。

（3）**站点搜索**：其语法规则为 "site:频道名.网站名.域名"，该语法表示搜索结果局限于某个具体网站或者网站频道。使用时 site 后跟冒号紧接域名，中间不能有空格，并且网站域名不能有 "http" 以及 "www" 前缀。

汉英翻译时，一些带有中国特色的词汇或说法很难翻译，但译者通过站点搜索和布尔逻辑检索的组合方法，可在权威网站上找到相关表达方法，借鉴参照，确保译文的质量。

案例研究

检索中文"老虎苍蝇一起打"的英文译法。

采用站点搜索。打开百度搜索网页，输入site:chinadaily.com.cn"老虎苍蝇一起打"tiger，得到结果如下。

从搜索结果来看，在第二条就可找到译文：To tackle corruption, the Party must crack down on the "flies" at the bottom and the "tigers" higher up. 在非文学翻译中，此种搜索方法提高了翻译速度和质量。

特别提示

站点搜索时应注意选择网站类型，以便快速找到准确度高的参照来源，比如有"edu"和"org"域名后缀的网站学术资料更多。站点搜索还能搜索指定国家语言的网站，比如英国网站输入"site:uk"，而美国网站输入"site:us"等。

知识链接

　　　常见域名：com—commercial organizations 商业组织，公司
　　　　　　　　net—network operations and centers 网络服务商
　　　　　　　　org—other organizations 非营利组织
　　　　　　　　int—international organizations 国际组织
　　　　　　　　edu—educational institutions 教研机构
　　　　　　　　gov—governmental entitles 政府部门
　　　　　　　　mil—military 军事机构
　　　　　　　　info—information 提供信息服务的企业
　　　　　　　　name—name 个人
　　　　　　　　pro—professional 适用于医生、律师、会计师等专业人员

　　（4）**文档类型搜索**：主要用于限定搜索内容的格式。目前搜索引擎中支持的文件格式包括 *.doc、*.xls、*.ppt、*.rtf、*.pdf 等。该语法是 filetype 后紧跟冒号，紧接文件类型，中间不能有空格。

　　例如，"filetype:ppt 计算机辅助翻译"表示搜索所有与计算机辅助翻译相关且文件格式为 PPT 的内容。

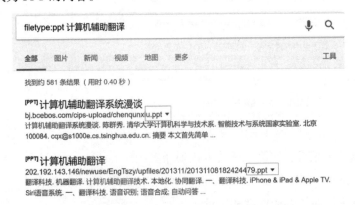

[PPT] **计算机辅助翻译教学新视野**
www1.wucc.cn:9088/JC_Data/JC_Files/i/z1nfcayni/f1.ppt
计算机辅助翻译教学新视野. 上海外国语大学. 王峰. 1.信息技术支持; 2.协同翻译模式; 3.标准项目管理; 4.
市场需求导向. 机器翻译、翻译记忆、术语库、语料库、百科 ...

[PPT] **2010年北京大学计算机辅助翻译教学与语言服务行业高级研修班**
pptdown.pptbz.com/pptku1/翻译行业与市场概述ppt.ppt
先后为多家高校和企业实施计算机辅助翻译和本地化项目技术培训：北京大学、北京交通大学、成都大
学、华为、东软飞利浦、中国对外翻译出版公司、传神、海辉、 ...

[PPT] **掌握慕课相关教育技术**
jxfsgg.huel.edu.cn/Moocs.ppt ▾
计算机辅助翻译. 153. 94. -. 中级有机化学. 13. 12. 9. 刑法学总论. 150. 38. 高级面向对象技术. 67. 57.
23. 程序设计实习. 287. 207. 35. 6000多人参加考试，2500多 ...

文档类型搜索与布尔逻辑检索相结合非常实用、有效。比如，需要一份表达准确、格式规范、排版正确的毕业证翻译文本，那就可以采用二者结合的方法。

搜索语法小结

一、逻辑检索：

逻辑"与"：用运算符"AND"或者"*"表示，也可直接用空格。

逻辑"或"：用运算符"OR"或者"+"来实现，OR 必须大写。

逻辑"非"：用运算符"NOT"或"–"来实现。

"NOT"与前后的关键词之间都要有空格，即 A NOT B；

"–"与前面的关键词之间必须有空格，与后面关键词之间没有空格，即 A –B。

二、精确检索：

限定搜索：完全匹配用英文双引号" "来实现。

代替搜索：用"*"代替英文关键词或中文字符，但需放在操作符" "中使用。

站点搜索：语法规则为site:频道名.网站名.域名。

文档类型搜索：语法规则为filetype 后紧跟冒号，紧接文件类型，中间不能有空格。例如：filetype:pdf。

翻译练习

1.用语法搜索翻译"撸起袖子加油干"，并在*China Daily*网站上验证。

2. 用语法搜索与"人工智能"相关的PDF文档。

三、计算机辅助翻译

头脑风暴

1. 计算机辅助翻译（CAT）与机器翻译、人工智能翻译有什么区别？

计算机辅助翻译只是辅助翻译，翻译工作还得译者自己完成；机器翻译（MT），如谷歌翻译、ChatGPT等不用译者自己翻译，译文可直接使用，但也存在误译的风险。

2. CAT翻译软件是翻译神器吗？能否取代人工翻译？

计算机辅助翻译的核心是人，不是计算机或计算机软件，有一点必须牢记于心：译者的核心素养是中英文写作能力和百科知识，不是翻译软件。

（一）CAT基本知识

计算机辅助翻译英文全称为Computer Aided Translation，简称CAT，主要是通过调用项目中的术语库和语料库来帮助译者提高翻译速度和质量。CAT能辅助译者预翻译（检查译文难度和翻译量）、文档排版、格式转换、统一术语、QA校对，减少不必要的机械劳动；高质量的语料库能提高译者的翻译速度和质量，特别是对非文学翻译某些领域的文本，如工程翻译、科技翻译、商务翻译等信息型文本，会起到较大的辅助翻译作用。

计算机辅助翻译不能被误解为人们常说的机器翻译，也不是人工智能翻译，上文介绍的有道翻译、谷歌翻译等是机器翻译，输入信息可以得到直接的翻译结果，而CAT只是一种辅助翻译，只能为译者提供语料，如词汇、句子等的对应词，但是否适合译入语的语境取决于译者的个人判断，译文质量是否符合客户的要求，归根结底取决于译者本人的翻译水平。

1. CAT翻译软件的基本概念

广义上的计算机辅助翻译包括在翻译过程中用到的综合的计算机技术。狭义上的计算机辅助翻译是指利用翻译记忆来简化重复劳动的信息化技术。简单来说，就是计算机把译者做过的翻译工作都记录下来，存放到特定的数据库（翻译记忆）中。当翻译曾译过的句子或术语时，句子或术语会复现，从而省去了重复劳动，提高了翻译效率。

翻译记忆库（Translation Memory），简称TM，是计算机辅助翻译的核心。

如果说翻译记忆库存放翻译过的译文，术语库就存放翻译好的单词和词组。在以后的翻译遇到类似的句子时，CAT软件会提醒译者，并显示新句子和以前的句子有多少相同的地方，这个"有多少相同的地方"就是匹配率。匹配率有几种情况：不匹配（0%）；模糊匹配（99%或者更低）；精确匹配或完全匹配（100%）；语境匹配（>100%）。

2. CAT翻译软件的应用

从翻译职业化角度讲，运用计算机辅助翻译是每一位专业译者必须掌握的技能。完整的翻译流程包含三个阶段。第一个阶段为译前准备，第二个阶段为译中翻译，第三个阶段为译后校对。三个阶段都可以运用计算机辅助翻译，以提高翻译的速度和质量。具体作用如下所示：

预分析的作用在于使译者了解翻译材料上下文之间的重复率，根据与翻译记忆库的匹配率等基本信息，对翻译速度和难度做一个预估；从另一个方面来说，对于个人或者专业翻译公司也可以据此提出合理的报价。

格式转化是为了便于译者翻译时适应软件所支持的翻译文件格式。如今计算机技术的发展使翻译软件支持的文件类型越来越多，翻译文本格式的转化功能主要是为了解决工程翻译中遇到的图文共有的情况。

统一术语库是为了保持上下文翻译的一致性。

文档排版是为了对齐原文和译文，生成翻译记忆库，为正式翻译或者以后同类项目的翻译做准备。

QA校对是为了保证翻译质量。这里的翻译质量仅指数字翻译正确与否，全文是否有漏译；而翻译是否正确、质量水平如何主要取决于译者自身的翻译水平。

译后的输出指将原文和译文对照后的输出，满足有此类要求的客户。

（二）CAT操作实践

下面我们将从专业化翻译的视角，介绍CAT在翻译三个阶段的操作过程，系统学习CAT的运用。

1. 译前

1.1 预分析

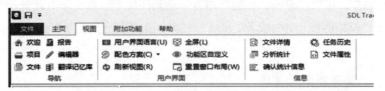

导入文件后，点击视图下的文件，点击分析统计，没有出来结果就接着操作。

点击"主页——批任务——分析文件"

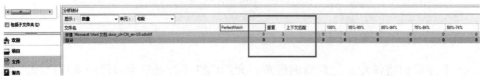

结果出来了，重复率有多少，需要多少时间翻译，一目了然；而交稿时间

和翻译报价我们也能心中有数。当然，如果没有翻译记忆库，就只能看同一文章中的重复率。计算机辅助翻译软件越用越方便，之前翻译的材料都是之后的记忆宝库。

1.2 格式转化

有些客户的文件是图片或者是扫描版格式，无法获取原文，无法对照翻译，所以要进行格式转换。常见工具有ABBYYFinereader，具体操作可在网上检索相关操作手册。

1.3 统一术语库

采用工具Glossary Converter。它能帮助译者将存有术语的文档（.xls格式）转换为trados可用的multiterm术语库格式（.sdltb），且可以相互转化。

特别提示

Glossary Converter软件操作起来非常简单，将Excel术语文件拖入上图中就会自动转化成需要的文件，但是转换术语库时仅支持Excel文件；如果术语是Word版，那就将Word文件转换为Excel文件，再用Glossary Converter软件转换为trados可用的multiterm术语库格式（.sdltb）。

1.4 文档排版

采用ABBYY Aligner2.0对齐工具。

Step 1 添加源语文件。

双击打开ABBYY Aligner 对齐软件，软件默认自动新建新项目，点击"No栏"下文件图标，再点击如下图框内按钮以添加源语文件（注：此处可以忽略图中的语言选项，可以自动识别）。

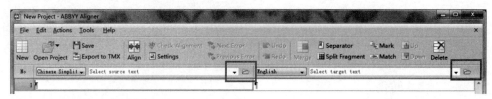

Step 2 添加目标语文件。

添加源语文件后，系统默认打开添加目标语文件的对话框，添加目标语文件即可。

Step 3 点击"Align"键，完成系统自动对齐。

对齐后结果如图所示。检查转换文本，如果软件没有对齐，手动调整对齐，特别是遇到段头有一些项目编号和数字的情况时更要注意：有编号就都要有编号，没有则都没有；纯数字对齐，原文和译文数字一样时可以删去；没有对应译文的文字可删除。

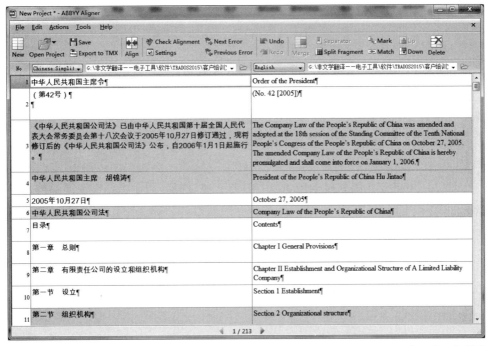

Step 4：对齐做完后，点击"File"菜单下"Export to TMX"，出现如下对话框（注意：选择TMX documents*.tmx）完成导出。

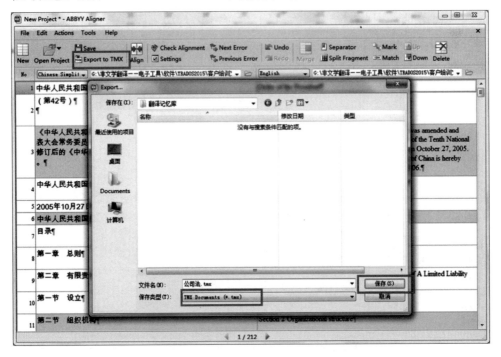

知识链接

ABBYY Aligner常用功能键作用：

Merge（Ctrl+M）合并键，用于合并多个单元格；

Up（Ctrl+Page Up）上移键和Down（Ctrl+Page Down）下移键，用于同列单个单元格的上下移动（单元格内容也移动）；

Delete（Ctrl+del）删除键，点击单元格任意一点，系统默认删除单元格所在的整行；

Undo（Ctrl+Z）撤销键和Redo（Ctrl+Y）恢复键，用于撤销和恢复操作，同Word；

Split Fragment（Ctrl+Enter）分行键，相当于插入空白行。

2. 译中

常见翻译辅助软件有Trados、Memoq、雪人等，本节只简要介绍Trados的使用方法。

打开软件。

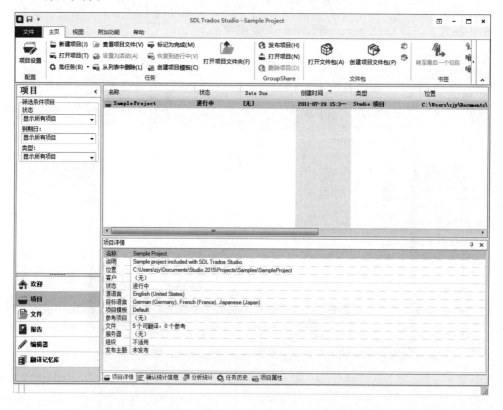

打开——翻译单个文档。

在编辑框内翻译。

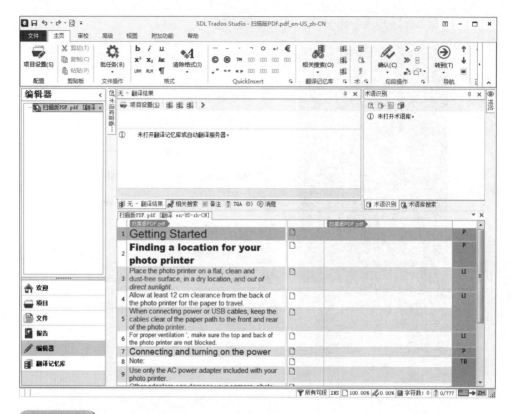

翻译视频

观看trados计算机辅助翻译操作视频，学习trados使用方法。

3. 译后

3.1　QA校对

Xbench用于译后QA，检查译文术语是否统一、数字、日期、有无漏译、原文译文是否一致、大小写等。

双击打开该软件。

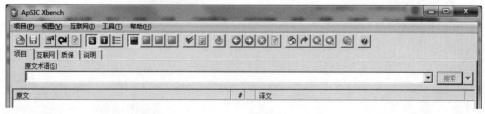

新建项目，添加文件。

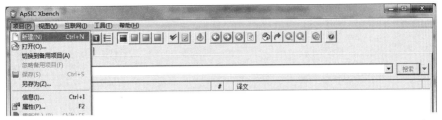

点击"添加"，用SDL 2015翻译的文件，选择"Xliff File"。如果不知道选择什么类型，点击"帮助"，最后点击"下一步"。

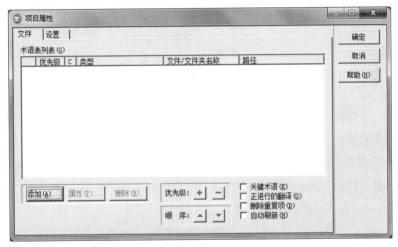

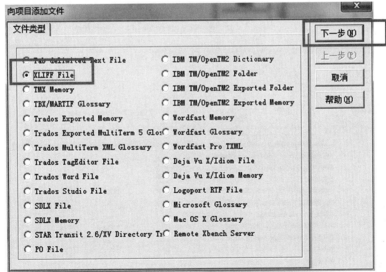

如果添加单个文件，选择"添加文件"；如果添加文件夹，选择"添加文

件"，然后点击"下一步"，添加文件后，弹出以下页面，点击"确定"。

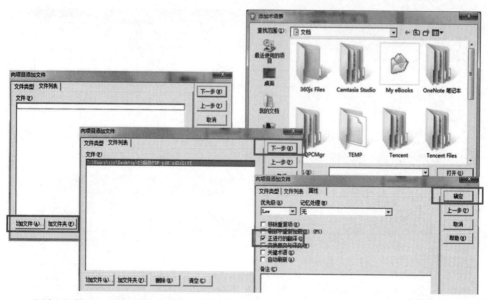

　　添加文件后，界面如上所示。点击"确定"，弹出以下页面，等到see details 后面这个进度条全部变绿或者消失后，再点击QA-Check Ongoing Translation，弹出检查结果。如果发现需要修改的地方，可选中这一条，右键弹出菜单，选择Edit Source，Trados软件会跳转到该句处。

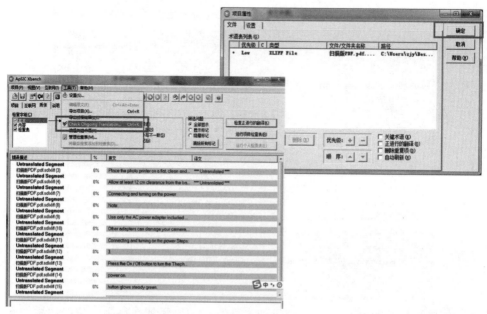

　　修改错误，则选中修改之处，点击鼠标右键——编辑原文，就会自动打开

Trados软件编辑，修改保存即可。

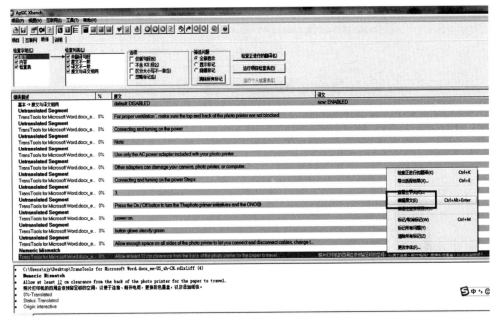

3.2 输出

若客户要求提供段落原文与译文对照，可利用TransTools软件输出。安装TransTools软件后，打开Word文档会自动加载。

处理原文：

（1）"Ctrl+A"全选原文，点击TransTools中的"Dual-Language Documents"——"Dual-Language Document Assistant"。

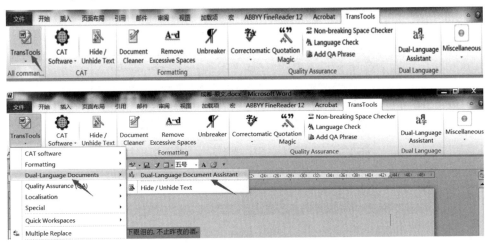

出现以下界面，选择"Convert to dual-language table"。

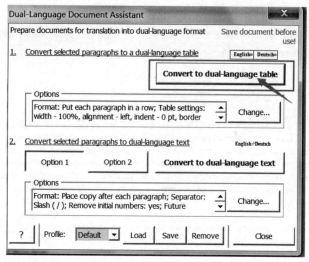

生成表格形式的复制译文，如图所示：

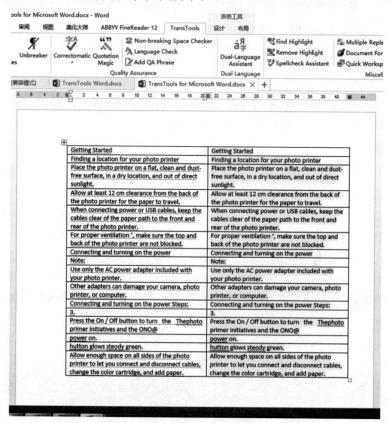

（2）点击TransTools中的"Dual-Language Documents"—"Hide/Unhide Text"。

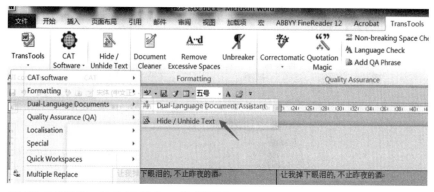

出现如下界面，操作见箭头，隐藏原文。

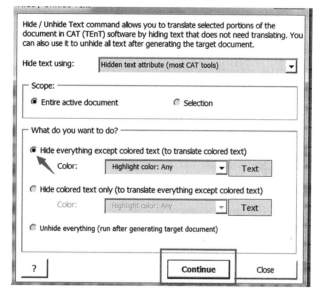

如此，原文处理完毕，将处理后的原文导入Trados翻译，并正常生成目标译文，即可得到原文与译文对照的文档。

Getting Started	开始
Finding a location for your photo printer	当连接到 USB 设备或者电源线时，确保这些电缆不会阻挡纸张进出的途径。
Place the photo printer on a flat, clean and dust-free surface, in a dry location, and out of direct sunlight.	为了良好的通风效果，确保打印机的四周没有被阻挡。
Allow at least 12 cm clearance from the back of the photo printer for the paper to travel.	照片打印机的四周应该预留足够的空间，以便于连接、断开电缆，更换彩色墨盒，以及添加纸张。
When connecting power or USB cables, keep the cables clear of the paper path to the front and rear of the photo printer.	请使用随机附带的AC电源适配器。

点击"布局"——"转换为文本"，选择"段落标记"，将表格转为文本。

最后在"字体"中，将Hide Text改成Unhide Text即可。

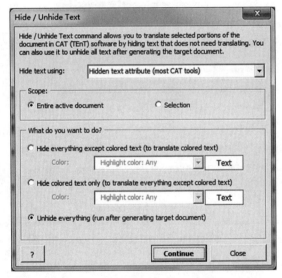

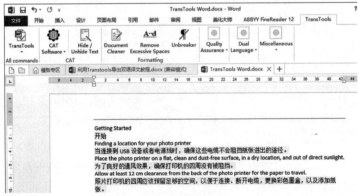

（三）语料库翻译

计算机辅助翻译的核心是翻译记忆库（Translation Memory）。中国译者侧重使用英汉—汉英平行对应语料库（记忆库），这主要是因为英汉互译涉及英语和汉语两个语种。译者使用平行对应语料库可轻易获得翻译结果，但对应语料是译者处理过的目标语语料，不一定是最好的译文。因此，可使用单语语料库，直接接触未经处理的语言数据，推动"数据驱动学习"（data-driven learning，简称 DDL），避免一味地模仿或误用前人不正确的翻译（朱晓敏，2011：33）。

根据语料的语种，语料库可分为单语语料库（monolingual corpus）和双语/多语语料库（bilingual/multilingual corpora）。前者仅采用一种语言的语料，通过大量收集本族语者的语言实例而建成；后者由两种或两种以上的语言文本构成语料库，有对应/平行、类比和翻译三种形式。目前常用的翻译语料库有美国当代英语语料库、美国杨百翰大学语料库群、英国国家语料库BNC、时代杂志语料库TMC等。

美国当代英语语料库（Corpus of Contemporary American English，简称COCA）是目前最大的免费英语单语语料库，它由包含5.2亿单词的文本构成，每年以两千万单词的速度扩充，保证语料库内容的时效性。因此，美国当代英语语料库被认为是用来观察英美国家英语发展变化的最合适的英语语料库，为翻译以及语言研究人员提供了一个理想的平台（邵宏，韦汉，2014：57）。该语料库的地址是：http://corpus.byu.edu/coca/。

> **案例研究**

COCA设计了一个用于文本分析的在线使用界面：wordandphrase.info。在界面左侧方框里输入一篇文章或段落，点击search，可以看到与文本有关的单词和短语信息。点击文章中某一个单词，可以得到有关这个单词的意义、搭配、用法、索引行以及根据语类统计的该词的词频。点击某一个短语，则可以得到基于COCA与该短语相关的其他短语以及其他有用信息。以下为杭州南宋御街的译文，试运用COCA语料库翻译、修改译文：

原文： 南宋御街中山路全长5.3公里，宽13米左右，基本延续了南宋时期的长度和宽度，由南至北，形成了一个清晰的历史文化序列，全方位地展示杭州的历史、现在与未来。青石板、小桥、流水，再现了御街独具特色的古朴韵味。街区既是杭城"老字号"的集聚地，也是文化创意产业特色街，在这里体验原汁原味杭州人的生活，感受南宋市井生活的韵味。

初译： With total length of 5.3 km and width of around 13 meters, basically the same size of Southern Song Dynasty, Zhongshan Road, the Imperial Street of Southern Song Dynasty, displays the past, present and future of Hangzhou. Bluestones, bridges and running water, all represent the ancient atmosphere of the street. The street is a venue of famous and old brands in Hangzhou as well as a cultural and creative industry featured strip. Come here to experience daily life of present Hangzhou citizens as well as the ancient life in Southern Song Dynasty.

将上述译文输入wordandphrase.info 界面左上方enter text below 的方框，点击search，可以获得基本搜索结果。

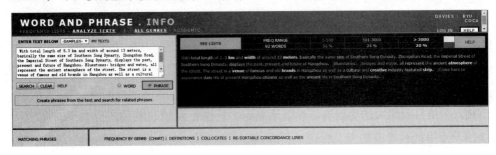

例1. 译为 "basically the same size of Southern Song Dynasty" 还是 "basically the same size in Southern Song Dynasty"？

根据翻译需要，点击相应的文字可获取所需的语料信息。点击短语the same size of，获得该搭配的使用频数是8次，但其搭配对象，即of后接的对象分别是event，it，paper，the tiny car，two persons等，如下图所示：

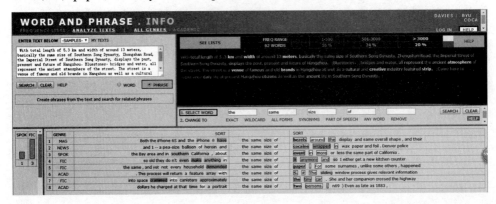

从语料库中的搭配倾向得知，该短语通常搭配具体事物的规模、尺寸，在这里南宋是时间范畴，因此用"in"较好。

例2. 译为"running water"还是"flowing streams"？

用COCA 语料库检索flowing water的搭配频率，结果是147次；检索flowing streams，则为9次；检索flowing stream，得到23次。flowing stream(s)的搭配频率是32次，其绝对数少于(flowing) water，但从5个包含"flowing streams"的示例可以看出，"flowing streams"更能表现出与该语篇相符的语境和韵味，因此译文采用"flowing streams"而不是"flowing water"。COCA中检索到的5个译例如下：

(1) explore colorful canyons with flowing streams and natural arches

(2) sheer limestone bluffs, coniferous forests, and flowing streams of Guadalupe Mountains

(3) They prefer cool, clear water areas of lakes and flowing streams.

(4) Country farms water by sweet flowing streams.

(5) It was a peaceful place full of green grass and flowing streams.

例3. 译为"all represent the ancient atmosphere of the street"还是"all create the historic atmosphere of the street"？

选择represent the ancient atmosphere，检索其搭配情况，该语料库中未检索出类似搭配，这说明该译法不符合英语的一般语景。检索情况如下：

1. 点击represent，检索到该词的词义和词汇搭配信息，如下：

意义：1. take the place of or be parallel or equivalent to；2. express indirectly by an image, form, or model；3. be representative or typical for；4. be a delegate or spokesperson for；5. serve as a means of expressing something（来自WORDNET）（5 /15）

搭配名词： text, group, percent, equation, lawyer, interest, attorney, figure, organization, change, line, union, value, character, district；其他搭配词：each, significant, claim, total, accurately, adequately。

从以上检索可以判断，represent的意义偏静态，无法表达出"再现"的偏动感的意义，而且该词的可搭配名词未见atmosphere 的踪影，据此作出判断：该译法与原文不匹配，不可使用。

2. 点击atmosphere，检索到该词的词义和词汇搭配信息，如下：

atmosphere的词义和搭配词，第一种释义与"氛围"相关，其他4种词义则与地理学意义相关。

（1）检索atmosphere可搭配名词，多与地理事物相关。检索ancient atmosphere的搭配，只发现3例搭配信息，且意义是"远古气候或是远古大气"之意，均无"古朴韵味"之意。再检索historic / historical atmosphere，分别出现3次和2次，均表达"人文历史氛围"之意。根据相关词典信息，选择historic，比较贴近原义。

（2）检索atmosphere可搭配动词，create排在第一位。进一步检索create，得到其词义和搭配词。该词的词频排序在332位，属高频词，可搭配的词是其改造的对象或是与"新事物"有关，atmosphere 也位列其可搭配名词中。

从上述种种检索信息可得出结论："all create the historic atmosphere of the street"的译法比较贴近源语"古朴氛围的再现"之意，create与atmosphere的搭配频率非常高，且符合译入语的语境。

通过COCA语料库在线平台，从意义、词频、索引、搭配等分析语料，综合考虑文本的语境和翻译目的，改译如下：

> With total length of 5.3km and width of around 13 meters, basically the same size in Southern Song Dynasty, Zhongshan Road, the Imperial Street of Southern Song Dynasty, displays the past, present and future of Hangzhou. Blue flagstones, small bridges and flowing streams, all create the historic atmosphere of the street. The street is a venue of famous and old brands in Hangzhou as well as a cultural and creative industry featured strip. Come here to experience daily life of present Hangzhou citizens as well as the ancient life in Southern Song Dynasty.

——邵宏，韦汉. COCA语料库在汉语旅游语篇英译教学中的应用[J]. 重庆与世界（学术版），2014(4).

特别提示

由于互联网的开放性，许多译者提供不同的翻译版本，表达方法各异，且数量众多，给翻译的定性、定量分析带来诸多困扰。因此译者必须面对语料的"异质性"（Heterogeneity），以科学的方法解决检索对象存在的"异质"性，选择符合目标语读者阅读习惯的译入语。

翻译练习

运用语料库翻译下文中医药术语"开放"一词，并简要分析排除术语翻译中语料"异质性"的方法。

多中心、随机、开放、阳性药物对照评价重组人胰岛素注射液（优思灵 R ）治疗糖尿病的有效性和安全性。

本章小结

非文学翻译是信息输入、信息加工和信息输出的过程。译前，译者可通过电子工具预翻译；译中，译者可通过电子工具查询字、词、句等，通过辨析词义，词组搭配，确保译文质量；译后，译者可再次利用电子工具对译文进行批判性复检、修订。本章讨论了网站、搜索引擎、桌面电子词典、计算机辅助翻译等在非文学翻译实践中的运用，通过案例研究，呈现了非文学翻译实践选择和使用电子工具的过程，帮助译者有效地提高翻译质量和速度。随着计算机和人工智能的发展，电子工具在非文学翻译的运用越来越普遍，电子工具已经成为当今职业翻译的利器。

课后练习

一、**使用必应搜索修改下画线译文，需写出具体步骤和详细文字说明（如释意、搭配、词频、例句等），每一步骤截图，截图用红框标记。**

1. As he observes, phones are everywhere and are improving all the time without his firm having to **lift a finger**.

   译文：在他看来，手机无处不在，而且哪怕自己的公司**不费吹灰之力**，手机也一直在发展。

2. Set to be released this November, ten years after the first iPhone launched, the iPhone X has new features such as an **edge-to-edge** OLED screen, wireless charging, facial-recognition technology and a dual-lens camera.

   译文：这款手机将于今年11月发布，也就是在第一代iPhone发布十年后的今天，iPhone X有了新功能，如**边对边**的OLED屏幕、无线充电、面部识别技术和双摄像头。

二、使用ABBYY Aligner中英对照排版，需写出具体步骤和详细文字说明，每一步骤需截图，截图用红框标记。

中文：对外开放已成为当代中国的鲜明标识，历来受到世界各国的高度关注。2012年，我国的货物+服务贸易总额达4.4万亿美元；到2021年，已增长到6.9万亿美元。我国已成为140多个国家和地区的主要贸易伙伴，连续5年稳居全球货物贸易第一大国。2021年，中国进出口总额连续闯过5万亿、6万亿美元两大关口，达到历史高点。

英文：Opening up has been a defining feature of modern China and a topic of considerable attention for countries around the world. In 2021, China's international trade in goods and services hit 6.9 trillion dollars, compared with 4.4 trillion dollars in 2012. Today, it is the major trading partner of more than 140 countries and regions and has been the world's largest country by goods trade for five years on end. Also in 2021, its exports and imports reached an all-time high, passing the five trillion dollars and then the six trillion dollars mark.

三、使用Glossary Converter，统一文中术语，需写出具体步骤和详细文字说明，每一步骤需截图，截图用红框标记。

Chengdu Du Fu's Thatched Cottage Museum is the former residence of Du Fu, a great poet in the Tang Dynasty who stayed in Chengdu for nearly 4 years and wrote over 240 poems. It was preserved when Wei Zhuang, a poet in the late Tang Dynasty found the site and rebuilt the thatched cottage and it was renovated and expanded in the Song, Yuan, Ming and Qing dynasties. It is among the first batch of units enjoying the key national protection for cultural relics and first batch of national first-class museums, a national unit enjoying key protection for ancient heritage and a national 4A-class tourist attraction. Receiving 1 million tourists annually, it is the largest, best preserved, most reputed and most distinctive remains showing the tracks of Du Fu.

四、使用Trados辅助翻译下文，需写出具体步骤和详细文字说明，每一步骤需截图，截图用红框标记。

中国全面加强知识产权保护，激发了全社会的创新活力。2021年，全年共授权发明专利69.6万件，每万人口高价值发明专利拥有量达到7.5件，较上年提高1.2件。同年，中国在创新领域的全球排名已经从2013年的第35位上升至第12位，连续9年稳步提升，是前30名中唯一的中等收入经济体。

五、使用Memoq辅助翻译下文，需写出具体步骤和详细文字说明，每一步骤需截图，截图用红框标记。

Tianhe is one of three main components of what would be China's self-developed space station, rivalling the only other station in service—International Space Station(ISS). The ISS is backed by the United States, Russia, Europe, Japan and Canada. It has hosted scientists from over a dozen nations, but China has been banned from sending any of its astronauts there. Yet, the fate of the ISS, though in orbit for more than two decades is now uncertain. The project is set to expire in 2024 without funding from its partners. Russia said this month that it would quit the project from 2025.

六、使用雪人辅助翻译下文，需写出具体步骤和详细文字说明，每一步骤需截图，截图用红框标记。

可再生能源是绿色低碳能源，对于改善能源结构、保护生态环境、应对气候变化、实现经济社会可持续发展具有重要意义。受"富煤缺油少气"的资源禀赋影响，长久以来，煤炭占据中国一次能源消费结构的主要地位，造成环境污染等问题。2021年，我国煤炭消费量占一次能源消费总量的56%，火电占比达到了71.13%。

七、语料库翻译

运用COCA语料库，从意义、词频、索引、搭配等方面对下画线部分进行审校，并对译文整体质量做评价。

蚕学馆旧址纪念碑

公元1897年，杭州知府林启创蚕学馆于金沙港。1908年光绪皇帝御批为高等蚕桑学堂。其后历经浙江蚕校、丝绸工学院、工程学院，2004年定名浙江理工大学。昔蚕学馆创新农学，务实育人。师生皆内怀精忠之志，外务匡扶之功。春华秋实，桃李芬芳。经世报国，泽披浙江。今理工大学秉承先贤，顺应时势，理工并举，且兼经管文法等科。方厚德以致远，乃博学而敦行。骐骥奔腾，蔚然大观，光绍弦歌，卓立学林。述史明志，勒石为纪。时公元 2010 年12月，浙江理工大学敬立。

Monument to the Site of Sericulture Academy

The year 1897 witnessed the founding of the Sericulture Academy at Jinshagang by Lin Qi, Governor of Hangzhou Prefecture in the Qing Dynasty. With the approval of Emperor Guangxu, the academy was re-named to the Sericulture Institute of Higher Learning in 1908. From then on it underwent several chronological changes of its name, including Zhejiang Sericulture School, Zhejiang Institute of Silk Textiles, and Zhejiang Institute of Science and Technology. In 2004, it was finally named Zhejiang Sci-Tech University (ZSTU).

In retrospect, the pragmatically-inclined Sericulture Academy had wholeheartedly devoted itself to innovating agronomy and developing talents. Imbued with boundless loyalty to the motherland, its faculty and students dedicated all their painstaking efforts to saving the nation from doom. Just as the tree blooms in spring and bears fruit in autumn, the Academy had cultivated countless elite graduates, who made spectacular contributions to the country.

ZSTU is now both carrying forward the cause of its forerunners and keeping in tune with the times. It provides a comprehensive academic education, covering the fields of science, engineering, economics, management, humanities and law, etc. Just as thousands of horses are galloping ahead, ZSTU has been moving toward the most noble mission and gaining grand glory and prestige in academia by upholding its motto of "virtue, vision, erudition and action".

ZSTU has inscribed its history on this monument to demonstrate the strong determination to embrace its heritage for advancement of the future.

Zhejiang Sci-Tech University

December, 2010.

第六章

翻译的非语言因素

　　字、词、句等微观层面的翻译，包括各种翻译技巧，如增译、省译、分译、重构等已是译界"老生常谈"，属"雕虫小技"，而大背景、大视觉、大语境视野下的翻译才能真正体现大家风范、译者之道。翻译受文内、文外两种因素影响，文内是微观层面，文外是宏观层面，而文外因素是影响翻译策略最重要的因素。译前分析文本的非语言因素是非文学翻译的一个重要环节，只有高屋建瓴，在宏观视野下处理字、词、句等翻译微观问题，才能把握住翻译大方向，不至于被细枝末节误导。本章重点研究非文学翻译的非语言因素，探讨宏观视野下的非文学翻译：Who is talking to whom about what, when, where and why（本章与其他内容的关系，见自序图1）。

一、翻译的非语言因素

　　翻译并不是单纯的语义学或修辞学的问题，不仅要考虑文本内的语言因素（如词义辨析、词汇搭配等），更要分析文本外的非语言因素（说话人的身份、背景、意图等），避免因视野局限引起误判、误译。译者拿到翻译材料后，首先应考虑的是文本的背景，再根据翻译目的和读者对象采取与文本相适应的翻译策略和方法，在宏观视野下处理好字、词、句等微观问题，否则有可能曲解原意，犯下方向性的翻译错误，给国家、企业、用户带来损失。

（一）语言因素与非语言因素

　　语言因素指原文的语法结构、修辞结构、词语的指称意义和语用意义等，这些因素直接影响翻译质量，但不是影响翻译质量的唯一因素，影响翻译质量的因素还有非语言因素（赵庭弟，2009:97—98）。非语言因素一般不直接出现在文字表面，它们隐含在原文的背后，需要译者去捕捉、发现。作为语境的一个重要组成部分，非语言因素通常包括原文中所涉及的时间、地点、场合，以及交际对象等一系列决定译文特定意义的主客观因素。译者对原文中所蕴含的非语言因素的理解与掌握在很大程度上决定了翻译质量的好坏。

（二）非语言因素与非语言语境

翻译的非语言因素与非语言语境有着密切的关系。"语言性语境"指的是交际过程中某一话语结构表达某种特定意义时所依赖的各种表现为言辞的上下文，它既包括书面语中的上下文，也包括口语中的前言后语；"非语言性语境"指的是交流过程中某一话语结构表达某种特定意义时所依赖的各种主客观因素，包括时间、地点、场合、话题，交际者的身份、地位，心理背景、文化背景、交际目的、交际方式、交际内容等。就翻译而言，"语言性语境"从微观层面揭示翻译现象、翻译规律；"非语言性语境"从宏观层面揭示翻译现象、翻译规律和翻译关系。

翻译练习

翻译下文，注意文本中的非语言因素。

1. He was in the seventh heaven when his girlfriend returned.
2. 每年二月十五是花朝节，三月三日是浣花夫人的生日。

二、翻译宏观六要素

赖斯认为："任何信息内容的语言形式必须让位于获取文本信息的非语言目的。"（Reiss，2004：38，39）因此，译者不应过多地被字、词、句纠缠，将精力放在字斟句酌、文字优美等语言因素，纠结于增译、省译、拆分、重构等翻译技巧上，而应首先考虑文本以外的非语言性因素：**Who** is talking to **whom**, about **what**, **when**, **where** and **why**（李长栓，陈达遵，2014：242）。批判性思维应贯穿翻译过程始终，如果原文有误或与译语语境不符，可适当改写原文或加译者注（见图6.1）。只有在宏观视野下处理字、词、句等微观语言问题，才能把握住翻译的大方向，不至于被细枝末节误导，陷入翻译"陷阱"。

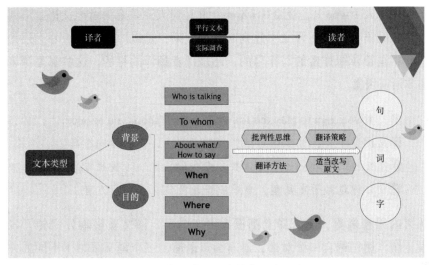

图6.1 非文学翻译中的非语言因素

首先，译者应当弄清楚翻译的发起者（who）；其次，明确受众（whom）；第三，找准发起者所说的关键信息（about what）；第四，考虑话语的地点（狭义）和说话的语域（广义）（where）；第五，考虑时间（when），包括事件的时间（狭义）和时代背景（广义）；第六，明确文本所要达到的交际目的（why）。话语不同，意义不同。不同的话语场界（field of discourse）、话语参旨（tenor of discourse）和话语方式（mode of discourse）产生的意义可能完全相反。以上"六要素"均为翻译的非语言因素，Who is talking to whom, about what, when, where and why是相互联系的，从宏观层面上深刻地影响微观层面，包括目标语字、词、句、语篇转换的处理方法，进而影响译文的整体质量和水平。

（一）谁在对谁说话（who is talking to whom）？

功能翻译理论认为，决定翻译文本功能的主要因素是目标受众。翻译本质上是在译语语境中出于某种目的为目标受众制作一篇译语文本，应以目标语读者和目标文本为中心。"one of the most important factors determining the purpose of a translation is the addressee"（Nord，2001：12）（"决定翻译目的的重要因素之一是接受者"）。文本只有被接受，交际过程才完整；翻译作为交际行为，最终是由接受者完成的。

由此可见，翻译任何一个文本，应该知道作者是谁，受众是谁，怎样才能被接受。一份会议记录、一篇电脑软件说明、一项法律条文、一则食品广告，它们的发布者是何人（who），受众（whom）又是何人；是要保留原文语言形式，还是要相对等的语言形式在译文中起到同样的效果；是以原作者为中心，还是以读者为中心；是符合原作者的写作目的，还是译者翻译的目的，这些都是译者必须考虑的非语言因素。

> 例： If you dare to play the fox with me, I'll shoot you at once.
>
> **译文1.** 臭小子，你休想打姑奶奶的鬼主意，当心你的小命！
>
> **译文2.** 我的乖乖，还敢耍滑头，看我毙了你。（扬州方言）
>
> **译文3.** 你龟孙子再乱整，老子一枪敲死你。（四川方言）

从言内因素来看，三个译文都没有语言错误，译文质量难分伯仲，各有特色。很显然，例句选自一个对话，语言为口语体，三个译文采用了不同的方言和风格，以适应不同受众。对于四川受众，译文3效果最佳。四川人听到他们的方言一下子就可以体会到彼时的语境，产生最佳的交际效果。

特别提示

对于译者而言，语言是微观问题，"信、达、雅"固然重要，但没有宏观视野下的"大语境""大背景"，所谓"信、达、雅"都是枉费心思，既得罪了作者，又害了读者。因此，除了字、词、句的翻译，译者还需充分考虑文本的非语言因素，在翻译过程中分析Who is talking to whom，根据译文的预期目的与功能决定翻译策略与方法。

翻译练习

试分析下列译文质量，发起者是谁（who）？受众是谁（whom）？"三铁"翻译是否恰当？为什么？

原文： 我公司奉行"人才为本"战略，将之列为企业发展的第一战略。早就废除了"三铁"（铁饭碗、铁交椅、铁工资），实行全员合同制，公开招聘人才，总公司的14名部长有10名是从社会公开招聘的。

译文： Our company pursues a policy of meritocracy that gives top priority to human resource development. It has long abolished the practice of "no dismissal, no demotion and no wage reduction". Instead, staff is employed on contract and recruited through an open competitive process; this was how it recruited ten of its fourteen department heads.

（二）说什么（about what）？

译者不仅要了解文本的作者和受众，还要了解文本涉及的人和事，尤其是"说了什么"。在非语言因素中，"what"是最重要的因素之一，也是是否达到交际目的的关键。翻译时，译者一定要弄清作者究竟在说什么，或说了什么，在宏观的视角下解决字、词、句、语篇等微观问题。

"说了什么"要解决两个问题。一是了解作者的意图，作者想要表达的意义，也就是说译者必须正确理解原文；二是"说清楚""说透彻"。为了表达作者"说了什么"，译者不能照本宣科，而应打破原文语言、结构的限制，让读者明白作者想要说什么，到底说了什么。为了"说清楚"，译者甚至可以修正原作者（原文）的错误，排除歧义。

例1.中央政府不干预这一地区的事务。

译文1. The central government has refrained from intervening in the affairs of this area.

译文2. The central government has never intervened in the affairs of this area.

第一个译文中，"refrained from intervening"意思是"克制自己不去干预"，而原文是说中央政府"不干预也不想干预"这一地区的事务，第二个译文才真正表达了中央政府的政策。由此可见，翻译不仅要弄清楚作者（原文）说了什么，而且要让目标读者明白"说了什么"，不能"望文生译"。

例2.金鹰是观众的，金鹰的节目也是观众的。无论是明星云集、劲歌狂舞的明星演唱会，还是经典高雅、代表国际顶尖音乐水准的经典音乐会，或是明星与观众互动、零距离贴身狂欢的明星面对面，只有一个永恒的主题——"快乐"。放飞心情、纵情狂欢。在这一刻，热情会尽情释放，激情将炽热燃烧。

译文： All its programs and activities of Golden Eagle TV Art Festival are designed for your merriness and happiness, which is the permanent theme permeating in all its performances such as "Super Star Vocal Concert", "Classic Music Concert", and "Face To Face With Super Stars". It is a grand festival filled with a great joy!

首先，译者应搞清楚原文到底要"说什么"，或读者想要听到说话者"说了什么"。本文用夸张的语言把文章写得极富煽动性，营造了一种喜庆的氛围，但这些煽情的语言未必能在英语读者中产生类似的效果。对于外国读者，这些华而不实的话说了也白说。按英语广告的"通用文体规范"和读者的审美期待，堆砌空洞的辞藻不但起不到煽情的作用，反而会因华而不实令英文读者生厌，搞不清楚话语的发起者到底在"说什么"，究竟"说了什么"。因此不如顺应译语读者的阅读习惯，省去那些空洞、繁复、华而不实的辞藻。

翻译练习

分析下列两个新闻媒体对"撞击"一词的表述，新闻1和新闻2说了什么？

新闻1：

The Mid-air **Collision** Between U.S. Military Aircraft and China Fighter Jet.

新闻2：

On April 1st, 2001, a US EP-3 scout plane intruded the sphere of China's Exclusive Economic Zone, **ramming and destroying** a Chinese military aircraft...

（三）何时（when）？

"何时"，狭义是指具体时间；广义是指年代、时效性。语言离不开特定的时间，大至不同时代，小至朝夕瞬间。俗话说"什么时代唱什么歌"，指的就是语言表达思想内容不仅受社会环境制约，其形式也要适应社会环境。不同时代的经济基础和在此基础上建立的上层建筑不同，不同的社会政治环境和社会思潮、观点势必影响和支配着人们的言论和行动，从而影响、决定和支配人们对语言的运用。

例1. On the other hand, outside the imperial courts only a few big cities like Chengdu commanded sufficient resources (in libraries, academies, and well-developed traditions of scholarship) to foster continuing advances in this linguistically demanding genre. Both Sichuan masters compiled dictionaries, and both alleged the suasive, even magical properties of fine speech, for "the heart and mind of the [true] fu-writer," as Sima Xiangru put it, "encompass the entire universe and see into all men and things."

译文1. 另一方面，宫廷之外，仅有为数不多的地方，诸如成都这样的几个大都城，拥有大量资源(藏书、学堂以及成熟的学术传统)，促进了此类字字珠玑文体的持续发展。司马相如、扬雄两位古蜀大家编撰典籍，都认为该文体隽美，说服力强，奇妙无比。正如司马相如所言："真正的赋作家，心灵及头脑可洞察宇宙，看透世间。"

译文2. 另一方面，宫廷之外，仅有为数不多的地方，诸如成都这样的几个大都城，拥有大量资源(藏书、学堂以及成熟的学术传统)，促进了此类字字珠玑文体的持续发展。司马相如、扬雄两位古蜀大家编撰典籍，都认为该文体隽美，说服力强，奇妙无比。正如司马相如所言："赋家之心，苞括宇宙，总览人物，斯乃得之于内，不可得而传。"

译文1只考虑了字、词、句的对等翻译，是一种查字典的翻译方法。不同时代有不同的语言和表达方式。翻译中国典籍的引言，应充分考虑当时人物的语境（"when"），使用当时人物的话语，而不宜使用现代语言（白话文）。原文引用司马相如一句话，出自《西京杂记》，汉代刘歆著，东晋葛洪辑抄。译文2将司马相如的话直接移植到目标语，不仅符合时代人物的语言特征，将原作的历史视域与译语读者视域（中国读者视域）相融合，是"视域融合"的翻译方法，也称"有本回译"，既满足了中文读者的语言审美和阅读期待，也避免了译成现代汉语文体不符，以及有可能造成的歧义、误解。

例2.

建于清代，初为"总爷衙门"，**民国以来**，是华阳、仁寿、彭山三县的"联合办事处"，民间称"三县衙门"。

译文1.

The Yamen, built in Qing Dynasty, was originally called "General Yamen". **Since the period of Republic of China**, it had been seen as "Three-county Yamen" by folk, because it served as a joint administrative office of Huayang, Renshou and Pengshan counties.

译文2.

The Yamen（ **government office in feudal China** ）built in Qing Dynasty (1636—1912), was originally called "General Yamen". As "Three-county Yamen", it was the joint administrative office of Huayang, Renshou and Pengshan counties **during the period of Republic of China.**

从语言因素来看，译文1并不存在问题，但是原文时间信息有误，译为Since the period of Republic of China意指"联署办公"一直持续到今日。实际上，1949年中华人民共和国成立以后"总爷衙门"早已不是地方行政单位的办事处。译文2不仅考虑了语言因素，而且考虑了时代背景，准确反映了衙门存在的时间，译为during the period of Republic of China，并对衙门做了夹注。由此看来，译者不仅要考虑如何准确表达原义，更要考虑非语言因素"when"所包含的意义。

翻译练习

翻译下列句子，考虑文本的时间、时代背景因素。

1. 中国扬州"烟花三月"国际经贸旅游节

2. Accordingly, the Celestial Masters' leadership, some of which was drawn from local elites, was open to the idea of recruitment among the lower classes, illiterates, and "barbarians" (i.e. the un-sinicized ethnic groups living in the Chengdu Plain).

（四）何地（where）？

比利时语用学家维索尔伦（Jef Verschueren）认为："认知因素宛如一条纽带，一端是某一言语社团的语言惯例及其所允许的语言表达方式，另一端是与其匹配的社交场景。情感因素促使交际者考虑是否或者以何种方式开始或者维持交际活动。"（谭晓晨，2002：50）这里的社交场景包括空间指称，也就是绝对的空间关系以及事件发生的空间，以及以某一参照物为依据的相对的空间关系，大体相当于传统语境观中的"何地"。

"何地"，狭义是指具体的地点，广义是指语域。语言离不开特定的地点。地点大至世界，小至居室内外。特定的时间和地点必然有特定的语言材料供语言使用者选用，同时也必然有一些习惯的或反映当时当地普遍认识的使用语言材料的方式。地点因素所支配和制约的语言材料和语言特点会在当地的各种言语作品中复现，从而形成那个时期语言的时代特点和时代风格。如果在翻译时不注意时间地点，随心所欲，势必影响交际效果，甚至闹出笑话。

例1. Finger-lickin. Good.

译文：有了肯德基，生活好滋味。

肯德基英语广告语是Finger-lickin. Good.（lickin =licking）。如果直译为"舔

手指头，味道真好"，中国消费者肯定会感到突兀、别扭，难以认同、接受。个中原因显然是中西文化差异、文化语境不同所致。在欧美（where）进食时舔手指，同时口中发出"啧啧"赞美之声，是表示对食物的欣赏和喜爱。在中国（where）进食时舔手指会被认为没有教养，不讲卫生，举止不文雅。因此，将其翻译为"有了肯德基，生活好滋味"，不仅考虑了此广告在中国投放的语言因素，也考虑了广告投放的语境和文化等非语言因素。

例2. Up your bum.

第二次世界大战期间，丘吉尔创造了经典的手势——"V for Victory"（V代表胜利）。电影《至暗时刻》（*Darkest Hour*）描写了这样一个情境，丘吉尔在一张报纸上看到一个士兵比V字手势，用V代表Victory，即胜利。于是在一次碰到记者追问他时，他回头反手比了个"V"，被记者拍了下来。可怜的记者一脸懵。

照片上了报纸，打字员雷顿小姐看了笑得前仰后合，刚好被路过的丘吉尔听到，问她在笑什么。雷顿小姐将丘吉尔拉到一边，悄悄告诉他，反手比V在英国下层民众中间（where）是个粗俗的手势，正手比没问题。

首相大人一下子笑喷了，原来自己想表达必胜的决心，结果无意中说了句脏话。

其实，手背朝外的V字手势起源于14世纪的英法百年战争。据传法国士兵在俘获英国弓箭手之后，会砍掉他们的食指和中指，让他们再也无法拉弓射箭，还会比出这个手势羞辱他们。自此以后，这个手势对英国人来说就充满了侮辱、冒犯的意味。

听了雷顿小姐的话，丘吉尔随后将它调转方向，用正手比V。在英国（where），丘吉尔标志性的手语大大鼓舞了英国人民的士气，最终英国取得了抗击德国法西斯侵略战争的胜利，V型手势也成了胜利的代名词。由此可见，手势语在不同的时代、不同的地方（where）也有不同的意义。

翻译练习

翻译下列句子，注意画线地点的不同译法。

1. It's time to **go aboard**.（1.在车站；2.在机场；3.在码头）

2. We looked for a long time before we found a **spring**.（1.在沙发厂；2.在表店；

   3.在山林）

（五）为什么（why）？

"为什么"，狭义指交际目的，广义指交际背景。翻译时，译者要多问"为什么"（why），利用一切条件弄清隐含的意义和提示，找出话语之外的"上下文"，即语境，用联系的眼光看待事物。译者不仅要知道作者说什么，还要搞清楚为什么这么说。只有弄清楚作者的意图，特别是"言外之音"，才能选择正确的翻译策略和方法，否则亦步亦趋，机械翻译，会闹笑话。

例1.（大家快走啊，前面是无锡胜景之一，）先睹为快啊！

译文1. It's a great pleasure to be among the first to read!

译文2. The sooner you see, the happier you will be!

"先睹为快"按《汉英双解词典》意为："to consider it a great pleasure to be among the first to read"，但这里"先睹为快"是观赏风景，并不是阅读作品。译文1虽然语法正确，但语义错误。译文2理解导游说话的隐含意义以及真实的交际意图，即"为什么"这样说，且押韵上口，具有强烈的鼓动性和召唤性，译出了原文内在的含义、导游说话的真实意图。

例2. 为了欢迎2013级留学生，加深各国留学生之间的友谊，促进中国学生与外国留学生的文化交流，时值中秋佳节，××大学国际教育学院将于2013年9月8日下午5时在校体育馆为留学生们组织一场精彩纷呈的足球比赛。届时将有来自老挝、越南、柬埔寨、印度、德国、墨西哥、韩国的22位运动员组成亚洲队和欧洲队，为新学期的开始谱写一曲和谐的友谊乐章。

欢迎全校师生前往观看。

译文1.

To welcome the 2013 overseas students, to deepen the friendship and cultural exchanges between Chinese and overseas students, and to celebrate the Mid-autumn Festival, College of International Education of X University will hold a football game at the University Stadium at 5 p.m. on Sept 8, 2013. At that time, 22 athletes from Laos, Vietnam, Cambodia, India, Germany, Mexico and South Korea will form the Asian Team and the European Team, to write a harmonious melody for the new semester.

All the staff members and students are welcome to watch it.

译文2.

Football Game: Asia VS Europe

Players: international students

Time: 5 p.m., Sept. 8, 2013

Place: University Stadium

Organizer: College of International Education

All welcome!

情景要素中的（why），狭义上是指交际目的，广义上是指交际背景。从给出的情境来看，受××大学国际教育学院委托，译文作为宣传栏布告，目标读者主要是留学生。从内容来看，这是一则球赛预告，从"布告栏""留学生"以及"比赛预告"等要素综合起来分析，大致可以推断文本的意图（why）是让全校师生，尤其是留学生到体育馆去观看比赛。

译文1显然没有考虑文本的交际目的和交际背景，将原文译成密密麻麻一大段，虽然忠实原文，但是最重要的信息却淹没在一堆文字里了，不利于留学生记住并去观看，没有达到翻译的交际目的。

译文2根据文本的交际目的（why）对原文信息进行了取舍。活动举办目的、球员国籍等在本例中不那么重要，可省译；而球队、球赛的时间和地点最重要，必须保留。译文2采用简明扼要的海报形式，无论在形式上还是内容上，都充分考虑了文本的交际目的等非语言因素，不在乎在内容、形式上与原文是否对等。

翻译练习

翻译下列句子，翻译时考虑作者的意图、交际目的。

1. 请照顾好儿童，不要在座椅上攀爬、玩耍，以免发生意外事故。

2. I happen to be an admirer of the achieving impulse and an inveterate archivist at the household level. I cannot help wondering, though, whether as a nation we are compiling achieves at a rate that will exceed anyone's ability ever to make sense of them.

本章小结

本章重点分析非语言因素对非文学翻译的影响。宏观和微观是非文学翻译研究的两个方面，前者着眼于整体和事物的动态规律，把握事物与环境的关系；后者从局部着手，注重细枝末节，分析事物的结构成分，两者互为补充。"翻译的宏观层面"是指语篇的背景、语境和文本类型，包括叙述视角、文章情节、语言风格等；"翻译的微观层面"是指语篇中具体的翻译处理方法，如修辞手法的运用，以及语篇中具体的字、词、句的翻译等。翻译如果只学习微观层面，如字、词、句的翻译，"省略法""增补法""拆分法"等技巧，忽视翻译的非语言因素，就会成为"瞎子摸象"，译文语法正确，但语意失误，甚至可能造成政治、经济、外交、法律等方面的严重后果。

课后练习

一、根据文本的非语言因素，选择最佳译文，用√表示。

1. The only thing that's changed is everything. 这是一则iPhone 英文广告。在中国，中译广告有三个：

   译文1. 别无二致，判若云泥。

   译文2. 唯一不同，处处不同。

译文3. 不同处只有一个，就是全部。

2. 第二次世界大战期间，英国首相丘吉尔在接受议会质询时发表演讲。一些议员回答道："We heard." "We heard."

译文1. "我们听见了。" "我们听见了。"

译文2. "同意。" "同意。"

二、分析文外因素，翻译下文，并做简要分析。

1. 热烈欢迎外国朋友下榻本酒店!

2. 张家界国家森林公园是1982年国务院委托国家计划委员会批准成立的中国第一个国家森林公园，1983年成立张家界国家森林公园管理处，代管张家界村、袁家界村，公园总面积4810公顷，森林覆盖率98%，木材蓄积量35万立方米。公园常驻人口3800人，管理处干部职工1500人。公园以独特的石英砂峰林地貌著称，"雄、奇、幽、野、秀"为一体，是"缩小的仙境，扩大的盆景"。

三、根据翻译宏观六要素修改下列译文，并做简要分析。

1. 该企业先后获得"省级先进企业""市文明企业""市质量管理奖""市质量效益型先进企业""全国轻工优秀企业""国家二级企业"等称号。

译文：It has been entitled "Provincial Advanced Enterprise with Out-standing Quality and Profits", "Municipal Civilized Enterprise", "Municipal Excellent Enterprise for Management", "Municipal Excellent Enterprise for Outstanding Quality and Profits", "National Excellent Light Industrial Enterprise", "National Second Grade Enterprise" etc.

2. 山海关啤酒厂坐落在风景优美的避暑胜地、历史名城——山海关。素有"龙头"之称的万里长城的东部起端，由此伸向大海。该厂始建于1982年，后经二次扩建和技术改造，如今已成为具有年产8万吨啤酒和9000吨麦芽的生产能力的啤酒厂，是我国啤酒行业的重点骨干企业之一。

译文：Located in Shanhaiguan, a picturesque summer resort, and the famous historic town, where the east end of the Great Wall called head of dragon extends to the sea. Shanhaiguan Brewery was set in 1982 and has been technically transformed twice and expanded to the present scale with an annual capacity of 80,000 tons of beer and 9,000 tons of malt. The brewery has become one of the key enterprises producing beer in China.

四、根据文内外因素，分析译文中黑体字的翻译是否正确。

原文：

Dear Mr. Minister,

On behalf of the United States Government, I now outline steps to resolve this issue.

Both President Bush and Secretary of State Powell have expressed their sincere regret over your missing pilot and aircraft. Please convey to the Chinese people and to the family of pilot Wang Wei that we are very sorry for their loss.

Although the full picture of what transpired is still unclear, according to our information, our severely crippled aircraft made an emergency landing after following international emergency procedures. We are very sorry the entering of China's airspace and the landing did not have verbal clearance, but very pleased the crew landed safely.

We appreciate China's efforts to see to the well-being of our crew.

...

Sincerely

Joseph W. Prueher

译文：

尊敬的部长先生：

兹代表美利坚合众国政府，我简要阐述解决这一问题的措施。

布什总统和鲍威尔国务卿就你方失踪飞行员和飞机真诚地**道歉**。请向中国人民和飞行员王伟的家属转达，我们对此损失深表**歉意**。

发生的事件全貌尚不清楚，但据我们所知，我们严重受损的飞机是在遵循国际紧急情况处理程序的前提下紧急降落的。我们对未经口头许可进入中国领空并降落深表**歉意**，但对机组人员安全降落感到欣慰。

我们对中方为妥善安置机组人员所做的努力表示感谢。

……

此致

敬礼！

约瑟夫·W. 普里赫

第七章

翻译的平行文本

在翻译实践中，平行文本可用于检验不同语言表达相同事实的材料，也可用于衡量目标语是否被受众接受以及可接受的程度。译前，译者比较源语并参考平行文本的语言、风格、形式等，然后选择相应的翻译策略和方法。译中，译者运用平行文本，从微观和中观的角度斟酌字、词、句、段及语篇，再根据简明英语和《欧盟委员会翻译写作手册》的要求对源语重构、转换，译入符合目标语表达方式的文本。译后，译者在审校一稿、二稿时，以平行文本为参照，反复修改译文，使其具有符合目标语要求的功能和语境。可见，运用平行文本是翻译不可或缺的重要方法，对提高译文的整体质量发挥着重要的作用（本章与其他内容的关系，见自序图1）。

案例研究

平行文本在背景知识、语言和文体结构等方面提供了可参照的信息。在词汇层面上，平行文本为译者提供词语搭配、文化负载词等表达方式的参照；在语篇层面上，为译者提供衔接、信息推进方式和风格等的参照。为了达到有效的交际目的，确保译文为目标语读者所接受，译者可采用"看""译""写"的方法。"看"就是大量阅读原文和平行文本，做足译前准备工作；"译"是参考平行文本，将源语的内容、风格、形式、语言特点进行转换，使译文接近目标语的语言习惯和行文规范；"写"是译者对源语编码、重构，甚至改写，以达到交流和传递信息的目的，这三种方法均与平行文本相关。

同声传译实验室

我院的同声传译实验室具有同传会议、翻译教学、翻译训练、翻译考试及系统管理等功能，能进行交传技能教学、同传技能教学、口译专题教学、同传会议等，也可进行语言教学、学生自主学习、多媒体课件演示。

译文1.

Simultaneous Interpretation Laboratory

Our simultaneous interpretation laboratory has the functions of simultaneous interpretation, translation teaching, translation training, translation examination and system management. It's available for alternative interpretation skills teaching, simultaneous interpretation skills teaching, interpretation teaching, simultaneous interpretation meetings, etc. It's also available for language teaching, students' autonomous learning and multimedia courseware demonstration.

译文2.

Simultaneous Interpretation Laboratory

Welcome to our simultaneous interpretation laboratory. **Here, we have fully-equipped facilities and excellent atmosphere** for learning. **The functions of** holding the activities such as simultaneous conference, translation teaching, training and testing as well as managing system **make it possible to** give lectures of consecutive interpretation, simultaneous interpretation, topic-based interpreting as well as to hold simultaneous interpretation conference. **Our laboratory is also responsible for** language teaching, self-learning and multimedia courseware demonstration.

平行文本1.

Welcome to the best place of Tsinghua Yuan-Tsinghua University Library. **Here we have** magnificent buildings, abundant resources, convenient facilities, professional staff, considerate services, free atmosphere, etc. We are ready to provide warm welcomes, great supports, and best services for you.

——http://lib.tsinghua.edu.cn/tutorial/newstudents/images/lovethelibrary.pdf

平行文本2.

Besides **basic functions** such as playing audio and video files, projecting, recording, setting up group discussion, monitoring, demonstrating and simultaneous interpreting, our laboratories also have many advanced features, such as speed controlling (without altering the pitch), on-line test source reporting, and book marking in recording.

——https://www.tsinghua.edu.cn/publish/fdllen/1458/

平行文本**3.**

Our laboratory **is responsible for** specimen collection, diagnostic testing, and point of care testing.

——https://huhs.harvard.edu/services/laboratory

平行文本**4.**

Our Simultaneous Interpretation Lab has recently been equipped with Symposium Language Lab system, **which makes possible** the use of teaching materials in both digital and analogue formats for 20 students at the same time. This system offers comprehensive desktop tools for launching student learning activities and supporting students while they work individually, in pairs, or in groups in all kinds of interpretation courses. Moreover, the laboratory provides individual interpretation drills which expose students gradually to real work situations, using flexible modern digital media (CD-ROMs, DVDs, the Internet) and traditional analog media (audiocassette tapes, VCR tapes).

The lectures given in the Translation and Interpreting Laboratory：

Sight Translation

Consecutive Interpreting

Simultaneous Interpreting

Audio-visual Translation

Computer Assisted Translation Studies

Introduction to Interpreting

——https://dti.ieu.edu.tr/en/laboratuvarimiz

对比译文1和译文2，翻译效果迥然不同。译文1没有参照平行文本，沿用中文的措辞、结构、表达以及行文方式、文本组织、文本风格，将中文直译成英文，与地道的语言实验室宣传介绍相去甚远，给注重人际互动的英美读者一种置身事外、冷冰冰的感觉，难以引起读者对同声传译室的注意，也不符合目标语读者的阅读期待，没有达到对外宣传的效果。无论是措辞还是行文，译文1即使没有出现任何错误，也无疑是失败的翻译。

译文2参照四个英文平行文本，使用符合目标语的词汇、句型、表达方式和文体，地道、自然，避免了"中式英文"，符合目标语读者的阅读期待，体现了英语本族人写作此类文本的语言特点和文本风格（李德超，王克非，2009：54）。

英、汉是两种不同的语言，措辞、行文、表达方式不同。译者参考平行文本，对原文的措辞、结构、表达方式，甚至叙事角度进行必要的调整。译文2参考平行文本翻译，相比译文1，有以下三个方面的优点：

一、借鉴英文文本建构文本。开篇布局与译文1完全不同，译文2使用了"Welcome to..."这一带有呼唤性功能的表达方式，仿佛与读者面对面亲切交谈，使译文具有较强的"呼唤""感染"功能，实现了文本的交际意图。

二、使用"We approach"叙事。除了概念意义的传达之外，译文2强调人际关系互动，叙事采用第一人称，而非第三人称，如：Here we have fully-equipped facilities and excellent atmosphere for learning. Our laboratory is also responsible for... 英语讲究"以人为本"，强调人际关系互动，多使用第一人称，吸引受众注意。

三、使用广告体语言。英文平行文本省略了信息量较少的功能词，描述节奏加快，显得更为主动，更有感染力，带有"广告语言"特征；借用英文平行文本的词汇和语体，句型多变，"呼唤""感染"功能强，亲切之余又给人一种想进同声传译实验室一试身手的感觉。

一、何谓平行文本

什么是平行文本？在比较语篇语言学中，"平行文本"是指在不同语言文化背景中具有相同或相似交际目的的文本。霍恩比认为："在翻译语料库研究中，平行文本在语言上彼此独立，但却是在相近的情境中产生的不同文本。"（Hornby，2001：86）诺伊贝特认为，平行文本是"在大致相同的交际情境中产生的具有相同信息性的双语文本"（Neubert，1985：58）。豪斯称平行文本是"产生于不同环境但属于相同的体裁和文本类型，具有相同的功能的文本"（House, 2007：17）。

哈特曼把平行文本分为三类：A类为形式上非常一致的译文及原文，语义上对等，形式上尽可能多地保留原文的某些特色；B类为形式上不完全一致，但功能对等的译文及原文，又称为改写对应语料，即同一信息用两种不同的语言来表达所得到的对应语料；C类为语域对应语料，这类对应语料不再具有语义上的对应性，而只是在篇章的题材、风格、使用场合、使用对象等方面具有某种一致性。（Hartmann, 1980：37—40）由此看来，平行文本涉及情境、体裁、双语、对应、功能等。平行文本有以下特点：

1. 具有与原文相同的功能

与原文具有相同的功能是平行文本的最大特点，也是平行文本的本质属性。不同专业领域的文本内容不同，在文本功能和表达方式上也有很大差异。例如，广告类文本的功能是最大限度地推广商品，其行文模式自由，具有创新性，以吸引顾客购买商品为目的，而法律类文本的功能是对法律法规的说明及解释，语篇结构规整紧凑，用词严谨，语义严肃，以规范人们的行为为目的。平行文本所具有的功能性特点，能够帮助译者理解原文，防止在翻译时忽略译文的预期目的而盲目翻译。

2. 体现目标语体裁规范

体裁规范是指在某一语言中体现大致同样功能的某种文本，在特定情境中反复使用后所形成的规范样式或格式。各专业领域的文本已经形成了相应的体裁规范，但源语国家和目标语国家文化有差异，具有相同功能文本的体裁规范也有差异。译文应当尽可能地遵从目标语的体裁规范。例如，英语新闻标题通常将重要的事件放在句首，随后是事件发生的地点及时间，这也是英语叙事的表达习惯；而汉语新闻标题通常先交代时间、地点，重点事件位于句尾。

特别提示

平行文本具有功能相似性、文化特异性和时效性。首先，平行文本具有功能相似性，这是平行文本的本质。其次，文本所产生的语境，特别是社会文化语境的差异使得具有相似功能的平行文本具有文化特异性。最后，平行文本具有时效性。各类型的应用型文本随着时间的推移会出现新的文体特征，且源语发出者与译语接受者的群体也都随之发生变化。

翻译练习

阅读下文，完成填空，讨论平行文本有哪些特点？翻译时应当注意什么？

1. 城市外宣英译时，应参照英语文化背景下城市外宣语的平行文本，因为二者具有相似的功能。翻译应注意文本功能的_____。

2. 英语国家的警告类公示语多用命令或祈使式，而印地语常使用请求的表达方式。这提示译者翻译时应注意文本语境的_____。

3. 随着简明英语运动的兴起，法律语言也随之变化，其英译开始减少大量使用中古英语词汇的习惯。译者应当注意文本的_____。

二、平行文本的作用

要实现功能对等，译者应用最贴切、最自然的对等语和文体风格重现源语信息。分析平行文本，了解目标语读者的行为规范、价值取向、语言特点，译者才能摆脱原文束缚；借用具有相同功能或相同信息的表达方法、模仿其风格，才能地道且规范地表达原文，实现原文和译文功能上的对等。平行文本不仅能为译文的行文和措辞提供具体参照，还可以起到规范译文、评估译文质量的作用。具体来讲，运用平行文本，可以弥补其语言和专门知识的欠缺，获取专业知识、学习专业术语、借鉴表达方法、模仿写作风格等（李长栓，2009: 93）。

（一）获取专业知识

提高翻译效率，依赖于对专业的熟练程度。没有专业知识，无论翻译技巧掌握得多好，译者都无法圆满地完成翻译任务。对于译者来说，遇到自己不懂的特定专业知识，第一任务就是学习特定的专业知识；而了解专业知识最好的途径就是阅读、参考平行文本。获取专业知识，首先是提取专业领域的关键词。提取关键词是获取平行文本的有效方法，能够提高利用平行文本的效率。

例1. **合营企业**的形式为有限责任公司。合营企业的一切活动应遵守中华人民共和国法律、法令和有关条例规定。

查询关键词"合营企业"，可译为"cooperative enterprise"或"joint venture"。但要选用正确的术语，需借助平行文本获取专业知识。只有弄清合营企业的性质，了解相关专业知识，译文才能准确、规范、标准。

搜索Google得知，"cooperative enterprise"强调以服务为导向，为他人提供服务，保护他人权益，并不符合原文之意。

再用百度百科查询，找到了更多的广义平行文本，也找到了狭义平行文本。广义的平行文本有助于理解原文，正确理解"合营企业"的内涵；而狭义的平行文本帮助译者找到接近译文的语料。据资料显示，"joint venture"是指两个或多个企业或个人共同投资建立的企业，强调合作对象有两个及以上。

企业合营

企业合营（Joint venture）

什么是企业合营   [编辑]

合营目前已成为我国经济生活中一种重要的经营组织形式。合营企业是介于联营企业和附属企业之间的企业形式，指按合同规定经营活动由投资双方或若干方共同控制的企业。虽然投资企业对合营企业具有控制权，但是它不属于投资企业的子公司。

根据《国际会计准则第31号－合营中权益的财务报告》中的规定：合营是指双方或若干方从事共同控制的某项经济活动的合同规定。合营企业的突出特点在于投资者与其他合营者对企业的共向控制，即投资各方均不能对被投资企业的财务和经营活动单独做出决策，必须由投资各方共同做出决策。

如果还不能确定此译法是否准确，还可用维基百科查询相关知识验证。根据维基百科，合营企业强调企业的合营性质，合营者对投资企业的经营决策和财务决策具有控制权，因此文中的"合营企业"译为"joint venture"更符合专业知识的内涵。

译文:

An equity **joint venture** shall take the form of a limited liability company. All activities of an equity joint venture shall comply with the provisions of the laws, decrees and pertinent regulations of the People's Republic of China.

例2. 合营企业各方发生纠纷，董事会不能协商解决时，由中国**仲裁机构**进行协调或仲裁，也可由合营各方协议在其他仲裁机构仲裁。

查《词海词典》，"仲裁机构"译为"arbitral tribunal"或"arbitration institute"。由于对法律文本中的专业知识不熟悉，译者一时难以准确译出此文，这就需要查询平行文本，了解相关专业知识，最终选择专业的表达方式。

"仲裁机构"不少人译为"arbitral tribunal"，这是正确的翻译吗？如果一时无法确定，可借鉴平行文本，在专业知识帮助下确定译文。查询百度百科，查到"仲裁机构"的广义平行文本，是指通过仲裁解决双方民事争议作出仲裁裁决的机构。国际上进行仲裁的机构有三种：一种是常设仲裁机构，一种是临时仲裁机构，还有一种是专业性仲裁机构。

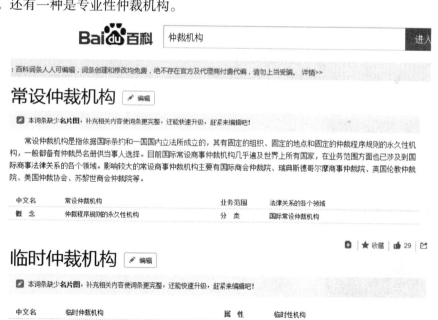

——https://baike.baidu.com/item/

接下来查询维基百科，"arbitral tribunal"主要是指仲裁法庭，仲裁庭可由独任仲裁员组成，也可以是两名或更多的仲裁员，其中可能包括主席或仲裁人，被选为特别法庭的成员通常都是律师和调解专家。研究以上两个平行文本的内容，可排除"arbitral tribunal"这一译法。

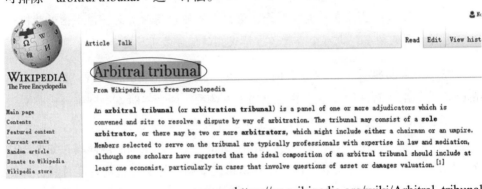

——https://en.wikipedia.org/wiki/Arbitral_tribunal

再查维基百科相关条目，查到仲裁机构的表达方法"arbitration institute"，其中德国某一仲裁机构就是使用该译法。若还无法确定，可用知乎问答确认。从知乎问答可以看到，斯德哥尔摩商会仲裁机构也是采用"arbitration institute"。通过各种平行文本对比，可以确定"arbitration institute"用法更广，更准确，更符合原文的意义。

The German Arbitration Institute (DIS) is a registered association for the promotion of national and international arbitration.

The DIS provides administrated arbitral proceedings pursuant to the DIS Arbitration Rules and other procedures of alternative dispute resolution (ADR). Additionally, the DIS regularly organizes conferences and seminars for the further training of legal practitioners and other interested persons. It also publishes various publications on German and international arbitration law.

——http://www.disarb.org/scho/

斯德哥尔摩商会仲裁院仲裁简介

 星瀚律师
已认证的官方帐号

瑞典斯德哥尔摩商会仲裁院(Arbitration Institute of the Stockholm Chamber of Commerce,
以下简称 "SCC")成立于1917年，是瑞典最重要的常设仲裁机构。由于瑞典的仲裁历史悠久，体

——https://zhuanlan.zhihu.com/p/34243636

译文：

Disputes arising between the parties to an equity joint venture which the
board of directors has failed to settle through conciliation may be settled through
conciliations or arbitration by an **arbitration institute** of China or through
arbitration by another arbitration agency agreed upon by the parties.

（二）获取专业术语

术语翻译具有一致性和约定俗成的特点，翻译术语应持严谨的治学态度，不
能随意创造术语，可以查专业词典。但时代在发展，专业词典术语收藏有限，一
些专业词典没有例句和语篇，难以断定其真实的涵义，切实可行的方法是查阅平
行文本，确定准确的意义，借鉴正确的表达方法。平行文本不仅适用于法律条文
等相关性较高的非文学翻译，也适用于具有典型民族和文化特色的专用名词的翻
译，以弥补译者在术语翻译、文风再现等方面的不足。例如：

例1. 直到1998年12月22日甲方才向施工单位发放了预付款的当地货币款
项，共计95,706,800也门里亚尔，这不仅在时间上延期，金额数量上也未全部
发放到位（参阅附件1.2）。32,645,128里亚尔余额直到1999年3月3日才发放
齐全（参阅附件1.3）。

译文1. It was not until 22nd December, 1998, **Party A** issued the **prepaid payments** to the **contracting party**, a total of 95,706,800 Yemen Rial, which is not only **a delay in the time**, but also the amount of money hasn't been paid in full (see Annex 1.2). The **remaining** 32,645,128 of Yemen Rial (see Annex 1.3) were not fully distributed until 3rd March, 1999.

平行文本1. After giving credit to the **Employer** for all amounts previously paid by the Employer and for all sums to which the Employer is entitled, the **balance** (if any) **due** from the Employer to the **Contractor**.

——FIDIC土木工程施工条件（红皮书）

平行文本2. With reference to Clause 60.7, Section 5, Conditions of Contract, Part II, it is stated that 20% of **Advance Payment** will be granted and **due** to the **Contractor** under separated certification by the Engineer after:

——FIDIC土木工程施工条件（红皮书）

平行文本3. If the Contractor fails to complete the time within the time speci-fied in paragraph 8.2, the Contractor shall pay the owner the **overdue** compensation fee.

——FIDIC土木工程施工条件（红皮书）

译文没有借鉴参考平行文本，不仅有多处语法错误，专业术语和表达方式也不专业、不地道。改译参照FIDIC土木工程施工条件，套用专用术语和习惯表达方式。改译在词语搭配、遣词造句、表达方式等方面均符合商务、合同文本的语言特点和语言风格。

改译：It was not until 22nd December, 1998 when the Employer paid the **Contractor** the local currency of **Advance Payment** in a sum of YR 95,706,800, which was **overdue** and only in part (Refer to Appendix 1.2). The **balance** of YR 32, 645,128 was not paid until 3rd March, 1999 (Refer to Appendix 1.3).

例2. In the audiovisual and media sector, a number of the internationally renowned U.S. TV channels, such as CNN, have implemented the "IReporters" concept, which describe a type of citizen journalists who produce and disseminate documentaries and reports.

译文. 在音像和媒体界，很多像CNN一样的知名美国电视频道已经采用了"IReporters"这个概念。IReporters指的是市民自媒体，他们拍摄并且宣传纪录片和新闻报道。

平行文本1.

IReport is CNN's citizen journalism initiative that allows people from around the globe to contribute pictures and video of breaking news stories. It is similar to Wikinews in that it allows, **and encourages ordinary citizens to submit stories,** photos and videos related to news of any sort. This can range from breaking news to a story that a person believes is newsworthy. Submissions are not edited, fact-checked, or screened before they post.

——https://en.wikipedia.org/wiki/IReport

平行文本2.

<u>民间记者</u>，为主流传媒以外的人，或自身为主流传媒的记者，但以独立身份发声，做报道和评论。这个风气沿自部落和民间独立媒体盛行的地区。从学理上讲，记者有广义、狭义之分。广义的记者是指新闻传媒内部与新闻信息有着直接关联或间接联系的新闻从业人员，它甚至包括报纸的校对，广播电台的录音人员、听审人员和电视画面的剪辑人员等。狭义的记者是专指从事采访新闻信息和报道新闻的人。

——https://baike.baidu.com/item/

改译：在音像媒体领域，很多像**CNN**一样在世界享有声誉的美国电视频道已采用"IReporters"这一概念。**IReporters是指市民自媒体**，他们拍摄纪录片，并进行新闻报道。

翻译专业名词和术语有时候会出现一种"不译"模式。"不译"是一种符合"省力原则"的翻译手段，即把不译的英文人名、单词词组、缩略语、句子等形式借用到汉语语体里（崔学新，2006：48）。文中的CNN采用"不译"，因为中国人已经熟知CNN，而"IReporters"中国人不了解，因此给出了释义，译者以原单词作为此类人的称呼，但又借鉴平行文本，增加释义，既保证了译文的准确性，又传达了源语信息。

翻译练习

参考平行文本修改下列译文，并做简要分析。

1. **用透水性不良的土壤**填筑路堤时，控制其含水量在最佳压实含水量±2%之内。

The water content of soil of bad water permeability should be controlled within ±

2% in the best compaction.

2. **Floating policy** is actually a convenient method of insuring goods where a number of similar export transactions are intended.

漂浮政策实际上是货物保险中的一种便利的方法，特别适用于分不同时间出口的一批类似货物。

（三）借鉴表达方法

翻译是语言输出过程，如果只有输出没有输入，译者的语言储备就会处于锁定状态，而大量阅读平行文本，积累并储备地道的、人们普遍接受的表达方法，可以解决这个问题。平行文本的多种表达方法存在于不同语料中，为译者提供了多种可行的译法参考。平行文本的多样性以及不同来源，还能帮助译者甄别、选择最权威的表达方法。这些表达方法不一定是字典中的词汇，而很可能是译者没有掌握的符合译入语语境的表达方法。借鉴平行文本的表达方法，译者可以提高译入语的质量。

译文评析

北京红墙饭店

享受地利之便的北京红墙饭店，与故宫博物院、景山公园、北海公园、北京最繁华的商业区王府井步行街仅几步之遥；北大红楼（五四新文化运动发祥地）、老黄城根、四合院民居、老北京胡同环绕四周，宾客可乘坐具有北京特色的三轮车前往游览，亲历感受普通北京居民的传统生活。入住本饭店的客人可在晨间到皇家公园跑步，也可在夜幕时分驻足观赏皇城御河宫灯倒影，忙碌一天，情侣朋伴相约在饭店附近的什刹海酒吧一条街，把酒茗盏，享受这份皇族生活历史风韵下的宁静以及现代文明碰撞交汇的繁华……北京红墙饭店秉承个性化的温馨服务理念，拥有严格专业的管理团队，饭店所有员工以热情诚挚的服务殷切期待您的光临！

译文1.

The Imperial Palace Museum, Jingshan Hill, Beihai Park and hustle of Beijing's shopping Center–Wangfujing Street all within a few steps away of Beijing Redwall Hotel, which is geographically convenient for travelers to take a visit to Beijing Hutong by tricycle offered by the hotel and experience the traditional life of Beijing People. The guests living in our hotel may jog in the Imperial Park in the morning and enjoy a vies of lantern shadow in the Imperial Palace Canal at night. Together with friends to have a drink in Shichahai Bar Street near the hotel, they are enjoying tranquility and prosperity which is a blend of ancient history and modern culture of China.

We are always adhering to the personalization and warmth service concept with strict and professional management team to welcome your coming by passionate and cordial service.

平行文本1.

WELCOME TO THE RITZ LONDON. The Ritz: The world's greatest hotel, as conceived by **the world's greatest hotelier**. For over a century The Ritz has been the benchmark by which other hotels are measured. A London landmark at 150 Piccadilly, The Ritz has been home to the great and the good, the intelligentsia, the glitterati and thousands of discerning guests since 1906.

——THE RITZ LONDON

平行文本2.

There's one thing that guests at the Royal Lancaster Hotel always seem to agree on—the views are breathtaking. With Hyde Park, the largest of the Royal Parks, directly to the south, and vistas east to the City of London, we have arguably the best views in London. Whether looking down from the hotel's deluxe bedrooms—416 in total or enjoying the view from the hotel restaurants, it's as if the heart of this great city is **within your reach—and indeed it is!**

——Royal Lancaster Hotel

平行文本3.

You can't get closer to London!

Just step out of the hotel's door, you're right in the liveliest part of London: Piccadilly Circus. The most famous theatres, restaurants and shops are **all within a few minutes' walk** of the hotel. The choice of entertainment within a few hundred yards is absolutely unbeatable—you will feel the pulse of Piccadilly from the Regent Palace: **It's right at the heart** of London.

——The Regent Palace Hotel, London

译文2.

WELCOME TO THE REDWALL HOTEL.

Just step out of the door of the Redwall Hotel, you will find the Imperial Palace, Jingshan Park, Beihai Park and Beijing's busiest commercial walking street Wangfujing. **They're right at the heart** of Beijing, **all within a few minutes' walk**. What's more, with the Red Building of Peking University, Old Palace Wall, quadrangle dwellings and Old Hutong **within your reach—and indeed it is**, you can catch our characteristic tricycle to view and experience the traditional life of Beijing.

In the morning, you can jog in the Royal Park and enjoy the colorful reflections of lanterns while standing by the imperial canal in the night. After a busy day, savoring various drinks at Shichahai Bar Street with your lover or friends, you can totally immerse yourselves into the prosperity that carries the meeting of old royal life and modern civilization.

We are always at your service!

译文1没有考虑英文酒店文宣的文本和文体特点，文本结构、文体风格、词汇句型与地道的英文酒店文宣相比，感染力不强，文宣效果不佳。译文2参照3个酒店平行文本的翻译，符合目标语酒店常用的词汇、句型、表达方式和文体，更地道、自然。由此可见，翻译既要考虑文本的类型和用途，也要考虑文本的形式结构；既要考虑语言对等，更要重视功能对等。借鉴平行文本，化解中英文的表达差异，能更好地实现文本的交际功能。具体分析如下：

1.红墙饭店

WELCOME TO THE REDWALL HOTEL.

与中文开头不同，英文由单句组成段落。由于其独立、醒目的位置，更能吸引读者的注意，起到类似广告英语中标题语（tag line）或口号（slogan）的作用。顾客的第一感觉最重要，借鉴英文文本建构，标题采用"welcome to..."这一带有呼唤性功能的表达方式，恰似直接与顾客面对面亲切交谈，更能实现交际意图。虽然中文标题只有"红墙饭店"四个字，但不能只译"红墙饭店"，可借鉴平行文本，采用最恰当的表达方法。翻译不能仅仅强调语言对等，更应强调功能对等。

2.享受地利之便的北京红墙饭店与故宫博物院、景山公园、北海公园、北京最繁华的商业区王府井步行街仅几步之遥；

Just step out of the door of the Redwall Hotel, you will find the Imperial Palace, Jingshan Park, Beihai Park and Beijing's busiest commercial walking street Wangfujing.

英文平行文本使用了伦道夫·夸克所说的"块式语言"（block language），省略了信息量较少的功能词，描述节奏加快，会使文本显得更为主动，更有感染力。译文借用平行文本，采用"块式语言"，句型简洁，呼唤功能强，亲切之余又给人一种想要进去看看的冲动之感，因此借鉴此种表达更能实现交际意图，吸引顾客入住。

3. 北大红楼（五四新文化运动发祥地）、老黄城根、四合院民居、老北京胡同环绕四周，宾客可乘坐饭店具有北京特色的三轮车前往游览，亲历感受普通北京居民的传统生活。

What's more, with the Red Building of Peking University, Old Palace Wall, quadrangle dwellings and Old Hutong **within your reach—and indeed it is**, **you** can catch our characteristic tricycle to view and experience the traditional life of Beijing.

本段主要介绍酒店附近的交通和景点，翻译只要抓住这两点核心内容翻译即可，其余为冗余信息。译文借鉴平行文本，以读者介入视角表达酒店近在咫尺，举步之遥："within your reach–and indeed it is"，视觉不同，更有感染力，符合读者的期盼。此外，译文还借鉴读者介入视角，采用"you approach"句式，语气诚恳，让人倍感亲切，让外国顾客有宾至如归之感。

4. 入住本饭店的客人可在晨间到皇家公园跑步，也可在夜幕时分驻足观赏皇城御河宫灯倒影，忙碌一天，情侣朋伴相约在饭店附近的什刹海酒吧一条街，把酒茗盏，享受这份皇族生活历史风韵下的宁静以及现代文明碰撞交汇的繁华……北京红墙饭店秉承个性化的温馨服务理念，拥有严格专业的管理团队，饭店所有员工以热情诚挚的服务殷切期待您的光临！

In the morning, you can jog in the Royal Park and enjoy the colorful reflections of lanterns while standing by the imperial canal in the night. After a busy day, savoring various drinks at Shichahai Bar Street with your lover or friends, you can totally immerse yourselves into the prosperity that carries the meeting of old royal life and modern civilization.

We are always at your service!

译者借鉴平行文本的表达方法，使用"块式语言"，文本节奏加快，带有明显的"广告语言"特征；运用读者介入视角，"we"（我们）、"you"（你们）交替使用，文体亲切自然。结尾处用一个句子在文中充当更高阶的文本单位（段落），"We are always at your service!"产生德国语言学家韦利希所说的"内文本"（cotext）功能，延续前文的热忱友好，首尾兼顾，感情油然而生，表达殷切期盼客人光临之情，广告效果明显。

翻译练习

参照相关平行文本的表达方式，翻译下文，并做平行文本应用分析。

张家界国家森林公园

张家界国家森林公园以峰称奇，以谷显幽，以林见秀，三千座石峰拔地而起，形态各异，峰林间峡谷幽深，溪流潺潺。春天山花烂漫，花香扑鼻；夏天凉风习习，最宜避暑；秋日红叶遍山，山果挂枝；冬天银装素裹，满山雪白。公园一年四季气候宜人，景色各异，是人们理想的旅游、度假、休闲目的地。

三千奇峰，八百秀水，演绎出张家界国家森林公园的传奇，展示着自然之美。张家界国家森林公园张开热情的双臂欢迎您！

（四）模仿写作风格

专业领域不同，文本风格不同，中英文皆如此。文体的转换应根据专业领域文本的要求变化，不能千篇一律。汉译英，如果译文不能体现原文的形式和风格，便会影响译文质量，反之亦然。通过平行文本，译者可以了解目标语用词的特点、说话的语气、把握文本的风格特征，对提高译文质量有很大帮助。

例1.

请柬

布朗先生及夫人台启：

兹定于5月20日（星期六）下午5时为小女李玲和唐力先生在广州柏丽酒店举行婚礼，恭请光临。

李华、王玉夫妇谨邀

平行文本：

Invitation

Mr. and Mrs. Oliver Barrett

request the pleasure of your company

at a dinner in celebration of

Mr. Barrett's sixtieth birthday

Saturday, the sixth of March

at seven o'clock

Dover House, Ipswich, Massachusetts

R.S.V.P.

——马建豹主编.实用英语应用文写作[M]. 北京：对外经济贸易大学出版社，2013.

译文：

Invitation

Li Hua and Wang Yu (邀请者)

Request the honor of the presence of (邀请)

Mr. and Mrs. Brown (被邀请者)

At the marriage of their daughter (邀请事由)

Li Ling

To Mr. Tang Li

Saturday, the 20th of May (时间)

At five o'clock

Parklane Hotel (地点)

Guangzhou

从上例可以看出，在不同语言中（特别是在不同语系的语言里，例如印欧语系的英语和汉藏语系的汉语），同一体裁的文本可能具有不同的语篇结构和风格。英文请柬的结构是：邀请者——邀请——被邀请者——邀请事由——时间——地点，而中文请柬的结构是：被邀请者——邀请事由——时间——地点——邀请——邀请者。为了正确地传递信息，照顾目标语读者的习惯，使译文符合目标语的文体和风格特征，译文参考了英文请柬的图式结构。

例2.一日为师，终身为父。

One day is a teacher, every day is a father.

平行文本1

Once a king, always a king.

——https://google.gccpw.cn/search

平行文本**2**

An apple a day keeps the doctor away.

——《牛津英汉高阶双解词典》

"一日为师，终身为父"是一个汉语成语，拼音是yī rì wéi shī，zhōng shēn wéi fù，意思是哪怕只教过自己一天的老师，也要一辈子把他当作父亲看待。

——https://baike.baidu.com/item

改译：Once a teacher, always a master./ A teacher a day, a master forever.

翻译中国成语有一定难度。一方面，译者要理解成语的含义；另一方面，要使用恰当的英文句型结构。原译采用字对字翻译，是典型的中式英语，令人啼笑皆非。借鉴平行文本结构，可将此句套译为：Once a teacher, always a master.也可译为：A teacher a day, a master forever.

特别提示

除格式一致外，译者还要重视文本的其他因素，如词汇、句法、时态、习惯用语等，这些对文体风格的形成都会产生重要作用。以商务合同翻译为例，用词正式、规范、保守，包含法律及约定俗成的词汇，句法严格，强调准确，多用被动语态和虚拟语气。

三、如何选用平行文本

功能翻译理论认为，译者应"将其与委托人所要求的目标文本在目标语文化中的预定功能进行比较，辨认出或者删除掉源语文本中那些没有用的成分"（Nord，2005：174）。不同文化有不同的文体规范，只有对源语和目标语的文体规范进行比较，译文才能符合目标语文化的文体规范，才能被译语读者接受。因此，挑选平行文本，译者必须对源语和目标语的文体规范进行比较，审核目标文本的功能是否与目标语文化中的预定功能相符，选取符合委托人要求的平行文本。

（一）文本构成的基本因素、影响因子

文本构成的基本因素包括开头、顺序形式、文本结构、文本单位和结尾。埃

贡·韦利希认为，文本的建构及影响文本分析的因素有两个：一是文本外部的制约（external constraints），例如语境及体裁等；二是文本内部的构成规则（internal composition rules）（Egon Werlich，1982：150）。诺德则细化了影响文本的因素，将其分为文外和文内两种因素。文内因素主要包括：主题、内容、前提（预想中参与者应了解的交际情景及现实世界因素）、构成、词汇（包括方言、语域及专业术语）、句型结构、超语段特征（包括重音、音节及"文体标点"）。文外因素包括：文本（信息）发送者及其意图即文本的目标功能，接受者及其期望，文本媒介，文本交际的场所及时间、动机等。

（二）平行文本的挑选、比较与分析

根据韦利希和诺德平行文本影响因素，译者需对平行文本进行比较，选择相应的翻译策略和翻译技巧，才能译出符合译入语语境的最佳译文。"平行度"越高，对翻译的帮助越具体。所谓"平行度"，是指文内外因素的对称/相似程度。当然，侧重点不同，平行文本对应点也不同。如何评估平行文本的"平行度"，挑选有用的平行文本呢？夏天（2015）从内容与结构、内容与风格、文外因素与文内因素三个方面做了具体分析。

1. 内容与结构

以新闻报道为例，中英新闻导语的内容和结构差异明显，译者需调整原文的内容和结构，采用与之相适应的翻译策略和方法。

平行文本1.

结婚是人生的一件大事，但是现在人们普遍反映婚宴是热热闹闹的，而去民政局登记、领结婚证时非常平淡，现在苏州的民政部门推出新举措为领结婚证的新人举行热热闹闹的领证仪式。

——王银泉.实用汉英电视新闻翻译[M].武汉：武汉大学出版社，2009.

平行文本2.

NEW HAVEN，Connecticut. China will make its own decisions on political freedom and human rights and not simply copy the model of Western countries, President Hu Jintao said Friday as he wound up his US tour.

——https://apnews.com胡锦涛访问美国耶鲁大学演讲

分析：对比两个平行文本，英/汉新闻导语的结构泾渭分明：中文新闻导语习惯于根据事情发生的先后顺序，而欧美国家的导语强调把最重要的内容放在导语的最前面，新闻报道按新闻价值大小来组织新闻报道的结构。

2. 内容与风格

在风格方面，英汉互译需要更高的平行度文本，例如，中英文企业介绍的内容和写作风格，可以通过平行文本进行比较。

平行文本1.

坐落在扬州经济开发区的江苏虎豹集团，创建于1989年。集团拥有15家分公司，涉及服装、商贸、旅游、房地产、金融等行业，现有职工12000多人，各类专业技术人才680多人，实现年销售40亿元人民币，其中内外销服装销售25亿元以上，荣列江苏省优秀民营企业、江苏省文明单位……中国驰名商标企业。集团秉承"发展、高效"的创新理念，与时俱进，积极开拓，不断致力于科技创新和自主创新，主导产品"虎豹"牌衬衫、西服、休闲服等，凭借其卓越的品质，先后荣获20世纪90年代的中国十大名牌，全国用户满意产品，新世纪中国服装行业首批"中国名牌产品""国家免检产品"和"中国名牌出口商品"等100多项国家级标号和大奖。

——http://www.hubao.com/

平行文本2.

Verizon is a global leader in delivering broadband video and other wireless and wireline communications services to mass market, business, government and wholesale customers. Verizon Wireless operates American's largest and more reliable wireless voice and 3G network. Verizon also provides communications, information and entertainment services over America's most advanced fiber-optic network, and delivers innovative, seamless business solutions to customers around the world. We believe strongly that our role in connecting people, ideas and opportunities is vital to meeting the challenges of the future.

——https://www.edn.com/verizon-tackles-growing-
issue-of-stolen-credentials/

这一组平行文本（信息）的发送者均为企业；意图（即文本的目标功能）都是介绍企业概况；接受者都是有合作意向或者消费意向的潜在客户（当然也不排除竞争者）；期望均为展示实力、说服潜在顾客；文本媒介均为网络，因此"平行度"较高。

从以上两个平行文本可以看出，英汉企业介绍的内容以及写作风格不同：中文企业概况信息杂陈，讲究面面俱到，几乎涵盖了所有信息，有些内容较空泛，套话较多；英文企业概况比较简短，叙述平实客观，通常包括企业性质、成立时间、业务范围、产品类别、目标愿景等，内容简明扼要。

3. 文外因素与文内因素

文本的文外因素属于翻译的宏观问题，包括信息发送者及其意图，接受者及其期望，文本媒介，文本交际的时间、场所等，也就是翻译宏观"六要素"，**Who** is talking to **whom** about **what**, **when**, **where** and **why**。文本的文内因素则属于翻译微观问题，主要有：主题、内容、前提、构成、词汇、句型结构以及超语段特征等。下面以高校留学生中英文招生网站为例，讨论中英文本文内因素的差别。

表7.1　文本的文内因素

	英文	中文
主题	与未来学生对话	学校实力概况介绍
叙事角度	第二人称或第一人称	第三人称
前提 （预想中参与者应了解的交际情景及现实世界因素）	预设读者了解本校一些情况，从精神和情感层面打动学生。	预设读者对本校有所了解，但需更多权威数据和信息说服学生。
构成	演绎式结构	归纳式结构
非语言因素插图、斜体等	主要动词着色，插图、留学生生活照、毕业典礼照片、感言等	插图、留学生生活照、学位照、感言等
词汇 （包括方言、语域及专业术语）	口语、动态语言，精神、情感层面的词汇	管理术语，书面语言，客观、理性词汇
句型结构	多祈使句、问答句	多长句、陈述句
超语段特征	使用感叹号，情感表达	使用双引号，引用权威或官方语言

——夏天.平行文本运用与汉英翻译教学"去技巧化"[J].外语电化教学，2015(04):17—22，略有改动。

需要强调的是，译文应以交际目的为主要评价标准，既要充分考虑文本的文内因素，也要考虑文本的文外因素，避免强调"语言对等"而忽视"功能对等"。如需要寻找更多的平行文本，译者可根据诺德列出的影响文本的因素，逐一比照，参考翻译。但是，译文与原文之间的形式和内容完全对等是不可能的。如果把原文内容和文字生搬硬套进译文，很可能吃力不讨好（陈小慰，2006：118），既"得罪"了作者，又"得罪"了读者。因此，借鉴平行文本翻译、校对，需对平行文本进行符合目标语语境的改写、变通。

翻译练习

根据文本的文内外因素，参考平行文本修改译文，并做分析。

原文：

XX 大学是中国共产党亲手创办的第一所新型大学。XX 大学坐落在北京，是中国人文社科科学领域最著名的大学。

XX 大学在 2009 年中国教育部的学科评估中，有以下 7 个学科排名全国第一 [理论经济学] [应用经济学] [法学] [社会学] [政治学] [马克思主义理论] [新闻传播学]。此外，[哲学]和[图书馆、情报与档案管理学]排名全国第二，[管理学]排名全国第三。排名第一的学科在全国人文社会科学领域总数第一。

XX 大学已与世界上 56 个国家的 216 所著名大学建立了正式合作关系。XX 大学现有超过 2100 名留学生在校学习。

译文：

XX University is the first modern university founded by People's Republic of China. Located in Beijing, XX is the most famous university in China among humanities and social sciences area.

In 2009's governmental appraisal of key disciplines of national institutions of higher education organized by the Ministry of Education, seven disciplines of the XX rank top among all national institutions of higher education in the Humanities and Social Science. These disciplines are Theoretical Economics Applied Economics Law Sociology Journalism and Communication Political Science Marxism Theory.

By December 2012, XX has established official cooperative relationship with 216 world famous universities in 56 overseas countries.

XX has an international student body with more than 2,100 students coming from all over the world.

平行文本1.

The University of Nottingham Ningbo China (UNNC) was the first Sino-foreign university to open its doors in China. Established in 2004, with the full approval of the Chinese Ministry of Education, **we are run by The University of Nottingham with co-operation from Zhejiang Wanli Education Group**, a key player in the education sector in China.

At UNNC we have more than 7,800 students and around 750 are international students.

We have more than 750 members of staff, split across academic and professional services.

Our staff and students come from about 70 countries and regions around the world.

The University is situated in a 144 acre (584,666m²) campus in Ningbo, Zhejiang Province.

We have three faculties: Business, Science and Engineering, Humanities and Social Sciences.

We offer 29 undergraduate courses and 18 postgraduate courses.

The University has 14 research centres and institutes.

We were awarded a licence to grant PhDs in December 2008 and have over 500 PhD students.

We have China's first carbon-neutral building, home to our Centre for Sustainable Energy Technologies (CSET).

——http://www.nottingham.edu.cn/en/about/

平行文本2.

Why choose Monash?

We have an outstanding reputation for the quality of our teaching and world-class facilities. **Learn more about why Monash is the best choice for you.**

Who are we?

Named after engineer, military leader and public administrator Sir John Monash, Monash University was established by an Act of Parliament in 1958. **When our first students began their studies at our foundation campus** in Clayton in 1961, **we became the first university** established in the state of Victoria in over 100 years.

Our world university rankings

At Monash, we take our reputation seriously. Monash has achieved an enviable national and international reputation for research and teaching excellence in a short 50 years. **Monash is ranked in the top one per cent of world universities.** And, in line with our vision and strategy for the future, Monash will continue to drive for improvement.

Monash is ranked:

*in the top one per cent of world universities – 80th in the world – according to the Times Higher Education World University Rankings (2017–2018).

*in the top 100 world universities, with an estimated rank of 79th according to the Academic Ranking of World Universities 2016.

*21st in the World's Most International Universities in 2017 as released by Times Higher Education.

——https://www.monash.edu/about

四、平行文本的相关性

就相关性而言，平行文本可分为三类：A类为形式上高度一致的译文和原文；B类为形式上不完全一致，但功能对等的原文和译文；C类是在同样的交际语境中独立产生的两种不同语言的文本。平行文本的相关度是有区别的。题材国际化程度越高，获取平行文本越容易，其文本的相关性也越高；题材越具有中国特色（或异域特色），获取平行文本越不易，即使能找到，相关性也低，只能找到局部对应的表达方法。

（一）高度相关

在全球化的今天，中国越来越多地参与国际事务，关注的问题越来越国际化，中国的影响力不断加强。自从白话文推行以来，特别是在中国不断融入国际社会的新时期，国与国之间越来越多地用同一规则、同一话语对外交流，这为利用相关度高的平行文本进行翻译创造了更好的条件。只要双方在讨论同一个话题，就能找到两种语言的平行文本。国际化程度高的题材已形成一套国际通用的表达方法，译者应尽量使用，甚至直接套用，避免沟通障碍或误解。

（二）局部相关

国际化程度低的题材，没有统一的表达方法，译者在用词上有较大的灵活性，但也应参考平行文本，不能随心所欲，否则译文词不达意，或歪曲事实，不为译语读者接受。中国的典章制度、宗教民俗等具有中国特色，翻译难度较大，但仍可通过平行文本找到局部相关的语料，通过比较分析，从字、词、句等微观层面入手，结合译语读者阅读的可接受性，选择符合英语语言习惯和读者可接受的正确译法，实现"差异中的对等"，保证译文质量。

本章小结

本章讨论了平行文本的定义，分析了平行文本的特点、作用、相关性，以及获取平行文本的方法。平行文本原文或主题相同，内容相似，或者部分相关，获取途径多样。由于平行文本可以直接提供字、词、句、语篇等各个层面的立体示范，给译者模仿和创新留出操作空间。译前，译者通过阅读平行文本，可获取相关领域专业知识，了解该领域的文本措辞、行文风格等，有利于译者从宏观层面上把握译文的语境；译中，译者参考平行文本的字、词、句、结构等对目标语进行操作，译文会更科学、地道；译后，译者还可以再次查阅、参考平行文本，不断修订、审核译文，进一步提高译文的质量。

课后练习

一、参考平行文本，修改译文。

1.

西苑饭店

西苑饭店是一座具有国际四星级水准的大型涉外饭店，位于北京三里河路，与中国国家图书馆、首都体育馆毗邻，环境优美，交通便利。饭店共有客房1300余套，房间舒适、宁静，配有全套现代化设施，饭店共设餐厅、酒吧12个，中餐经营粤、鲁、川、淮扬及清真风味菜肴；西餐主要经营俄式、法式及英式大菜，饭店还设有传真、电传、国际直拨电话等现代通信设施及各种综合服务设施和娱乐设施，为每位宾客提供尽善尽美的服务。

西苑饭店欢迎您的光临。

The Xiyuan Hotel

Located at Sanlihe Road in Beijing, the Xiyuan Hotel is a four-star hotel with a beautiful environment and convenient transportation. It is close to the National Library and the Capital Gymnasium. There are 1300 rooms in the hotel, each of which is well equipped with modern facilities, offering a comfortable and tranquil space. Meanwhile, the hotel boasts 12 restaurants and bars, providing Chinese food including Cantonese, Shandong, Sichuan, Huaiyang and Moslem cuisine, and western food in Russian, French and British flavor. Besides, modern communication facilities like fax, telex, and international direct dial telephone, various comprehensive services and recreational appliance are also available.

Welcome to Xiyuan Hotel!

2.

云梯大酒店

云梯大酒店坐落于被中外游客赞为"中华风度，世界奇迹"的"云海梯田之乡"的中国云南云阳县老城新街镇。其优越独特的地理环境让您足不出酒店便可赏"梯田""云海""日出""村寨"四景。酒店占地面积15222平方米，主体是AB两幢体现哈尼民居风格的本土建筑。A幢设有景观客房、标准客房、温馨客房及行政套房100间。气派的大厅，典雅的大堂吧，高科技的商务中心、商品超市，让您宾至如归。B幢设有可兼容2400余人的多功能厅和独具民族喜庆气氛的宴会大厅、各具特色的大小会议室、体现哈尼文化雅致的酒吧、动感KTV、康体休闲设施和美容美发、桑拿等及大型停车场。

云梯大酒店诚挚恭迎您的光临！

Yun Ti Hotel is located in Xin Jie Lao-Cheng Yuan Yang, Yun Nan, China-the home of cloudy sea and terraced field, with complete set of profection and high standard service. You can enjoy the four views: "Terraced field, cloud-sea, sunrise and villages" in the hotel. The hotel occupies 15,222 square meters. It has A, B two main buildings and reflects the style of Ha Ni. Building A has 100 rooms with video rooms, pariour rooms, stand and rooms, sweet rooms, set of laundry rooms, magnificent hall, Nefied hall's bar, high tech business center and supermarket in it and guests will fell at home. Building B has a function hall which can contain 2,400 persons. It has gymnasiums KTV rooms, bars, some meeting rooms, sauna rooms and a large parking lot. Warmly welcome to Yun Ti Hotel!

3.

上海市公园游园守则

一、自觉遵守"七不"文明规范和公民道德规范。不得随地便溺、乱招贴、涂写刻画、搬移折损园内设施设备。不得赤膊和随意卧躺、洗晒衣物、拾荒行讨。不得攀爬假山等设施。不得在河池中嬉水、游泳。不得擅自进行球类、放风筝等活动（除规定场所外）。

二、不得携带枪支弹药、易燃易爆物品以及其他危险物品进园。不得进行燃放烟花爆竹、烧烤、宿营等活动（除规定场所外）。

Shanghai public parks rules for visitors

1. Ethic and moral codes should be duly honored; visitors are expected not to urinate or shit, post ads or posters, and write or carve around in the park, nor to remove or harm any facility or equipment in the park; exposing one stop, lying about, washing and airing clothes, scavenging or begging from others is unallowable; climbing artificial hills, or playing or swimming in the pond or lake is objectionable; ball games and kite-flying are impermissible (unless in a designate area);

2. Firearms and ammunition, combustibtes and explosives, and any other hazardous items are strictly forbidden; firework-playing, barbecuing or camping is banned (unless in a designated area) in the park.

二、参考平行文本，翻译下文。

1. Body Shop, to use modern management jargon, was "market driven", that is, it identified real (WTBX) demand (WTBZ), from real people, for something that those people are prepared to pay for.

2. The most important finding of the SDL is the notion that consumers are co-producer. Vargo and Lusch (2004) proposed that resources do not have value as such but that their value is co-created with customers when they are used: "value is defined and co-created with the consumer rather than enbedded in output."

第八章

定性定量、交叉验证与回译

　　译者在宏观的视角下分析源语文本"六要素"，从微观视角斟酌字、词、句、段及语篇，源语的信息编码、重构都离不开定性、定量分析和交叉验证，甚至回译对比。利用电子工具，译者结合定性、定量分析和交叉验证，保持批判性的思维和严谨的治学态度，才能有效地保证译文的准确性、可靠性。在大数据时代，译者不仅要使用传统的英汉或汉英纸质词典，更要善于运用电子工具、语料库、平行文本来验证译文的准确性。定量与定性分析、交叉验证法是非文学翻译过程的重要环节，也是保证译文质量的手段之一（本章与其他内容的关系，见自序图1）。

案例研究

　　翻译过程中，译者会因为某一个词、词组或惯用语而感到困惑，无论译前对源语的分析，还是译中对字、词、句的翻译，抑或是译后批判性地复检，定性、定量分析和交叉验证都是有效的翻译方法。定性、定量分析和交叉验证不仅可用于词汇、词组翻译，还可用于语篇、语段翻译。选择符合目标语的表达方法，是每一个译者在翻译过程中追求的目标，即使是一个简单的词，译者也应当用严谨的科学态度对其进行验证。试用定性分析、交叉验证等方法，对"粮仓"一词进行验证。

原文

　　天柱蕴藏着丰富的自然资源，气候温和，土壤肥沃，是贵州重要粮食生产基地，享有"黔东粮仓"的美誉。当地年产烟叶2.6万担（一担=50公斤），是中国烟叶主产区。这里林业资源丰富，森林面积达185万亩（一亩=1/15公顷），覆盖率达56%，是贵州十大林业基地县之一。重晶石、黄金、煤等矿产资源也十分丰富。

"粮仓"如何翻译？选用哪一个对应词不能凭感觉，应采取严谨科学的方法，方可译出"有态度""有质量"的译文。

1. 首先定位关键词"粮仓"，对"粮仓"一词进行定性分析。查词典，找到"粮仓"三个英文对应词为"granary""barn""breadbasket"，见《必应词典》截图：

粮仓

[liáng cāng]

na. **granary; barn;**
网络 **Breadbasket;**

2. 通过英英释义分辨该词的涵义。"granary"主要指具体的"粮仓、仓库"；"barn"指"牲口棚、粮食棚"；"breadbasket"指"某个地区、区域生产的大量粮食"。见《必应词典》和《柯林斯英语词典》截图：

（1）granary

必应：

权威英汉双解　　　英汉　　　英英　　　网络释义

granary

n. ∧

1. 谷仓；粮仓 a building where grain is stored

柯林斯：

1. 可数名词

A **granary** is a building which is used for storing grain.

The granaries containing last year's harvest are nearly empty.

2. 形容词 [ADJECTIVE noun]

In Britain, **Granary** bread contains whole grains of wheat.

（2）barn

必应：

1. 谷仓；畜棚；仓房 a large farm building for storing grain or keeping animals in

2. 简陋的大建筑物 a large plain ugly building

3. （公共汽车、卡车等的）车库 a building in which buses, trucks, etc. are kept when not being used

柯林斯：

词形plural **barns** ◄))

可数名词

A barn is a building on a farm in which <u>crops</u> or animal food can be kept.

（3）breadbasket

必应：

breadbasket

n. ⌃

1. 粮仓（指一国或地区的粮食生产基地，尤指谷物生产基地）the part of a country or region that produces large amounts of food, especially grain, for the rest of the country or region

柯林斯：

名词

1. a basket for carrying <u>bread</u> or <u>rolls</u>

2. an area or region that provides most of the food for a country

从以上英汉和英英释义可知，"granary"第一个意思指仓库，专门用于贮存粮食；第二个意思指"麸皮面包"，不符合原意。"barn"是指贮存粮食或者动物被圈养的"棚子"。"breadbasket"根据《必应词典》和《柯林斯英语大词典》的释义，都是指一国重要的谷物生产基地，提供给国家其他地区大量食物，因此"breadbasket"更符合原文的意思。

3. 再用平行文本进行交叉验证，分析所选择的对应词是否正确表达了原文的意义。见《必应词典》中平行文本截图。

1. **The roof of a granary fell in.**
    一座粮仓的屋顶塌了.
    dict.veduchina.com

2. **The stone cathedral was used as a granary.**
    这个石头教堂被作为一个粮仓使用.
    m.yeeyan.org

1. She slipped out the door and disappeared into the dark barn .
    她一溜烟走出门外，隐没在马房的黑暗中。
    www.yylj.info

2. Feeling a little spooked, he hurried to the door and let himself out of the barn.
感觉惊吓的一点，他赶紧了对门并且让自己在谷仓外面。

5n2b.5d6d.com

4. China is already suffering from acute water shortages in its breadbasket north.
中国北方主重粮食产地已面临严重缺水的问题。

www.ftchinese.com

5. This is China's breadbasket where buns, dumplings, and noodles, rather than rice, are standard fare.
这里是中国的谷物主产地，人民的主食不是米饭，而是包子、饺子和面条。

通过关键词辨析、中文释义、英英释义、英汉双解、平行文本比对，可以看出"breadbasket"是中文"粮仓"的最佳对应词。在本文的翻译过程中，定性分析、交叉验证对提高翻译质量起到了关键作用。文中的其他关键词、短语、难句等，也可以通过定性定量、交叉验证，提高译文质量。

参考译文

Tianzhu boasts abundant natural resources. Endowed with moderate climate and fertile soil, it is a major grain production base in Guizhou and is crowned as the "**Breadbasket** in East Guizhou". It is also a major tobacco leaf producer in China with an annual output of 26 thousand *dans* (one *dan*=50 kilograms). Furthermore, the extensive forests in the county reach to an area of 1.85 million *mus* (one *mu*=1/15 hectare) with a 56% coverage rate, which is one of the ten-largest county-level bases of forest resources in Guizhou, it also abounds in barite, gold, coal and other mineral resources.

一、定性、定量分析

定性研究是一种归纳的逻辑结构，属于自上而下的研究方法；定量研究是演绎的逻辑结构，属于自下而上的研究方法。科学的翻译方法是定性与定量研究相结合。卡特福德在其《翻译的语言学理论》（*A Linguistic Theory of Translation*）一书中把翻译界定为"同一等值的语言（译语）的文本材料替换另一种语言（源语）的文本材料"，而"对等"是替换的关键（Catford, 1965：20）。在另一部著作《论翻译的转换》（*Translation Shift*）中，他对翻译中的语言进行分层描写，并用统计法对翻译过程中出现的对等现象进行了量化描述。比如，他以英语和法语的冠词互译为例，对英法两种文本的对等翻译进行量化分析，给出6958例法语冠词在英语翻译系统内的转换百分比，并绘制成表格进行对比分析。

（一）定性、定量分析的定义

定量研究（Quantitative Research Method）是对特定研究对象的总体得出统计结果而进行的研究；确定事物及其运动状态的性质的研究叫做定性研究（Qualitative Research Method）。定性研究具有探索性、诊断性和预测性等特点，它并不追求精确的结论，而只是了解问题之所在，摸清情况，得出感性认识。

《马克思主义百科要览·下卷》对定量与定性研究进行了描述："任何事物都是质和量的统一体。有定性研究而没有定量研究只能对事物有一个大致的认识，这种认识既不精确，也不全面，甚至可能是错误的。因为没有数量就没有质量。量变到了一定程度，就会引起质变，所以对事物的基本数量分析是十分必要的。"（廖盖隆等，1993：357）

就翻译而言，定性分析是指确定某一概念在目标语中可能有哪些表达方法，而定量分析则是确定这些不同的表达方法在目标语中使用的频率，从而选择最准确、最常用、最符合英语习惯的表达方法。前者回答"是什么"，后者回答"有多少"。一般来讲，翻译应先定性，后定量，再定性，定性定量相结合，提高翻译质量。

（二）定性、定量分析方法的应用

定性与定量分析法，总结起来就是两个字："查"和"选"。常见的定性、定量分析方法是查阅词典、图书、报刊、语料库和网站。网络资源信息很多，特别是在大数据时代，可以说是"海量"，但最后还需靠自己的判断力，选取最合适的对应字、词、句等。图8.1为常见的定性、定量分析查询方法。

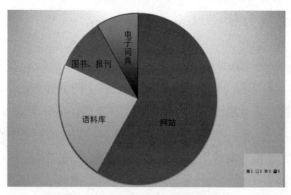

图8.1 定性、定量分析查询方法

查阅纸质的英汉或汉英词典，最权威，但因词汇的收录时间、收录范围等受到一定限制，需要借助电子词典，因为网络与时俱进，更新快。译者可两者相结合，对纸质词典提供的译法依靠网络搜索引擎做进一步的定性、定量分析，例如在线百科全书、语料库、术语库等，以判断译法是否符合目标语的用语习惯。

定性分析常用的方法是猜测、查字典和参考平行文本。李长栓（2009）对定性方法在非文学翻译中的运用进行了总结，提供了可操作性的方法。

1. 猜测

如果一时找不到待译词的对等词，可通过猜测初步决定待译词的对等词。但猜测仅仅是一种假设，是定性、定量分析的第一步，在假设阶段就决定待译词的对等词，这是不负责的翻译方法。猜测出待译词的对等词后还应查字典，查完字典还可采用平行文本或其他方式进行交叉验证。

2. 查字典

英汉互译最常用的工具书也许是字典，但字典给出的翻译不一定可靠，提供的对等词可能有误，或不符合译入语的语境。查字典是调查研究的第二步，在许多情况下，查不到相关词条需要采用平行文本或其他方法。

3. 参考平行文本

通过查阅平行文本，可以发现词语的对应说法和有用的表达方式。但平行文本的质量不一，来源不一定权威，所以对平行文本中的说法还要做定性或定量分析才可放心使用。

关于定量分析，主要是看搜索引擎搜索结果的数量。搜索的结果越多，说明该字、词、短语越常见，可能越正确，但也不是绝对的（田传茂，2010：52）。有些说法使用频率较高，但不一定权威，还应查询网站域名检验其可靠性。汉译英，域名为英美国家网站的资料更可靠；英译汉，域名为中国网站的资料，如 *China Daily*, Xinghua News更权威，一切视语境而定。

小知识

如何查询域名？

以robotevents.com为例，使用网站whois.aliyun.com，在搜索栏内输入网址，截图如下：

域名信息查询（WHOIS） 域名所有者、到期日、所属注册商等信息想查就查

| robotevents.com | 查 询 |

阿里云首页 > 域名与网站 > 域名服务 > 域名信息查询（WHOIS） > 域名查询结果

域名 **robotevents.com** 的注册信息 ⑦

以下信息获取时间：2016-03-26 15:07:30　　获取最新信息

所有者 Registrant Name	Robotics Education and Competition Foundation
所有者联系邮箱 Registrant E-mail	no.valid.email@worldnic.com
注册商 Sponsoring Registrar	NETWORK SOLUTIONS, LLC.
注册日期 Registration Date(EDT)	2004年01月09日
到期日期 Expiration Date(EDT)	2018年01月09日

2018年01月09日前，域名可正常使用。请在2018年01月09日前及时续费延期。

查询结果如下：

详细英文注册信息如下

```
Domain Name: ROBOTEVENTS.COM
Registry Domain ID: 109621513_DOMAIN_COM-VRSN
Registrar WHOIS Server: whois.networksolutions.com
Registrar URL: http://networksolutions.com
Updated Date: 2015-01-29T00:28:55Z
Creation Date: 2007-08-22T21:44:12Z
Registrar Registration Expiration Date: 2018-01-09T05:00:00Z
Registrar: NETWORK SOLUTIONS, LLC.
Registrar IANA ID: 2
Registrar Abuse Contact Email: abuse@web.com
Registrar Abuse Contact Phone: +1.8003337680
Reseller:
Domain Status: clientTransferProhibited https://www.icann.org/epp#clientTransferProhibited
Registry Registrant ID:
Registrant Name: Robotics Education and Competition Foundation
Registrant Organization: Robotics Education and Competition Foundation
Registrant Street: 2285 S. Michigan Road
Registrant City: Eaton Rapids
Registrant State/Province: MI
Registrant Postal Code: 48827
Registrant Country: US
```

根据最后一行的"Registrant Country"可见"US",说明该网站注册于美国。以下为定性、定量分析在翻译实践中的运用方法。

例1. 中印两国正在同西方争夺"知识资本",努力建设一流大学,对高增值、技术密集型产业进行投资,利用事业有成的海外侨胞在祖国进行**创业活动**。

步骤一:定性分析

首先查询《必应词典》,结果如下:

对《必应词典》出现的不同译文,可使用牛津在线词典或其他在线词典进行定性分析。先查询第一个对应词"entrepreneur",结果如下:

entrepreneurship

1. the state, quality, or condition of being an entrepreneur, an organizer or promoter of business ventures.
2. the duration of a person's function as an entrepreneur.

See also: **Finance**

"CITE" -Ologies & -Isms. Copyright 2008 The Gale Group, Inc. All rights reserved.

再查询第二个对应词"entrepreneur activity",结果如下:

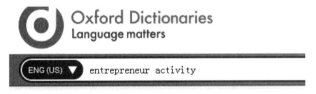

No exact match found for "entrepreneur activity" in US English

步骤二:定量分析

查询谷歌,结果如下:"entrepreneurship"7870000条;"entrepreneurship activity"470000条。

步骤三：域名分析

使用whois.aliyun.com对"entrepreneurship"和"entrepreneur activity"进行域名解析，结果如下：

[PDF] **defining entrepreneurial activity - OECD**
www.oecd.org/std/business-stats/39651330.pdf ▾ 翻译此页
作者：N Ahmad - 被引用次数：13 - 相关文章
concludes with a simple taxonomy of entrepreneurial activity based on the value ... The challenge for the EIP therefore is to define entrepreneurial activity in a ...

Entrepreneurship - Wikipedia, the free encyclopedia
https://en.wikipedia.org/wiki/Entrepreneurship ▾ 翻译此页
Entrepreneurship is the process of designing, launching, and running a new business, i.e. a ...... Deakins, D.; Freel, M. S. (2009). "Entrepreneurial activity, the economy and the importance of small firms". Entrepreneurship and small firms.
Entrepreneurship ecosystem - Karren Brady - List of entrepreneurs

[PDF] **entrepreneurial activity - Ewing Marion Kauffman Foundat...**
www.kauffman.org/~/media/.../org/.../kiea_2014_report.pdf ▾ 翻译此页
2014 - 被引用次数：234 - 相关文章
Figure 3: Kauffman Index of Entrepreneurial Activity by Race (1996–2013) ....
.... 9. Table 2: Kauffman Index of Entrepreneurial Activity by ...

What is entrepreneurship? definition and meaning
www.businessdictionary.com/definition/**entrepreneurship**.html ▾ 翻译此页
Definition of entrepreneurship: The capacity and willingness to develop, organize and manage a business venture along with any of its risks in order to make a ...

What is Entrepreneurship? | Entrepreneurship Definition
www.businessnewsdaily.com/2642-**entrepreneurship**.html ▾ 翻译此页
2016年3月21日 - If you want to start a business, understanding what an entrepreneurship is. The definition of entrepreneurship means starting a business from ...

Entrepreneurship | Kauffman.org
www.kauffman.org › What We Do ▾ 翻译此页
Entrepreneurs are critical to the long-term health of our economy. We work to advance entrepreneurship education and training, to promote startup-friendly ...

Martin Trust Center for MIT Entrepreneurship: Home
entrepreneurship.mit.edu/ ▾ 翻译此页
The Martin Trust Center for MIT Entrepreneurship provides the expertise, support, and connections needed for MIT students to become effective entrepreneurs.

域名解析表明，"entrepreneurship"多出现在欧美国家域名网站；而"entrepreneurship activity"多出现在非英语国家域名网站。通过定性、定量、域名分析，"创业活动"应译为"entrepreneurship"，其他译法如"entrepreneurship activity""entrepreneur activity""entrepreneurial activity"均为中式英语。

参考译文

China and India are competing with the West for "intellectual capital" by seeking to build first-class universities, investing in high-added and technology-intensive industries and utilizing their successful overseas compatriots to generate **entrepreneurship** in the motherland.

例2. 昨天，**交易大厅**内挤满了投资者和公司管理人员，当看到中国人寿保险公司的股票在上海刚开始交易的几分钟内价格就几乎涨了一倍，他们发出了阵阵欢呼声。

"交易"常译为"trading"或"transaction"，但在股票中哪一个更常用呢？"交易大厅"该如何翻译？

步骤一：

首先使用《必应词典》搜索"trading floor"，结果如下：

搜索"transaction floor"结果如下：

必应搜索搜到了两个不同的结果。为了确定正确译法，还应进行定量分析。

步骤二：定量分析

在谷歌搜索中分别搜索"trading floor"与"transaction floor"，结果如下："trading floor"5540000条；"transaction floor"6650条。

使用频率较高的词语不一定是最具有权威性的词语，也会出现误用的情况，因此还要对搜索结果进行网站的域名解析。

步骤三：域名分析

使用whois.aliyun.com分别对"transaction floor"和"trading floor"进行域名解析：

[PDF] Transaction Processing Rules - MasterCard
www.mastercard.com/us/merchant/pdf/TPR-Entire_Manual_public.pdf
Transaction floor limits set forth in Chapter 5 of the Quick Reference Booklet except with respect to Transactions occurring at Merchants located in the countries ...

Hung Hung Phat Real Estate Transaction Floor in Lam ...
www.myvietnampages.com/hung-hung-phat-real-estate-**transac**... ▾ 翻译此页
Hung Hung Phat Real Estate Transaction Floor is situated in Lam Dong , Vietnam.For further informati.

Century Real Estate Transaction Floor - Facebook
https://www.facebook.com/Century-Real-Estate-**Transaction-Fl**... ▾ 翻译此页
Century Real Estate Transaction Floor, Bac Ninh. 11 likes · 20 were here. Small Business.

Transaction Floor - 城开中心
www.udcncenter.com/en/Office/businessstorey.aspx ▾
Transaction Floor. Comprehensively Meet the Requirements of Corporate Headquarters

Trading Floor Definition | Investopedia
www.investopedia.com/terms/t/**trading_floor**.asp ▾ 翻译此页
The floor where trading activities are conducted. Trading floors are found in the building of various exchanges, such as the New York Stock Exchange and the ...

Social trading, news & analysis | Saxo Bank TradingFloor
https://www.**tradingfloor**.com/ ▾ 翻译此页
Follow Saxo Banks experts or participate yourself on our Social Trading platform. Listen to the experts and copy their best trades directly into your trader!
Eurusd - Forex - In opinion - Calendar

Trading room - Wikipedia, the free encyclopedia
https://en.wikipedia.org/wiki/**Trading**_room ▾ 翻译此页
A trading room gathers traders operating on financial markets. The trading room is also often called the front office. The terms "dealing room" and "trading floor" ...
Origin - Context - Businesses - Organization

Open outcry - Wikipedia, the free encyclopedia
https://en.wikipedia.org/wiki/Open_outcry ▾ 翻译此页
Open outcry is the name of a method of communication between professionals on a stock exchange or futures exchange typically on a trading floor. It involves ...

Virtual Trading Floor - Online Trading Community - T3 Live
https://www.t3live.com/index.php/virtual-**trading-floor**.html ▾ 翻译此页
The Virtual Trading Floor® is a dynamic online community of traders. Subscribers can listen to audio from professional traders, view actual positions that update ...

通过以上定性、定量、域名分析，"trading floor"使用更为广泛，且域名为英美国家。因此，交易大厅应译为"trading floor"。

参考译文

When the price of China Life shares almost doubled in the first minutes of trading in Shanghai yesterday, the news was greeted with cheers from investors and company executives crowding thronging the **trading floor**.

例3. 游戏《绝地求生》中，最后的胜利者屏幕左上角会出现"Winner Winner Chicken Dinner"字样，如图所示。试翻译"Winner, Winner, Chicken Dinner"，并进行定性、定量分析。

步骤一：定性分析

首先查询Urban Dictionary，了解"Winner Winner Chicken Dinner"的基本意义，如下：

2 ♡

winner winner chicken dinner

Winner Winner Chicken Dinner
The legend tells that years ago every casino in Las Vegas had a three-piece chicken dinner with a potato and a veggie for $1.79. A standard bet back then was $2, hence when you won a bet you had enough for a chicken dinner. !"

So, the call of glorious victory rang out "Winner Winner Chicken Dinner

by Jose Carlos May 08, 2007

查询得知，"Winner Winner Chicken Dinner"这一说法来自拉斯维加斯的赌场。多年前，赌场都供应一种鸡肉饭，每份1.79美元。标准赌局为赢一次2美元，每赢一局，可买一份鸡肉饭。

3 ♡

Winner Winner Chicken Dinner

To win something, usually of small importance, as in a carnival game. The phrase is used to signify the value of the prize. As in a chicken dinner can be had for the same value.

意为因一些小事赢取奖励，比如赌局。这句话是用来表示奖品价值就像一顿鸡肉晚餐。

Top definition ♡

winner winner chicken dinner

Phrase used to convey a positive outcome.

此用法最常用，用来传达积极的意义和结果。

了解 "Winner Winner Chicken Dinner" 的来源和基本意思后，查字典或网站进行初译。

百度翻译：

有道翻译：

谷歌翻译：

游戏玩家翻译：大吉大利，晚上吃鸡。

步骤二：定量分析

以上四种译法还需定量或域名分析，定量分析结果如下：

百度：赢家赢家鸡晚餐。254000条。

有道：冠军得主鸡肉晚餐。36700条。

谷歌：优胜者鸡肉晚餐。70条。

游戏玩家：大吉大利，晚上吃鸡。496000条。

定量分析结果表明，"大吉大利，晚上吃鸡"频次最多，译法最通用，且《绝地求生》为一款游戏，与赌场语境吻合，因此将"Winner Winner Chicken Dinner"译为"大吉大利，晚上吃鸡"最恰当。如果有疑虑，还可用网站域名或平行文本等方式进行验证。

翻译练习

翻译下列句子，并对文中黑体字进行定性、定量分析。

1. 这种风险不对称性延伸到了**美联储**的信誉。
2. 针对**稠油**热采层位的问题，研制了一种耐高温、高压的不动管柱热采井口光杆密封装置。

二、交叉验证

从众多的对应词中甄选最符合语境的词汇，在微观的视角下解决字、词、句的翻译，是对职业翻译的要求。在大数据时代，仅凭手中几部词典，已经赶不上信息时代日新月异的变化。词典内容有限，不能穷尽所有词汇和语言背后的文化，而互联网强大的搜索功能为译者提供了搜索，查询，排除，检验字、词、句等的工具，也为交叉验证提供了便利，解决翻译过程中遇到的疑点、难点。

（一）交叉验证法的定义

交叉验证通过多角度、多层次对比，反复求证，最终得到精准的译文，是一种科学有效的验证手法。具体来讲，交叉验证就是利用词典提供的释义、例句和词源信息等，并通过不同词典和资料相互印证，把握字、词、句的准确含义和用法，从而准确地传达原文的意义。

对于大多数译者而言，习惯使用传统翻译工具，如英汉或者汉英词典，但英汉、汉英词典的释义和例句只能给译者一些参考，并不能作为最后的选择。对于众多的释义、例句，特别是开放的互联网释义，负责任的译者还需在英英词典、百科词典、语料库、平行文本中进行交叉验证，确定译入语是否符合目标语的语境。

（二）交叉验证法的应用

翻译一篇文章时，译者首先应通读原文，通过查阅英汉、汉英词典，找到待译词的若干对等词；再通过反查英英词典等，将每一个对等词的具体用法、语境等查出来，得出准确的意思和规范的用法；了解用法以后，再从这些对等词中选择最佳项。图8.2反映了汉英交叉验证法获取对等词的过程以及应用方法，也可运用于英汉翻译。交叉验证法也适用于词组、句子和段落翻译的验证。

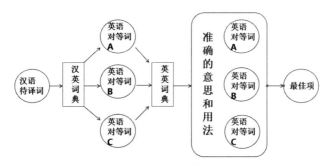

图8.2　汉英交叉验证过程和应用方法

例1. Boston's compact Downtown encompasses both the colonial heart and the contemporary core of the city. This assemblage of compressed red-brick buildings tucked in the shadow of modern office towers may seem less glamorous than other American big city centers, but the sheer concentration of historic sights here more than makes up for whatever's lacking in flash. During the day, there's a constant buzz of commuters and tourists, but come nightfall, the streets **thin out** considerably.

第一步：用《必应词典》查询"thin out"的基本意义，查到以下释义：1. 间（苗）；2.（听众）减少；变薄。

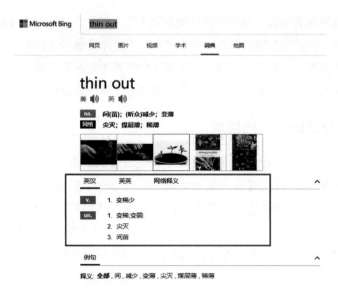

第二步：用谷歌查询"thin out"的英文释义，对三个待译词进行甄别、验证。

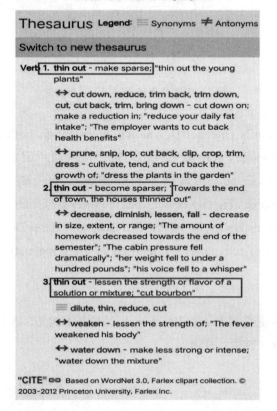

第三步：根据第二个英英释义，"thin out"意为"become sparser"，并有例句为证：Towards the end of town, the houses thinned out. 原文描写波士顿白天熙熙攘攘，夜晚人流减少，一片宁静，白天和夜晚形成鲜明对比，根据语境，可取意译为"街上人流减少"，或引申译为"街上便恢复了宁静"。

参考译文

熙攘繁华的波士顿市区无论在殖民地时期还是如今都是城市的中心地带。众多古老的红砖建筑掩映在林立的现代化办公大楼中，这似乎让波士顿市区看上去不如美国别的大城市的市区那样富有现代气息，但是密布的历史景观弥补了任何缺乏现代化气息的缺憾。白天，乘客和游客往来穿梭熙熙攘攘，不过每当夜幕降临，街上便**恢复了宁静**。

例2. 习近平在二十大指出：全力推进全面建成小康社会进程……积极发展社会主义先进文化，突出保障和改善民生，集中力量实施脱贫攻坚战。用《必应词典》查询"改善民生"，待选词如下：

改善民生

网络 improve people's livelihoods; improve people's wellbeing; Livelihood improvement

"改善民生"3个对应待选词分别是"improve people's livelihood""improve people's well-being""livelihood improvement"，哪一个才是最适当的译法呢？可用交叉验证法进行验证。

根据《必应词典》中第1种和第2种译法，"改善民生"中的"改善"可译为"improve"或"improvement"，不同点在"livelihood"和"well-being"两个搭配词上。查询《柯林斯英语大词典》，"livelihood"和"well-being"两个词的意义如下：

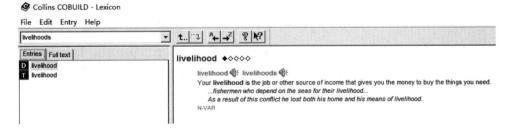

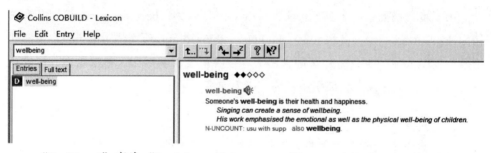

"livelihood"意为"the job or other source of income that give you the money to buy the things you need",偏向"生计来源",后者是指"health and happiness"（"健康、幸福"），那么，"民生"在中文中又是什么意思呢？

查询百度百科得知："民生"是"民众的生计"之意，从微观上讲，主要是指"衣、食、住、行"等生活事项。从广义上讲，就是指人民的"健康、幸福"，具有高度的重要性和高度的综合性。

"民生"一词是中国政府工作报告、党和国家领导人讲话中的高频词，因此可通过*China Daily*查找平行文本进一步验证，下文是习近平主席在中国共产党第二十次全国代表大会报告的部分截图：

五年来，我们坚持加强党的全面领导和党中央集中统一领导，全力推进全面建成小康社会进程，完整、准确、全面贯彻新发展理念，着力推动高质量发展，主动构建新发展格局，蹄疾步稳推进改革，扎实推进全过程人民民主，全面推进依法治国，积极发展社会主义先进文化，突出保障和<u>改善民生</u>，集中力量实施脱贫攻坚战。

Over the past five years, we have continued to strengthen the overall leadership of the Party and the centralized, unified leadership of the Central Committee. We have devoted great energy to finishing building a moderately prosperous society in all respects. We have fully and faithfully applied the new development philosophy on all fronts, focused on promoting high-quality development, and worked to create a new pattern of development. We have pursued reform at a swift and steady pace, made solid progress in developing whole-process people's democracy, and advanced law-based governance across all fields of endeavor. We have actively developed advanced socialist culture. We have ensured and improved public wellbeing as a matter of priority and pooled resources to wage a critical battle against poverty. We have made a big push to enhance ecological conservation.

从以上验证得知，"people's livelihood"主要是指"衣、食、住、行"等生活事项，而"public well-being"主要是指"健康、幸福""社会福利"等。前者是微观概念，后者是宏观概念，两个意义上是有差别的。"民生"是二十大热词，且已有官方译文，因此译为"public well-being"或"people's well-being"更佳。

参考译文

We have devoted great energy to finishing building a moderately prosperous society in all respects... We have actively developed advanced socialist culture. We have ensured and improved public well-being as a matter of priority and pooled resources to wage a critical battle against poverty.

特别提示

交叉验证可以通过定位关键词，查询英汉词典、英英词典辨析词义，最后通过平行文本进行验证，也可以利用电子工具翻译，对比所得译文，然后再搜索平行文本进行验证，选取最佳译法。

翻译练习

1. 翻译下列句子，并对关键词"生命力"做交叉验证。

   全党要坚定信心、奋发有为，让中国特色社会主义展现出更加强大的**生命力**。

2. 翻译下列句子，并对关键词"水利"做交叉验证。

   这一系统已成功应用于测绘、电信、**水利**、渔业、交通运输、森林防火、减灾救灾和国家安全等诸多领域，产生了显著的经济收益和社会效益。

三、回译

回译是相对于原译而言的，是将译语又译回源语的过程。作为一种翻译教学手段，回译主要用来进行语言对比，分析语言之间的差异，找出翻译的一般规律（王永胜，2018:126）。回译也是一种训练方法，通过对比原文、译文和回译文本，提高译者对"忠实"与"叛逆""译"与"不译""过译"与"欠译"的理解，从而更好地把握翻译的尺度。

一般来讲，细心的译者会对照原文审视自己的译文，检查译文是否准确地表达了原文的意义，但一些认真的译者还会将自己的译文作为源语回译成译语，这是一种"有意而为之"的翻译行为。通过回译，译者可以发现哪些语言、文化元素在翻译过程中被外国译者有意识或无意识地忽视或丢失，从而探索出英汉互译更加有效的翻译方法。

通过回译，还可以了解原作者的主体意识、政治立场和价值取向；用回译进行英汉对比，可以研究原作者和回译者采取的不同的写作或翻译方法，从而提高译文在目标语中的可接受性。回译也是校对、修改译文的一种方法，可发现译文中的错误或不足之处，修改译文，从而提高译文的准确性。

（一）回译的定义

顾名思义，回译就是将已经翻译好的译文再次翻译回原文，这种翻译方法英语称为"back-translation"。不管译者是否承认，他或她永远都扮演着一个"再创作者"的角色。正因为如此，从"翻译过程"到"回译过程"，亦即从"原作"到"译作"的历程。虽然文本的语言形式返回到了初始状态，但语言内容不可能是初始状态的复制品。文本内容的变化：A—A'—A"，即是回译检验译文最可信赖的资料和依据（冯庆华，2002：435），见图8.3。

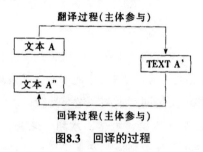

图8.3 回译的过程

非文学翻译多为信息型文本，强调信息准确，其源语文本与译语文本，无论是语言特征和语言结构都有较大的相似性。因此，非文学翻译中的信息型文本回译性强度较高，可实现译文与原文交际功能呼应；通过原文与回译文本比较，也可以检查译者英汉互译的不足之处，提高译文的质量。

例1. Whoever wins the next election, taxes are likely to go up.

译文： 不管谁在下一届选举中胜出，税收都可能提高。

回译： Whoever becomes the next Prime Minister, taxes are likely to increase.

该句原文与译文句子结构一致。回译结构相似，用词有所不同。总体来看，语言相似度高，属于回译性较强的译文。两相比较，原文句式更佳，质量更好；而回译偏离原意，句式头重脚轻，说明译者的翻译能力有待提高。

例2. In climatology, spring is the season of the year between winter and summer during which temperatures gradually rise.

译文： 气候学中，春天是一年中冬夏之间气温逐渐升高的季节。

回译： In climatology, spring is the season of the year between winter and summer when temperatures rise gradually.

该句源语与译语句子结构一致，词汇一一对应。回译时，译者根据自己的目标语表达习惯，选择了不同的从句引导词，而其他部分基本一致，回译文本与原文关联度高。两相比较，回译更简洁，质量更好，说明译者翻译能力较强。

例3. Even before the first robot was built, the subject of robotics was controversial.

译文：早在第一个机器人制造出来之前，机器人学就已是一个颇具争议的话题。

回译：Even before the first robot was built, robotics had been a controversial topic.

原文与译文结构对应，语言一致。回译时，第一个分句与原文完全相同，第二个分句中，译者根据自己对译文的理解使用过去完成时态，并用"topic"代替"subject"表示"话题"。两相比较，原文与回译文质量难分伯仲，说明译者储备了各种词汇，翻译方法灵活多样。

（二）回译的强度

根据回译强度，回译文本可划分为四个类型——完全可回译的译文、回译性较强的译文、回译性较弱的译文，以及没有回译性的译文。

1. 完全可回译的译文

例：Her name is Lucy. This is an apple.

译文：她的名字是露西。这是一个苹果。

回译：Her name is Lucy. This is an apple.

中英文意思是完全对应的，回译与译文无异，属于完全可回译的译文。

2. 回译性较强的译文

例1. Apple has canceled its longstanding free-of-charge return policy in Hong Kong and Macao.

译文：苹果取消了在香港和澳门地区一直以来实行的免费退货政策。

回译：Apple has scrapped its longstanding free-of-charge return policy in

Hong Kong and Macao.

例2. Transgenic plants and animals result from genetic engineering experiments.

译文：转基因动植物是遗传工程实验的产物。

回译：Transgenic plants and animals are products of genetic engineering experiments.

以上回译虽然不能与原文做到词语、句型一一对应，但译文注意使用目标语的用语和表达方式，做到了译文与原文的交际功能相呼应。

3. 回译性较弱的译文

例1. After graduation, you'd better put some money by for a rainy day.

译文：你们毕业后最好积蓄一些钱以备不时之需。

回译：You'd better save some money for emergency after your graduation.

由于英国四面环海的地理位置，英语有许多和天气有关的习语。"for a rainy day" 在英语中意思是"以防不时之需"。回译不仅是语言转换，也是跨文化交际，切不可望文生义，译成"下雨天"。

例2. It was a Dutch feast.

译文：宴会上，主人先醉了。

回译：The host was the first to get drunk at the feast.

Dutch在英语中很多时候是个贬义词。17世纪，由于商业和领海纷争，荷兰与英国打了三次仗，均以失败告终，傲慢的英国人因此得意扬扬，创造了很多词语嘲笑、挖苦荷兰人。"Dutch feast"在英语中的意思是"主人先醉的酒宴"。回译时，若没有相关的历史背景知识，就可能误译，甚至闹出笑话来。

4. 没有回译性的译文

回译译文变异程度大小与顺译译文质量好坏密切相关，同时也与译者主体的因素密切相关（丁科家，2012：26）。没有回译性的译文，更多的是译者的编译，或者说是在原文基础上的改译创作。如一些文学翻译作品，由于译者过分操纵文本，导致源语与译文在语言特征和结构上差异很大，几乎没有回译的可能。

土耳其诗人写的*I Am Afraid*被译为普通版、文艺版、诗经版、五言诗版，甚至

"女汉子版"等不同版本，成为没有回译性的"神翻译"。

I Am Afraid

You say that you love rain,

but you open your umbrella when it rains...

You say that you love the sun,

but you find a shadow spot when the sun shines...

You say that you love the wind,

But you close your windows when wind blows...

This is why I am afraid;

You say that you love me too...

我为君忧

恋雨偏打伞，爱阳却遮凉。

风来掩窗扉，叶公惊龙王。

片言只语短，相思缱绻长。

郎君说爱我，不敢细思量。

（三）回译的原则

译文与原文的相似度是每一位译者追求的目标。译文与原文之间语言、文体、风格的相似度可以用来评价译文的质量，相似度越高、译文质量就越好。通过回译，可以验证译文与原文本之间的相似度，辨认译者在追求语言相似度方面达到的层次，以便修改、润色译文，使译文在最佳程度上与原文在意义、文体、风格上"对等"或"相似"。回译应遵守以下原则：

1. 贴近原文的文体风格。文体风格是原文和译文文本关联的重要指标之一，也是交际功能呼应的显性指标，译文与原文两个文本没有关系，就不是翻译，如将 I Am Afraid 译为文艺版、离骚版、诗经版、五言诗等就严重歪曲了原文的风格，成为"神翻译"。

2. 贴近原文的语言特征。如中国典籍的回译，应回译成原有的语言形式。"wrote to the court"，不宜译为"给朝廷写信"这样的白话文，而应译为"启奏"；"senior courtiers"不宜译为"资深的朝臣"，应译为"老臣"。

3. 无本/有本回译。由于有些作者、译者过度释义或采用归化翻译，导致一些著作出现"无本回译"的现象（王宏印，2015: 3）。回译引用的原话、文献等，不可照文直译，也不可意译、释译或编译，应尽量查找原话、原文、文献的出处，回译为原文。

4. 人名地名回译。1997年，联合国第三届地名标准化会议决定采用《汉语拼音方案》作为中国地名拼法的国际标准，威妥玛拼音（Wade-Giles romanization）正式停止使用，但仍有许多人名、地名及其他词汇由于长期使用形成的习惯还保留着威妥玛以及邮政式拼音的拼法，如宋美龄Soong May-ling；香港Hong Kong；青岛啤酒Tsingtao Beer；功夫Kungfu等。对于人名、地名等历史形成的称谓，回译应遵循名从主人、约定俗成的原则。

案例研究

1998年，安东尼·吉登斯（Anthony Giddens）所著《民族—国家与暴力》一书出版。译著出版发行之后，读者发现一些译名不规范，其中最大的误译莫过于该书中的这段翻译：

原文：Mencius's aphorism that "In the sky there is only one sun and above the people there is only one emperor" could apply to the outlook fostered by all large empires.

译文：门修斯的格言"普天之下只有一个太阳，居于民众之上的也只有一个帝王"，可以适用于所有大型帝国所建立的界域。

查阅所有的中国古代文献，没有"门修斯"这样的人。如果译为"门修斯"，读者会误认为中国古代曾有一位不为人知的圣人。英文Mencius即中国先秦思想家孟子，回译时应遵循名从主人、约定俗成的原则，不能采取音译或其他人名翻译方法。其次，文中的引言记载于《孟子·万章章句上》，原文为"天无二日，民无二王"，而非"普天之下只有一个太阳，居于民众之上的也只有一个帝王"。此话也非孟子所言，实则出自孔子之口，应勘误或加译者注。回译引言、著作、文献的名称，应采取严谨的态度，根据原话、原文献译出。

翻译练习

将下列句子翻译成中文，根据中文回译成英文，将自己的英译与原文做简要对比分析。

1. The Agenda, endorsed and launched at the UN Summit for Sustainable

Development last year, is a blueprint for eradicating poverty across the world.

2. Converting literary content to films, TV or web series, and games is a rising trend in China's entertainment world today.

3. Yahoo acknowledged on Thursday that data for at least 500 million user accounts was stolen from the company's network in late 2014 by what it believes was "a state-sponsored actor."

4. In its annual report on the sector the USDA cited industry analyses estimating that 90 per cent of domestic sugar manufacturers were operating at a loss by March of this year.

5. Despite the exciting advancement, the system still requires a huge amount of processing power, which means it will be a while before the technology appears in the likes of Siri.

本章小结

　　本章论述了交叉验证法、定性定量方法和回译。定性研究具有探索性、诊断性和预测性的特点，不追求精确的结论，但有定性研究而没有定量研究只是对事物大致的认识，科学的翻译方法是定性与定量研究相结合，常见的定量定性分析方法是查阅词典、图书、报刊、语料库和网站搜索。回译是译文复检和提升译文质量的手段之一，通过回译在一定程度上可提升译者英汉互译的能力和水平。回译应贴近原文语言特征和文本风格，好的回译接近原文的交际功能，而没有回译性的译文，更多的是译者的编译，或者说是在原文基础上的改译创作。

课后练习

一、改错题

　　找出下列句子译文的不当之处，并用交叉验证法修改译文。

1. 金融监管改革虽有明显进展，但高杠杆、高泡沫等风险仍在积聚。

Despite notable progress made in financial regulatory reform, the risks of high leverage and bubbles continue to build up.

2. 就业稳，城镇新增就业1322万人，高于上年。价格稳，居民消费价格上涨2%。

Career remained robust, with 13.22 million new urban employment created, which is higher than the figure for the previous year. Prices were stable, with the CPI rising by 2%.

3. 知识是其中最重要的，但其他要素，如守时观念、健康状况等也十分重要。

Knowledge is the most important of these, but other factors, from punctual idea to the state of someone's health, also matter.

二、翻译题

翻译下列句子，并对下画线部分进行定性与定量分析。

1. 中国推崇"和而不同"，欧盟倡导"多元一体"，14亿多中国人与7亿多欧洲人命运相连、前途相关，中欧在不同文明包容互鉴中可以成为引领。

2. 上海合作组织发展既面临难得机遇，也面临严峻挑战。"三股势力"、贩毒、跨国有组织犯罪威胁着本地区的安全稳定。受国际金融危机影响，各国经济发展都不同程度地遇到困难，进入调整期和恢复期。

3. 当前亚洲形势总体稳定，和平、发展、合作已成为前进中亚洲的主流。经过共同努力，亚洲有关国家摆脱了金融危机的阴影，战胜了非典和禽流感疫情的冲击，经济结构调整取得成效，产业升级换代步伐加快，区域合作方兴未艾，抗御风险能力不断增强。

三、回译题

回译下文，注意回译文本的语言和风格特征。

1. The Queen Mother of the West was undoubtedly the most popular deity in Sichuan. She seems to combine notions that originated in several different parts of China. A deity of this name is mentioned in passages of uncertain date (anywhere from the fourth to the first century BC) in the *Zhuangzi*, which in describing the Dao says: "Xiwangmu obtained it and took up her seat in Shaoguang; nobody knows her beginning or her end."

2. When the Emperor first came to the throne [246BC], he began digging and shaping Mt. Li. Later, when he unified the empire [221BC], he has over 700,000

men from all over the empire transported to the spot. They dug down to the third layer of underground springs and poured in bronze to make the outer coffin. Replicas of palaces, scenic towers, and the hundred officials, as well as rare utensils and wonderful objects, were brought to fill up the tomb. Craftsmen were ordered to set up crossbows and arrows, rigged so they would immediately shoot down anyone attempting to break in. Mercury was used to fashion imitations of the hundred rivers, the Yellow River and the Yangtze, and the seas, constructed in such a way that they seemed to flow. Above were representations of all the heavenly bodies, below, the features of the earth. "Man-fish" oil was used for lamps, which were calculated to burn for a long time without going out.

四、分析题

分析下列句子回译的强度，并说明应采取什么样的翻译策略和方法。

1. President Donald Trump has announced that the US is withdrawing from the 2015 Paris Climate Agreement.

2. In Berlin, Coulter saw German staff of a Fortune 500 company being briefed from their Californian HQ via video link.

3. Towers, domes, balanced rocks, and arches have been formed over millions of years of weathering and erosion, and the process continues, constantly reshaping this fantastical rock garden.

4. 遇龙河是一条流淌着一江风情，充满灵气的"小漓江"，古称"安乐水"。

5. 紫禁城分为两部分，前面部分有三大殿。皇帝在这里处理朝政，主持重要仪式。紫禁城内所有建筑物的屋顶都是黄瓦，黄色只有皇帝才能使用。

6. 黄山自古云成海，云流动在千峰万壑之中，浩瀚天际，壮丽非凡。峰尖浮海，犹如孤屿，时隐时现，似见非见，瞬息万变，气象万千。变幻莫测的云海与朝霞、落日相映，色彩斑斓，壮美瑰丽。

第九章

译者注和批注

翻译的最高目标是让译语读者从译文中获取的交际信息等同于源语读者从原文中获取的交际信息（廖七一，2002：233）。但是由于中外语言、文化背景不同，读者未必能同译者一样了解原文的背景、语言、文化，这时译者注就成了一种重要的翻译补偿和解决问题的手段。英汉是两种不同的语言体系，存在一定的"不可通约性"。译者以批注的形式记录自己对原文、译文的理解，调查研究的过程以及对疑难问题的思考，有助于发现问题、解决问题，提高译文的质量和自己的翻译能力。译者注、批注是一项贯穿于译者翻译过程的活动。无论译前、译中，还是译后，译者都应养成良好的翻译习惯，对原文、译文做必要的注释，以便取得更好的翻译效果（本章与其他内容的关系，见自序图1）。

一、译者注

译者注反映了译者的政治立场、文化意识以及翻译过程中对翻译策略的选择和心得体会。当翻译作品所体现的内容不能完全表达出原著承载的背景和原文的意义时，译者注便为此类问题提供了解决方案，为译本的广泛传播提供可能性。著名翻译家严复翻译《国富论》（*The Wealth of Nations*）译者注、批注甚多，既有说明性批注，也有纠错性批注，共317处，其中中文33处、英文284处，以下是严复翻译《国富论》手批截图之一。

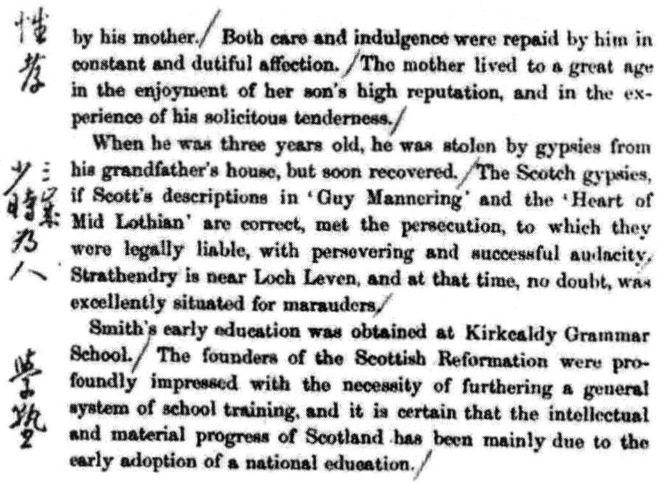

by his mother./ Both care and indulgence were repaid by him in constant and dutiful affection. /The mother lived to a great age in the enjoyment of her son's high reputation, and in the experience of his solicitous tenderness./

When he was three years old, he was stolen by gypsies from his grandfather's house, but soon recovered. /The Scotch gypsies, if Scott's descriptions in 'Guy Mannering' and the 'Heart of Mid Lothian' are correct, met the persecution, to which they were legally liable, with persevering and successful audacity. Strathendry is near Loch Leven, and at that time, no doubt, was excellently situated for marauders./

Smith's early education was obtained at Kirkcaldy Grammar School./ The founders of the Scottish Reformation were profoundly impressed with the necessity of furthering a general system of school training, and it is certain that the intellectual and material progress of Scotland has been mainly due to the early adoption of a national education./

图9.1　严复手批（Smith, 1880, Vol. I: vi）

从严复的译者注、批注中，可探究译者的主体意识、文化身份、翻译策略和方法，如“译”与“不译”“留”与“不留”“异化”与“归化”等。严复《国富论》底本手批分为五类：（1）质疑式批语；（2）评价式批语；（3）感想性批语；（4）联想式批语；（5）补充式批语（刘瑾玉，2015：35）。以下为严复的四个译者注。

译者注一

一千七百三十九年，英与西班牙战，先是英之无事者几三十年，一旦远出长征，其勇锐冠军为旁观所惊叹。①

① 乾隆四年（一七三九），英国讹传西班牙在南美洲虐用其民，由是启衅——译者注

这是一则说明性注释，也是一则文化注释。严复在此处增加历史知识，补充了原文中“远出长征”的背景知识，“英国讹传西班牙在南美洲虐用其民，由是启衅”表明了译者的政治态度。

译者注二

此为欧洲兵制置用额兵之始，亦即为一国并兼数部号英拜尔④之始，载诸史传，亦世运之一变局也。

④ 英拜尔，近人译帝国，亦译一统，或译天下。亚洲之英拜尔若古印度、波斯，今日本皆是。其欧洲则古希腊、罗马、西班牙、法兰西，今俄、

英、德、奥，其王皆称帝者也——译者注

这是一则说明性注释兼语言注释和文化注释。严复在这里加注，说明"英拜尔"为译音，即英文empire一词，因为欧洲一些国家的国王也称帝。

译者注三

目论浅夫亲见火器凶威之烈，则致憾于创制火药之民③，精进火器之工，以谓虔刘之灾，彼实作俑。

③ 其物实始于中国——译者注

这是一则纠错性译者注，注释火药实际上是中国发明的，纠错是为了维护民族尊严，体现了严复的主体性和民族意识。

译者注四

This rise too in the nominal or money price of all those different sorts of rude produce has been the effect, not of any degradation in the value of silver, but of a rise in their real price.

此段严复未译，但在原稿上打了一个"X"号，这说明严复并非因疏忽漏译，而是有意不译。在此句的结尾，严复加了一个案语，也可视为译者注的一种形式，原文的涵义和译者见解以案语的形式出现在译文中：

案：华人尝言西国税重，中国税轻，西国物贵，中国物贱。二皆实录，而常俗之情且即以此为民生乐业之据。而岂知吾中国所以贫弱之由，即在此欲税重而不堪，欲物贵而不能之故乎？

（一）译者注的定义

译者注，亦称"译注"，是翻译作品的一部分，与译序跋、标题、插图、封面、后记等同属"副文本"。译者注并非可有可无，而是一种翻译方法，无论对译者还是读者都具有重要价值。曹明伦（2005：88）提出："当注必注，不偷懒懈怠；点到为止，不画蛇添足；准确精当，不误导读者；客观合理，不为注而注；随文注释，方便读者；标记清楚，体例统一。"此言为翻译注释的指南，译者应谨记。译文是否加注，取决于文本内容和体裁；翻译过程中是否批注，则取决于译者的翻译习惯。

（二）译者注的作用

首先，译者注是译者翻译的一种表现形式，它不仅仅是对原作的补充，也反映了译者所处的政治立场、意识形态和个体选择，彰显译者参与文化调停的身份，是译语文化领域的诗学、意识形态、文化传统等各方面因素调和妥协的结果。其次，译者注的阐释学价值是其对文本的历史背景、风情民俗、典章制度、新奇语言特征等做出的注解和阐释，它在一定程度上为读者扫除阅读和理解障碍，避免理解陷阱，实现文本意义的增值（黄艳群，2016：32）。

例1. 因此，日本人以金河路上的此房为基地强行在成都开办了领事馆。成都人民为了反对日本帝国主义者在成都开办领事馆，曾经在 1926 年将这里的领事场所予以捣毁。1931年"九一八"事变[①]后，这个非正式的领事馆在成都人民的强烈抗议之下不得不关闭。

译文：Nevertheless, the Japanese used the house on Jinhe Road as a base to forcibly establish a new *de facto* consulate. Chengdu citizens acted out in opposition of the Japanese imperialists, attacking the premises in 1926. After the September 18 Incident[①] in 1931, a wave of protests in Chengdu forced the unofficial consulate to finally close.

① The September 18 Incident refers to the opportunistic Japanese seizure of Mukden in Manchuria (now the city of Shenyang in Northeast China). This event prompted Japan's full military occupation of Manchuria and establishment of the Manchukuo puppet state in February 1932. [Translator's note]

（朱华 译）

"满洲"作为常用地理名称始于清末。帝国主义列强入侵我国东北，妄称我国东北三省为"满洲"，并以吉林省长春为界，分称"南满""北满"。1931年日本帝国主义侵占东北后，又将此名移作伪政权名，把所成立的傀儡政权称为"满洲帝国"。译者没有将"九一八"事变译为"The Mukden Incident"（"满洲事件"），而且还加了一则译者注，还原历史，澄清视听，阐明了自己的政治立场，反映了译者强烈的国家意识、民族意识。

例2. Their cosy homes were bit newly built when the desperate tides of the civil war[①] surged round them. Half a century later they formed part of the army which "swore terribly in Flanders, " and in fifty years more they were laying the foundations of our great Indian empire. Then the arid fields of Spain saw them as they followed the Iron Duke[2] through the dogged years of the Peninsular War[3], and they took part in his crowning triumph at Waterloo. Later still, India knew them once more, and the snowy trenches of the Crimea[4], and but yesterday Afghanistan, Egypt, and South Africa called them forth again.

译文：他们刚建好小巧舒适的新家，便卷入了疯狂的内战旋涡。半个世纪以后，他们又加入部队，在"佛兰德信誓旦旦"。五十多年时间内，他们为大印度帝国奠定了基石。接着，西班牙干枯的田野目睹他们跟着"铁公爵"征战伊比利亚半岛，历尽艰辛；还看到他们分享滑铁卢辉煌胜利的喜悦。后来，他们再次光临印度，克里米亚雪地的战壕也一睹他们的雄风；昨天，仅仅在昨天，阿富汗、埃及与南非便又在召唤他们了。

① 指1642—1651年间英王查理一世与议会之间的斗争。——译者注

② 指威灵顿公爵（1769—1852）。他率英军参加了西班牙人民抗击拿破仑的战争。在伊比利亚半岛战役中，消灭了法军的有生力量。在滑铁卢大战（1815）中，对击败拿破仑发挥了关键作用。——译者注

③ 指伊比利亚半岛战争。——译者注

④ 指1853—1856年间的克里米亚战争。1854年3月，英法联合对俄宣战。英法联军获胜，但损失惨重，英军因疾病和延误治疗受到重创。——译者注

（《农舍概述》，陈宏薇 译）

这是一则英译汉文本。原著中有许多历史人物和历史事件，大多数中文读者对其比较陌生，如1642—1651年间英王查理一世与议会之间的斗争、伊比利亚半岛战争、1853—1856年间的克里米亚战争等，也有许多历史人物，如查理一世、威灵顿公爵等。加上译者注，有助于读者了解当时的历史事件和历史人物，也可视为对译文的一种补偿，实现了文本意义的增值。

翻译练习

简要分析文中译者注的作用。

1. 此类书信之内容，大致命教皇遣送熟知我辈基督教律，通晓七种艺术①者百人来。

① 七艺者，即中世纪时的博士习知之文法、伦理学、修辞学、算数、几何

学、音乐、天文学等七种学术，并非指中国之七艺。况且中国只有六艺，日礼、乐、射、御、书、数。——译者注

（《马可·波罗行纪》，冯承钧　译）

2. 全世界同不少国土的鞑靼皇帝忽必烈汗，聆悉波罗弟兄二人所言拉丁人一切事情后，甚喜。自想命他们为使臣，前往教皇所（Apostolle）[②]。

　②法文之Apostplle，拉丁语作Apostolicus，乃中世纪时法国著作家常称教皇之称。——译者注

（《马可·波罗行纪》，冯承钧　译）

3. 百物输入之众，有如川流之不息。仅丝一项，每日入城者计有千车。[③]

　③每车所载不过五百公斤，则每日入城之丝平均有十万公斤，每年共有十八万吨。——译者注

4. 此州亦产良马，躯大而美[④]，贩售印度。

　④"大而美之马"，疑为传写之误。广西高地及云南省中固产健马，然其躯小而健，故玉耳疑为其文应改作多数之马。——译者注

（《马可·波罗行纪》，冯承钧　译）

（三）译者注的类型

作为一种常见的翻译手段，译者注由来已久。在翻译实践中，社会文化差异引起理解沟壑和跨文化交际障碍，为了达到等值以及跨文化的交际目的，译文加注便成为翻译常见的方法。据考证，中国译文加注第一人是支谦，他在翻译佛经过程中采用了译文加注法，后来这一方法沿用至其他文体的翻译（马祖毅，1998：52）。纽马克认为，译者碰到以下三种情况应加注：解释原文与译文文化的差异；解释与文章主旨相关的一些技术性问题；解释意义多变的词语。他把这三种情况称为译注在文化、技术和语言层面上的考虑（Newmark，1988：91）。

译者注形式多样，分类方法不一。从内容上分，译者注可分为说明性译者注和纠错性译者注；从形式上分，译者注可分为夹注、脚注、章节注、尾注（黄艳群，2016：31）；按译者注的隐性和显性，译者注又可分为隐藏式译者注和非隐藏式译者注（李德超，王克非，2011：79）。举例说明如下：

1.说明性译者注

原文：习近平在中国共产党第二十次全国代表大会作报告指出："我们对新时代党和国家事业发展作出科学完整的战略部署，提出实现中华民族伟

大复兴的中国梦，以中国式现代化推进中华民族伟大复兴，统揽伟大斗争、伟大工程、伟大事业、伟大梦想，明确'五位一体'总体布局和'四个全面'战略布局，确定稳中求进工作总基调，统筹发展和安全……"

译文：President Xi Jinping addressed in the Report to the 20th National Congress of the Communist Party of China, "We have developed well-conceived and complete strategic plans for advancing the cause of the Party and the country in the new era. We have put forward the Chinese Dream of the great rejuvenation of the Chinese nation and proposed promoting national rejuvenation through a Chinese path to modernization. We have made well-coordinated efforts to advance our great struggle, our great project, our great cause, and our great dream. We have adopted the Five-Sphere Integrated Plan[1] and the Four-Pronged Comprehensive Strategy[2] as well as the general principle of pursuing progress while ensuring stability, and we have worked to both pursue development and safeguard security."

[1] The Five-Sphere Integrated Plan is to promote coordinated economic, political, cultural, social, and ecological advancement. [Translator's note]

[2] The Four-Pronged Comprehensive Strategy is to make comprehensive moves to build a modern socialist country, deepen reform, advance law-based governance, and strengthen Party self-governance. [Translator's note]

2. 纠错性译者注

原文：In some halberds the lateral-thrusting ge and the vertical-pointed spearhead are fused（Fig. 69.1); this one instead consists of two separate parts. While the ge is entirely flat, the spearhead has a tubular socket for the insertion of a wooden pole or handle. Ancient depictions show that the length of such halberds sometimes exceeded the height of the soldiers (Fig. 69. 2).

Fig. 69.1. Halberd excavated in 1974 at Shaanxi Fufeng Shaoli. Late eleventh or early tenth century BC (early Western Zhou).

译文：部分戟为侧向戈刃与竖直矛头的融合（图69.1）。此戟由两个独立部件构成，戈面平滑，矛头有管状槽，嵌入木杆或柄。据古籍记载，此类戟的长度有时会超过士兵的身高（图69.2）。

图69.1，戟，1974年陕西省扶风县召李村[1]出土，公元前11世纪末或公元前10世纪初（西周早期）。

① 考古报告表明，此戟出土于陕西扶风县强家村，并非召李村。——译者注

（《古蜀四川——失落的文明瑰宝》，朱华　译）

3.非隐藏式译者注

原文： 视之见名曰夷，听之不闻名曰希，搏之不得名曰微 。

译文： Looked for but invisible, this may be called "Ye". Listened to but inaudible, this may be called "Hsi". Grasped at but unobtainable, this may be called "Wei". ①

① The Tao has no color, so it cannot be seen. It has no sound, so it cannot be heard. It has no form, so it cannot be grasped. The three words "Ye", "Hsi" and "Wei" are to show the minuteness of it.

4. 隐藏式译者注

原文： His name was written in round hand on the grey paper of the cover, and the notes and reports, carefully classified, gave him his successive appellations "Name, Leture," "the prisoner Leture," and, at last, "the criminal Leture."

译文： 而伊盎之名及其所犯之罪案，乃数数见于耶路撒冷街警署中册籍之上。纸作灰色，字亦益觉其黯淡，初仅直书其姓曰：赖透克，继则加以衔，曰：囚徒赖透克，后则直称之曰：罪犯赖透克。所称屡易，而其堕落亦愈下矣。

特别提示

在隐藏式译者注里，译者注与译文紧密结合，模糊了作者与译者的界限，何处为原文作者所有，何处为译者所加，译语读者全然不知。隐藏式译者注有利有弊。一方面，隐藏式译者注不会分散读者的注意力，读者的阅读体验一气呵成，体验更佳；另一方面，如果加注不当，会造成主观解读，曲解原文的思想，造成过度释译、改译。隐藏式译者注的语言风格须与译文的整体风格保持一致，如上文隐藏式译者注"所称屡易，而其堕落亦愈下矣"，就与译文的整体语言风格保持了一致。

翻译练习

翻译下文，并加译者注。

1. 但仰面一看，门旁却白白的，分明贴着一张斜角纸。

2. In what came to be called Irangate, Americans—especially Democrats—
   wondered just what the President knew and when he knew it.

二、批注

译者注是为译语读者加注，帮助读者理解、勘误，当注必注，不可懈怠；而批注是译者对自己翻译工作所作的手批、标记、记录等。译者对自己的翻译思考、原文的理解、平行文本的查找、词义的推敲、批判性复检、翻译心得，均可批注。为了正确理解原文，译者需调查研究，译前批注是翻译的必要准备；为了使译文准确、通畅，推敲翻译策略和方法，译中批注也是常用的翻译手段；审校时，批注可以帮助译者进行批判性复检，提高译文质量，对提高译者的翻译理论素养和翻译能力也大有裨益。译前、译中、译后是否批注，很大程度上取决于译者的翻译习惯，没有统一要求。

（一）译前阶段批注

译前，译者应阅读原文，深入调查原文的背景，将字、词、句放在宏观视角、大语境中转换、处理，只有像严复等翻译大家那样，采取严谨的治学态度对待原文，才能正确传达信息，实现文本的交际功能和翻译目的。如发现原文有误，译者应修改错误，或在译文适当的位置增加纠错性译者注，绝不能认为与己无关，以讹传讹，贻害无穷。

例1. 公元1271年①，意大利商人马可·波罗，继其父之衣钵②，不远万里来到中国，在中国侨居17年后返回故乡。他不仅是中西文化传承的使者③，而且让古老的丝绸之路从中亚延伸至欧洲大陆④。

译前批注：

① 经查历史文献，马可·波罗并非1271年到达中国，而是于1271年出发，1275年抵达中国的。

② 继其父之衣钵，是指父亲去世后继承其事业等，而马可·波罗是随父到中国的，同行的还有他的叔叔。

③ 称马可·波罗是东西方文化"传承"的使者言过其实，他最多不过是"文化使者"。他未传承过任何中国文化，不能用inherit一词。

④ 中外任何文献都没有提到马可·波罗将丝绸之路延伸到欧洲，这句话有夸大、误导之嫌，照文直译会以讹传讹，造成不良影响。

译前批注是译者对文本的思考，也是译者应有的治学态度。基于译前的思考，李长栓教授以严谨的治学态度、批判性思维，译出下文：

In 1271, the Italian trader Marco Polo set out on the long journey from Italy to China with his father, remaining here for 17 years before returning to his homeland. He was not only an ambassador between Western and Eastern cultures, but also a pioneer on the Silk Road from Europe through Central Asia.

（李长栓　译）

例2. The **sinicization**① of Sichuan took place through contact with its nearest neighbors, first with the state of Chu, then with Qin, whose annexation of part of Sichuan near the end of the fourth century was an important first step toward the **Qin unification of China**.②

译前批注：

原文涉及先秦历史和四川社会演变过程，翻译难点有两处：sinicization, Qin unification of China。译前文本批注有助于解决难点问题，为翻译做好铺垫准备。

①批注一："sinicization"

"sinicization"是"中国化"还是"汉化"？

英汉词典中的"sinicization"释义为"中国化"，也作"汉化"，它们有无区别呢？百度百科对"中国化"的解释为：广义上的**"中国化"**包括作为中华民族主体的汉族对周边民族的同化与融合，也被称作**"汉化"**，这个过程一直贯穿中国历史以及民族融合的过程。在古代，居住在中原的汉人相对周边各民族具有较发达的政治、经济、文化，悬殊的人口优势，因而在民族融合中扮演主导角色。

根据以上释义，"汉化"是指汉族在中原对周边少数民族聚居区的各民族的同化和融合过程，也是中华各民族的融合过程。由于"中国"在先秦历史时期是地域上的概念，并不同于今天"中国"这一国家概念，为避免歧义，不宜将"sinicization"译为"中国化",可译为表示民族融合之意的"汉化"。

② 批注二:"Qin unification of China"

"Qin unification of China"如何译?需考证"中国"名称的含义及由来。

在古代,"中国"是"中央之城"或"中央之国"的代名词,是地域概念,而不是国家概念,没有作为正式的国名出现过。"中国"一词的由来,可以追溯到商朝。由于商朝的国都位于它的东、南、西、北各方诸侯之中,所以称此地为"中国"。古代人所说的"中国",并不是现在国家概念的"中国"。

秦灭韩、赵、魏、楚、燕、齐六国,统一中原。历史上的"中原"是指以洛阳至开封一带为中心的黄河中下游地区。先秦时期,"中国"一词的地理概念并不能等同于今天的"中国"国家概念。为了避免歧义,考虑文本的历史视域,此处的"China"译为"中原"更贴切。"the Qin unification of China"可译为"秦统一中原",也可泛化译为"秦一统天下"。译文如下:

巴蜀**汉化**进程始于与其近邻交往,先楚后秦。公元4世纪末,秦据部分蜀地,开启**秦统一中原**重要的一步。

(朱华 译)

(二)译中阶段批注

译中阶段,译者批注的范围包括借鉴译法、辨析词义、句子重组与精简语言等。在此阶段,译者可将借鉴之处、辨析词义的思考过程、斟酌用语以及精简语言等以批注的形式标注出来,帮助译者在微观的层面上做好字、词、句以及语篇的翻译。译中是否批注,取决于译者的翻译能力和翻译习惯。如果比较简单,难度不大,可不批注;但对于翻译难度较大的文本,译中批注还是很有必要的。

例1. Men shuffled their feet down **the first and third base line**, scattering chalk with their hands until the **foul lines** were created. There were also a few men roaming the **outfield**, cutting grass with machetes.

译中批注:

① 原文涉及棒球专业词汇,除"the first and third base line"外,还有"foul lines""outfield"等,如何翻译?在翻译过程中批注,查找双语平行文本,包括图文等。

② 通过电子工具和双语词典查询，未查到狭义的双语平行文本，没有找到对应词，因此译者有必要批注，记录翻译过程，并对查找的语料进行分析。

③ 继续查找广义平行文本，如棒球规则的解释及场地图片。查到棒球图例，如图9.2、图9.3所示。结合文本语境，"the first and third base line"译为"一垒线和三垒线"，"foul lines"译为"场边线"，"outfield"译为"外场"。

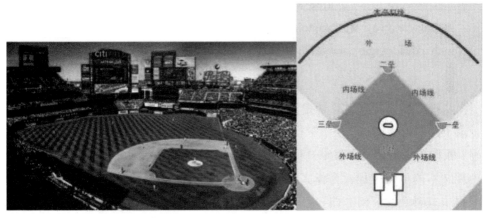

图9.2　垒球场立体图　　　　　图9.3　垒球场平面图

参考译文：队员们沿着**一垒线**和**三垒线**一边缓慢前行，一边撒着白垩粉画出**场边线**。还有几个留在了**外场**，用弯刀割草。

例2. 庞统祠墓位于老川陕路旁，距德阳仅15公里左右，**三进**四合布局，石木结构，古朴、敦厚，肃穆庄重。

译中批注：

① "三进"是指什么？百度搜索，未解其意，一时无法下手翻译。不知中国古代建筑四合院的结构，无法译出这一具有中国特色的建筑专业术语，可先批注，记录相关语料和平行文本。

② 搜索四合院图解，找到下图。原来"三进"指四合院内三个入口或三道门。中国建筑"一进""二进""三进"图中均有标注，一目了然。（见图9.4）

③ 根据语境，"三进"译为"three entrances"，符合图例所示中国四合院"三进"的布局、功能和语义，译语读者能够理解。

一进院落

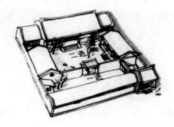
二进院落

三进院落

图9.4　中国四合院示意图

参考译文：Located at the old Sichuan-Shaanxi Road, only about 15 kilometers away, the Pangtong Temple is a stone-wood structure in a simple style, with a quadrangle courtyard and **three entrances**.

（朱华　译）

从批注的过程来看，译中阶段的翻译行为其实也是文本的重构过程。批注记录了译者查找资料、获取平行文本、词义辨析、译法论证、翻译策略选择等过程，反映了译者的翻译思维过程，包括理解和表达两个层面。译者用批注的形式表现文本的翻译过程，为译文加注以及批判性复检译文做好准备。译者在翻译过程中有感触的任何东西，包括文本的语内、语外因素，都可以以批注的形式呈现。

（三）译后阶段批注

在译后阶段，译文的准确度和可读性要求更高，涉及译文批判性复检、审校，在这一阶段需对译文进行修改、润色。译者可将译文的修改、反思用批注标识，既可记录翻译过程的心理活动，又可作为翻译研究的心得和总结，养成良好的批注习惯，不断积累翻译经验，对提高自己的翻译能力大有裨益。

例1. 这样，我不仅能更好地为他们服务，与聋哑孩子进行情感交流，也减少了一些他们与其他乘客的误会和争吵。

译文：In this way, I can render them better service and be friends with the deaf children and also reduce their misunderstandings and quarrels with other passengers.

译后批注：

马虎大意终大错，词义辨析很重要。"争吵"可译为"conflicts"，乍一看，似乎没有不当之处。但译后复检发现，原文描述的是与聋哑人发生的争执过程，聋哑人不能说话，因此此处"争吵"可译为"conflicts"。字、词、句的翻译不仅是语言转换，更重要的是应将其放在语境中推敲、分析。

例2. It was to the Chengdu Plain, then, those traders bringing goods from places as far distance as Bactria came in quest of prestige goods and basic commodities. But more than merchants and goods moved in and out of the Plain, it was home to a refugee culture in which people from the outside figured largely. Natural wealth and comparative remoteness combined to make it an attractive destination for those (fleeing the wars and natural disasters) that regularly plagued areas to the north and east. At times also, in furtherance of their own wealth-and-power projects, the early emperors saw fit to resettle families in sparsely populated portions of the Plain. Shortly after the Qin unification, for instance, the First Emperor moved ten thousand families into the area, with the dual aim of better extracting the area's natural resources and relieving population pressure on the capital region. The Plain served equally as a site of enforced exile for powerful political households, since the steep mountains encircling it ensured that "one man [in the emperor's army] could guard the gaps/ so ten thousand [rebel forces] could not advance" from or against it. It was to Sichuan that the First Emperor dispatched more than four thousand households associated with his political enemies Lv Buwei and Lao Ai.

译文修改（见画线处）：

商贾千里迢迢，来到成都。商品林林总总，载于大道。他们有的甚至来自遥远的大夏古国，①既购买成都名品，也带回生活必需品。然而，成都平原不只是商贾和商品的集散地，也是流亡人士文化的庇护所，外埠人移居此地者甚多。丰富的自然资源，②相对偏远的地理位置，③使成都平原成为难民移居之首选。④难民为避战乱、自然灾害（北方和东部频发），纷纷逃离至此。古代帝王为敛财强国，时常移民于成都平原人口稀疏之地。秦统一后不久，始皇帝曾下令一万户居民迁入成都平原，一则为了更好地开发利用当地自然资源，二则缓解过度人口压力。成都平原亦是高官失势后，被贬谪或流放之地，因为成都四面环山，地势陡峭险峻，"一夫当关，万夫莫开"，进退两难。秦始皇就曾下令远遣其政敌吕不韦、嫪毐及有牵连的四千多户人流放四川。

译后批注：

①汉语为意合句，指示代词不译。删除"他们"，行文更流畅。

②"丰富的自然资源"译为"自然资源丰富"，化"静"为"动"，更符合汉语表达习惯。

③"相对偏远的地理位置"，前置定语过长，翻译痕迹明显，改译为"地理位置相对偏远"。

④"使成都平原……"，用"之"指代"成都平原"，表达更简洁，也符合整个文段的语言风格。

⑤其他修改见清样稿。

清样稿：

商贾千里迢迢，来到成都。商品林林总总，载于大道。有的商贾甚至来自遥远的大夏古国，归时购买成都名品，带回生活必需品。然而往来成都平原的，不止商贾和商品。成都平原也是流亡人士文化的庇护所，甚多外埠之人移居此地。成都平原自然资源丰富，地理位置相对偏远，乃流徙移居之首选。北方和东部战乱不息，自然灾害频发，为避免战乱、天灾，流徙纷纷逃离至此。早期的帝王为敛财强国，常移民于人口稀疏之地。秦一统天下，始皇帝即下令一万户居民迁入成都平原，一则是为了攫取当地的自然资源，二则缓解都城过度的人口压力。成都平原群山环绕，地势险要，"一夫当关，万夫莫开"，亦是权贵失势后贬谪流放之地。秦始皇就曾将因其政敌吕不韦、嫪毐所受牵连的四千多户流放至四川。

（朱华　译）

综上所述，翻译过程的批注是译者心理活动的记录，也是翻译文本构建的过程。译者在译前、译中、译后三段式翻译过程中批注，不仅能帮助译者从微观层面上考虑译本的重构，如遣词造句，而且还能帮助译者从文外因素分析原文本，选择正确的翻译策略和方法，提高译文质量。翻译过程的批注既是翻译过程的记录，翻译的心灵路程，同时也为译文加注提供了丰富的、可靠的、有价值的资料。

本章小结

译者注、批注是重要的翻译补偿手段，既可以服务读者、方便研究，也可以建构译者身份，帮助译者提高翻译质量。一方面，译者注彰显了译者的主体意识，是译者文化身份和意识形态的体现；另一方面，译者注降低了目标读者的阅读障碍，帮助读者阅读理解，为译本的广泛传播提供了可能。译前，译者将原文的宏观背景、深层次的蕴意以批注的形式标注出来，为翻译做好译前准备；译中，译者将翻译辨析词义、借鉴表达、斟酌用语以及精简语言等翻译过程标注出来，帮助译者在微观层面上做好字、词、句以及语篇的翻译。译后，译者对译文的修改、润色、反思、评价等用译者注标出，既可以记录译者的心理活动、翻译得失，又可以作为翻译实践的总结。

课后练习

一、指出文中译者注的类型，并做简要分析。

1. 七月二十七日，彼专制恶魔罗拔士比（按：罗拔士比本为法兰西大革命之主动者，只以专制暴戾，故不得民心。）已授首于巴黎断头台上。全国之现象，为之一变。

    （《恩欤怨欤 》(*A Patch of Nettles by Paul Bourget*)，周瘦鹃　译）

2. For other crimes as tyrants and oppressors, I have this race a long time on my register, doomed to destruction and extermination.

    译文：他们犯了其他行暴及逼压的罪恶，我久已把这一族的人，记在我的册子上，（这是比喻的话，就是说牢记在心里。——译者注）注定毁了、灭了这一族。

    （《英汉对照名家小说选》，伍光建　译）

二、翻译全文，加隐藏式或非隐藏式译者注。

1. 对外开放场所包括：鲁迅故居、百草园[①]、三味书屋[②]、鲁迅祖居和鲁迅生平事迹陈列厅。

2. The Manchu women did not have only one style of dressing their hair, as might be believed by people who remember Peking in days before the Revolution[①].

三、修改译文，加隐藏式或非隐藏式译者注。

1. 禹陵左侧是禹祠，祠前一泓碧水，名曰"放生池"。

译文：To the left of Mausoleum is the shrine of Emperor Yu. And in front of the shrine is a pool of limpid water named "the Pool of Freeing Captive Animals" [①].

2. I'm interested for the horse race. [①] It's fun to watch these people savage each other and lie.

译文：我对"赛马"感兴趣。看这些野蛮人打架挺有趣。

第十章
翻译的批判性复检

本章将学习翻译路线图中的批判性复检。批判性复检分宏观和微观两个层面。宏观层面的复检包括对源语的社会背景、文外因素等进行复检；微观层面是字、词、句、语段、标点符号，包括拼写和格式的复检。译者应以批判性的眼光看待译文一稿、二稿以及终稿，用"宏观"视角处理"微观"问题，把字、词、句等放到篇章之外的"大语境"中，认真审查译文是否有误或表达是否贴切、得当。细节决定成败。标点符号、单词拼写和文件格式看似是翻译小问题，但此类问题影响译文的整体质量，应避免这样的"低级错误"。批判性复检是译文校对的必要过程，须贯穿翻译整个过程（本章与其他内容的关系，见自序图1）。

案例研究

译完《古蜀四川——失落的文明瑰宝》一书后，笔者对译文进行了三次复检。由于汉学著作中的人名、地名、官职、书名、引言等回译需追根溯源，不能意译、释译，笔者对这些具有中国特色的文化负载词和表达方式进行了重点复审，尤其对人名、地名的回译进行了复检。

The suggestion was first made by Cui Wei (1989) and has been pursued in more detail by Duan Yu (1993 and a few other articles); see the bibliography in Chen De'an et al. 1998 for full references.

译文：1989年崔巍首先提出这一设想，1993年段渝和其他作者在数篇文章中对其进行了更详细的论述，见1998年陈德安等作者著作的全部参考文献。

"Cui Wei"译为"崔巍"？不太确定。查询此文引用的文献：一篇为段渝著：《古代巴蜀与南亚和近东的经济文化交流》，载于《社会科学研究》，1993

年第3期；另一篇为陈德安、魏学峰著：《三星堆——长江上游文明中心探索》，四川人民出版社，1998年出版，但两个参考文献均为霍巍教授的论文，不是崔巍，疑是作者笔误或弄错了人。

是作者笔误或弄错了人？暂时不能确定。为此，笔者再用英文进行检索、复检，查到一则相关英文参考文献条目：

Cui Wei. "Guanghan Sanxingdui qingtong wenhua yu dudai xiya wengming". *Sichuan wenwu*, 1989, special issue on Sanxingdui studies, pp 37–43.

中英文献作者姓名相同，但作者姓名却不同。英文文献的作者是"Cui Wei"，而段渝、陈德安等引用文献的作者是"霍巍"，批判性思维使笔者产生了"延迟判断"，没有照文直译。笔者又将英文条目回译成中文：《广汉三星堆青铜文化与古代西亚文明》，载于《四川文物》。

有了中文论文题目，通过中国知网进行检索，检索到该论文的全部信息，霍巍：《广汉三星堆青铜文化与古代西亚文明》，载于《四川文物》，1989年第A1期。中英文信息除姓名不同之外，其他完全一样，可以判定本文作者是霍巍，不是"崔巍"，是原文作者弄错了人。为此笔者在译文中加了一则纠错性译者注，纠正了原作者的错误。

一、批判性思维

翻译实践中，译者应有批判性思维（critical thinking），无论对原文还是译文，不能人云亦云、轻信盲从，而应保持清醒的头脑，敢于提出质疑，根据自己的经验、专业知识和逻辑推理，以怀疑的眼光对源语、平行文本、译文、一切语料做出独立的分析和判断。译者的批判性思维包括批判性理解原文、批判性分析和使用参考资料以及批判性复检译文。译者是最细心的读者，批判性思维是保证译文质量强大的武器。只有在翻译过程的各个阶段贯穿批判性思维，才能保证高水平的译文质量。

（一）批判性思维定义

批判性思维是对事物进行评判的心理、意愿和和倾向，需具备相关领域的学识、技能、态度以及习性（行为倾向）。理查德·保罗和琳达·埃尔德认为，批判性思维是清晰且带有批判性的理性思考，具有开放性、好奇心、基于新信息重新思考的行为特征（Paul & Elder，1994）。戴维·希契柯克（2012）认为，批判性思维是立足于理性反思及其相关证据的判断，其中包括反思、回顾、延迟判断。在批判性复检的过程中，译者应对译文进行宏观和微观两个层面的推理，并做出符合语境的正确判断。

（二）批判性复检图解

批判性思维贯穿翻译整个过程，这是对译者的要求，也是译文质量的根本保证。在译前（source text）、译中（rendering and reconstruction）和译后（target text）三段式翻译过程中，译者应当始终坚持批判性思维。首先，译前应对原文信息及原文背景充分了解，批判性地审视原文，如发现错误，应勘误或加纠错性译者注；译中，译者应运用批判性思维选择、字、词、句，考虑译入语的语境；译后校对译文时，译者应用批判的眼光审校译文，反复修改、勘误，精益求精，使译文达到最佳的交际效果。批判性复检图解见图10.1。

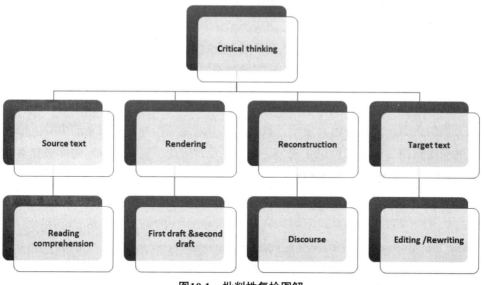

图10.1　批判性复检图解

本章将重点讨论三段式翻译中的最后一个环节，即译后的批判性复检。翻译的复检是翻译质量控制的重要环节，翻译的复检不仅要检查译文的字、词、句（语言因素）是否正确，而且要把字、词、句放到篇章及篇章之外的"大语境"中审视，考虑文本的非语言因素，译文复检固然要处理拼写、语法等语言"低错"问题，但"低错"也可能是由于译者忽视了非语言因素造成的。因此，译文的复检既要在微观视野下检查译文是否符合语法规则，也要运用宏观思维审视译文是否符合译入语的语境，包括政治、文化、审美，才能保证译文的质量和最佳的交际效果。

二、批判性宏观复检

在复检过程中，译者不能仅仅从微观层面检查译文的字、词、句是否正确，更要从宏观的角度审查源语文本，了解原文背景，理解原文内容。严肃的译者通常会在"宏观"视角下处理"微观"问题，把字、词、句放到篇章及篇章之外的"大语境"中，将小意义单位放在上一级意义单位的框架内理解，批判性地断定译文是否有误，表达是否得当。对于整个篇章来说，则要放在整个社会背景中，才能正确理解原文。

例1. The Romans made London their capital soon after they landed in Britain in the first century.

译文： 公元一世纪罗马人在不列颠登陆之后，定都伦敦。

修订： 公元一世纪罗马人在不列颠登陆之后，把伦敦建成了重镇。

公元一世纪罗马人入侵不列颠后，以位于泰晤士河口的伦敦为中心，向四面八方修起大道，连接各地，使伦敦成为罗马不列颠统治和对外联系的中心。伦敦当时只是重镇，到了12世纪才成为政府所在地，因此"定都伦敦"的译法与历史事实相悖，未考虑文本的文外因素。

由此可见，译者不能望文生义，不能将一些司空见惯的词也视为"理所当然"。《牛津现代高级英汉双解词典》中"capital"的英文释义是：town or city where the government of a country, state or province is carried on，"capital"是多义词，并不一定是指"首都"。译文没有理解文本蕴含的社会背景和文化意义，将"capital"译为"首都"，会闹出笑话。

例2. The sun sets regularly on the Union Jack these days, but never on the English language.

译文： 现在，太阳从英国国旗上徐徐落下，但英语的余晖却照样闪耀。

修订： 现在，英国已经不是"日不落帝国"了，但英语仍然被广泛使用。

复检，不仅要从微观层面上检查译文的字、词、句，更要从宏观层面了解原文的时代背景。"Union Jack"是英国国旗（the name for the national flag of the United Kingdom），常用于指代英国。英国曾经是"日不落帝国"（the empire on which the sun never sets），全球七大洲均有其殖民地，任何时候太阳都不会在其领土上落下，因此"日不落帝国"也是英国的别称。但如今的英国早已是日薄西山，风光不在。修订后的译文将原文中的修辞比喻放在大的语境和时代背景下，"sun sets"意味着帝国"日落"，而不是"日不落"，译出了话外之音、隐喻之意。

> 翻译练习

用批判性思维分析译文，并做修改。

I appreciate this oil painting much more now that you have explained it to me.

译文：现在我更欣赏这幅油画了，这你已给我做了讲解。

三、批判性微观复检

译者不仅要从宏观背景下复检译文，也需要从微观的角度复检字、词、句，甚至对译文的标点、符号和格式进行检查。标点符号、单词拼写、文件格式貌似小事，但细节关系成败，关乎译文质量，在计算机辅助翻译（CAT）中，这类错误被归为"低错"。译者应认真复检译文的遣词造句，注意单词的拼写、标点符号的使用，以及格式是否符合规范要求，避免"低错"，精益求精，使译文尽善尽美。

（一）词汇的复检

词汇是表达语义最基础也是最核心的语言单位，在篇章意义传递和理解的过程中发挥着重要的作用。在语篇构建的过程中，词汇是导入语篇意义的初级单位，其选取和使用需以语篇所要传达的目的为出发点，结合语法规则、具体的情景、外在的社会文化手段等因素（王甦，汪安圣，1992：399）。在翻译时，译者应根据语篇含义和词汇在不同语境中的作用选取词汇，注意词汇的表面含义和实际含义，以及相对词义、一词多义等，切不可字对字地机械翻译。

例1. For example, the two elements of which water is made are the <u>oxygen and</u>

hydrogen.

  译文：例如，组成水的两种元素是氧原子和氢原子。

  修订：例如，组成水的两种元素是氧元素和氢元素。

  在原文中，作者为了避免重复，在"oxygen"和"hydrogen"的后面省略了"element"一词。译文把"氧元素"和"氢元素"分别译成"氧原子"和"氢原子"，造成"元素"与"原子"概念的混淆。一字之差，意义不同，可见用词复检的必要性。

  例2. In consequence, I'm inclined to reserve all judgments, a habit that has opened up many curious natures to me and *also made me the <u>victim</u> of not a few veteran bores.*

  译文1.（斜体部分）：……也使我成为不少爱唠叨的惹人厌烦的人的受害者。

  译文2.（斜体部分）：……也使我饱尝了不少烦人透顶的家伙之苦。

  译文3.（斜体部分）：……也使不少一贯爱唠叨的人喜欢缠住我不放。

  对比三个译文，发现前两个译文意思有些模糊，不太通顺，原因是汉语中的"受害者""受苦者"跟"爱唠叨、惹人厌烦的人"或"烦人透顶的家伙"之间的关系不像英语"victim"和"boring"那么明确。译文3准确地理解了原文，并用符合目标语习惯的语言和风格译出了"victim"和"boring"隐含的意义。

翻译练习

  修改下列句子，注意用词的准确性。

1. **原文**：我们每个人都给了张老师一枝花。

  译文：Everyone of us gave Teacher Zhang a flower.

2. **原文**：His uncle always remembers him on his birthday.

  译文：他叔叔总是记得他的生日。

（二）词组的复检

  词组，又称短句、短语，在文法概念中是指完整句和短语中的片段。在日常语言中，一个词组指单词的任何聚合。在语言学当中，一个词组是单词的一个群组。在句法中，它作为一个单个的单元而起作用。从语法层级看，词组要比字句的等级更低。复检时，译者应将词组放在句中理解，通过查阅相关文本等资料了解词组的意义。

例1. I am no more mad than you are.

译文：我和你一样不疯。

修订：我没疯，就像你一样，也没疯。

"no more...than..."这个词组，词典的释义是"同……一样不，和……一样不"。例1译为"和……一样不"，表达别扭，不符合译入语的语境。

（1）I am no more mad than you are 的意思是 I am not mad just as you are not mad，一个否定词否定了两个谓语；

（2）现在有人认为"我"疯，但没人认为"你"疯，可见说话人是用后者来强调前者；

（3）虽然说话人用"你没疯"来强调"我没疯"，但这只是一种补充式的强调，省略了强调部分，也表达了话语的主要意义，"我没疯"才是这句话的要旨。经过复检、勘误，no more...than...这一词组译为"没……就像……没"更准确，也更符合汉语的表达方法。

例2. 为了兴利除弊，促进我国互联网的健康发展……

译文：...in order to promote what is beneficial and eliminate what is harmful, promote the sound development of China's computer work...

修订：...in order to promote the beneficial and eliminate the harmful, promote the sound development of China's computer work...

"兴利""除弊"是并列词组，意思是兴办有益的事业，除去各种弊端。因此，译文用what is beneficial指"利"，"what is harmful"指"弊"，译作"promote what is beneficial and eliminate what is harmful"，结构对称，准确地传达了词组的内涵，符合汉语的表达方法，但不符合简明英语的原则，可用"the+形容词结构"代替"what is+形容词结构"。对词组的复检、润色非常必要。

翻译练习

翻译下面句子，注意下画线词组的翻译和复检。

这是一个化蛹成蝶的转型升级过程，既充满希望又伴随阵痛，既非常紧迫又艰巨复杂。要勇往直前，坚决闯过这个关口。

（三）句子的复检

句子是语言运用的基本单位，它由词、词组（短语）构成，表达一个完整的意思。如果翻译只译句而不谋篇，文章就难以再现作者的意图，出现误译或译文不够准确的情况。因此，翻译句子应将其放在语篇中，明确文本类型和文本特征，联系上下文的语义翻译。

例1. (According to a treaty, the land between the Missouri River and the Bighorn Mountains was granted to the Sioux forever. But, in violation of the treaty, white men entered the Indian holy mountains to search for gold. By 1874, the Army sent General Custer with one thousand men to reconnoiter the area. Geologists soon proved that the hills were indeed filled with gold.)

So much for treaties. Within two years the whole of the Black Hills were being cut to build crude cabins. Sluice boxes, ditches, dams and hundreds of stamp mills cluttered the small creeks in Deadwood Gulch. When the Sioux exacted their fruitless revenge by massacring Custer and all his men at the battle of the little Bighorn in June 1876. The narrow main street of Deadwood was already lined with saloons, stores and hotels, these South Dakota hills had become the richest gold producing area of North America, and the stage for some of the most colorful sagas in the opening of the West.

译文：（画线部分）：

在1876年6月的小比格霍恩山战斗中，苏族印第安人进行了徒劳无益的报复，尽管他们屠杀了卡斯特将军和他的全体部下。就在那个时候，戴德伍德狭窄的大街两旁就已经有许多酒楼、商店和旅馆。

修订：（画线部分）：

1876年6月的小比格霍恩山战斗中，苏族印第安人杀死了卡斯特将军及其全体部下，但他们的报复已无济于事，因为到了那个时候，戴德伍德狭窄的大街两旁早已建起了许多酒楼。

"徒劳无益"的意义，需要联系上下文（括号内为原文前两个自然段的浓缩部分），才能理顺其在语篇中的逻辑关系。原文包含两个转换，即虽然有条约，但白人还是侵占了印第安人的土地；虽然印第安人进行了报复，但已为时过晚，戴德伍德已成了白人的采金福地。通过调整句子结构，修订的译文理清了句子的逻辑关系和层次，层次分明，逻辑清晰。

例2. 我们要继续坚定不移地坚持以经济建设为中心。我们要坚定不移地推进改革开放。我们要坚定不移地保持社会稳定。我们要坚定不移地贯彻执行独立自主的和平外交政策。

译文1.

We will continue to unswervingly focus on economic development. We will continue to unswervingly press ahead with reform and opening-up. We will continue to unswervingly maintain social stability. We will continue to unswervingly carry out the independent foreign policy of peace.

译文2.

We will steadfastly focus on economic development, resolutely press ahead with reform and opening-up, persistently maintain social stability and unswervingly pursue the independent foreign policy of peace.

修订：We will unswervingly focus on economic development, press ahead with reform and opening-up, maintain social stability and pursue the independent foreign policy of peace.

汉语经常用修饰语来加重语气，译成英语，不能逐字照译，强调过头，否则效果相反，削弱了原文的力量。译文1中"continue to unswervingly focus on..."违反了简明英语的原则，不仅不能加重语气，反而使语气不足。译文2把"坚定不移地"译成了不同的副词也不可取，给人堆砌副词的感觉。修订本言简意赅，只用一个副词"unswervingly"修饰四个动词足矣，符合英语表达习惯。复检修改后的译文更好地再现了作者的意图。

翻译练习

翻译下面句子，注意理清句子的逻辑关系。

我们要培育壮大新动能，改造提升传统动能，提高全要素生产率，推动经济保持中高速增长、产业迈向中高端水平。

四、拼写的复检

桂诗春（2004：130）指出，中国学习者的英语拼写失误数占总失误数的17.4%，是中国学习者最常犯的错误。从失误类符数看，最容易发生拼写失误的位置是单词十分之七的位置；从失误形符数看，则是十分之六的位置。单词词尾也较容易出现拼写错误，而且单词最后一个位置的失误频数比倒数第二个位置还要高。在翻译或复检时，拼写往往是最容易被忽视的领域，造成不必要的"硬伤""低错"，需高度重视。以下是汉译英拼写复检特别需要注意的事项。

（一）前后一致

单词拼写应当在文章中保持一致。译完之后，需运用办公软件的拼写检查功能，对译文中的拼写进行复检。复检时，可以事先设定拼写检查使用标准，如英式英语、美式英语。同一篇文章中，不能混用不同国家的习惯拼写方法。需要注意的是，计算机不能检查出所有的拼写错误，在计算机检查完毕后，译员要秉持严谨的态度，再次复检。

Peter saw the film yesterday. (movie)

Kylie lives on the ground floor. (first floor)

He has got much better at playing tennis. (has gotten)

（二）断词

为了避免断词错误，不要在一行的末尾断词。一行无法写下，计算机会自动换行。如果需要断词，务必要确保连字符加在音节的末尾，可查阅词典确定音节的划分方法。移行时应注意：

1. 单音节词不能移行，即使是字母较多的单音节词。

2. 缩略词如Mr., Dr.等不能和后面的名字拆开移行。缩略的专用名词如U.K., U.S.A.等也不能拆开移行。

3. 时间、量度及货币单位应视为一个整体。如9:00 pm, 29℃。

4. 由"年、月、日"表示的日期，如果必须分开移行只能将"月、日"与"年"分开。

5. 含双写辅音字母的单词，在移行时要将辅音字母拆开，如better可拆为bet-ter。

（三）外来词

如果使用外来词，要注意完整地复制外来词的拼写，如果电脑打不出来，则需要手写。需要注意的是，计算机不识别汉语拼音。在检查拼音时，可以在确保正确无误后，把画红线的汉语拼音添加到计算机的词典之中。如此一来，同一拼音就不用第二次检查了。

五、格式的复检

文件的格式包括纸张大小、各级标题写法、正文字体、行距、页边距、页码设置、表格和图片等。译员要根据译文的需要，采用相关的格式规范。比如论文写作，可以参考现代语言协会（Modern Language Association，MLA）格式；人文学科出版物，可以参考《芝加哥格式手册》（*Chicago Manual of Style*）；社会科学出版物可以参照美国心理学会（American Psychological Association，APA）格式；自然科学、应用科学和数学可以参考《科学论文体例与格式》（*Scientific Style and Format*）。

（一）格式要求

大部分写作手册对格式的普遍要求如下：

1. 形式服务内容；
2. 格式有利于实现文件的目的；
3. 格式适应不同读者群的需求；
4. 格式与内容相符合；
5. 格式简单清楚。

（二）空间要求

1. 文件留有足够的空白，便于读者阅读和批注；
2. 留有充分的页边距；
3. 章节之间留空白；
4. 段前、段后留空白；
5. 行距不可太小。

（三）字体字号

1.同一文件，字体要统一，不可超过三种字体；

2.建议使用带有棱角的字体，如Times New Roman，便于辨认；

3.字号大小适当；

4.使用黑色字体，利于阅读；

5.不要通篇使用大写字母。

六、标点符号的复检

标点符号是辅助文字记录语言的符号，是书面语的组成部分，用来表示停顿、语气以及词语的性质，在语言信息的传递与处理过程中发挥重要作用，帮助表达自己的思想感情，理解别人的语言。英汉互译，译者可以通过标点符号了解信息之间的逻辑关系、分析句式，并解构原文（梁丽，王舟，2001：27）。

中文标点和英文标点有很多相似之处。句号、逗号、引号等标点符号是中英文都有的。汉语使用的标点符号是参考借鉴西文的标点体系而制定的，既保留了西文标点的主体特征，又带有与汉语语言特点相适应的特色，因此中英文标点符号之间也存在差异，英汉互译需区分中英文标点符号，不能机械照搬。

首先，两者形态不尽相同，汉语句号是（。），英语是（.）；汉语逗号是（，），英语是（,）；汉语分号是（；）；英语是（;）。其次，汉语有顿号（、），英语没有；汉语有书名号（《》），英语没有；英语有斜体字，汉语没有。英汉标点符号的差异还体现在以下几个方面：

1. 中英文标点符号形式不同

一般来说，英文标点符号比汉语标点符号小。中文句号是大的空心圆点（。），而英文句号是小的实心圆点（.）；英文的省略号是三个点（...），位置在行底，中文的为六个点（……），居行中；英文的破折号是（–），中文的是（——）。

翻译练习

阅读下文，找出错误标点符号，并修改。

……尽管中国地铁施工单位不仅仅是上述两家单位，其他少数公司也有能力承担这样的工程，但实际情况是，在这样的西南偏远地区，近几年只有中铁和中建两家单位愿意参与地铁投标。

2. 汉语的一些标点符号英文没有

① 顿号（、）在汉语中起到分割句子并列成分的作用；英文中没有顿号，分割句子并列成分多用逗号代替。

> 他的女朋友喜欢苹果、香蕉、西瓜、草莓。
>
> His girlfriend likes apple, banana, watermelon, strawberry.

② 汉语中书名号用（《》）表示；英文中没有书名号。书名、电影名、报刊名等用斜体表示。

> *Hamlet*　《哈姆雷特》
>
> *Titanic*　《泰坦尼克号》
>
> *New York Times*　《纽约时报》

③ 汉语中西方人的名和姓之间加间隔号（·），而英语中用空一格的形式代替间隔号。

> 美国第四十任总统是罗纳德·威尔逊·里根。
>
> The 40th president of the United States is Ronald Wilson Reagan.
>
> 《简·爱》的作者是夏洛蒂·勃朗特。
>
> The writer of *Jane Eyre* is Charlotte Bronte.

3. 引语的后面带有标点时，汉语一般把这个标点放在引号外，而英语则可以放在引号内

> She smiled and looked "archly."
>
> 她微微一笑，样子很"狡黠"。

4. 英文标点前后的空格

① 逗号、分号、句号、冒号、感叹号、问号之前无空格，之后有空格。

Maybe she thinks we love their money, doesn't she? And today, a funny thing happened.

上句中逗号、句号与问号之前无空格，但其后有空格。

② 圆括号、方括号、引号之内无空格，之外有空格。

My Brother (Tom) is an engineer.

此句中的括号之内无空格，括号之外都有空格。

③破折号、连字符两端无空格

My name is Phyllis; that's p-h-y-l-l-i-s.

此句中的连字符两端都无空格。

④表示所有格的撇号前后均无空格，如China's。

以下是常用的英汉标点符号对照表，英汉互译和批判性复检时可对比参照，避免混用，影响译文整体质量。

表10.1 中英文符号对比

名称	汉语标点符号	英语标点符号
句号	。	.
逗号	,	,
顿号	、	无，改用逗号
分号	;	;
冒号	:	:
问号	?	?
叹号	!	!
引号	""	""
括号	（ ）	( )
破折号	——	–
省略号	……	…
分读号、间隔号	·	无
书名号	《 》	无，采用斜体表示书名
省文撇	无	'表省略、名词所有格等
斜杠	/ 多数用作数学符号	/表"或""每"、分数、日期等

七、标点符号的翻译

标点符号的翻译是翻译的重要组成部分，不少译者在翻译时没有意识到标点符号的独特作用，不知道标点符号也要"翻译"。他们或过分拘泥原文里的标点，不敢越雷池一步，机械照搬；或根本就没有认识到标点符号在译文中的作用和意义，不翻标点符号，使译文的层次模糊，结构紊乱，造成歧义，甚至违背原文本意（谢天振，2013：64）。若想妙笔生花，句句传神，无论汉译英，亦或英译汉，不能不重视标点符号的翻译。

例1. Father's attitude toward anybody who wasn't his kind used to puzzle me. It was so dictatorial. There was no live and let live about it.

　　从前我总不懂父亲为什么对那些脾气跟他不一样的人采取那么个态度。那么专制！一点儿"你好我好"也没有。

　　在"那么专制"后面，吕叔湘把原文中的句号"译"成了感叹号，既符合译文的原意，又极为传神，把原文中叙述者的内心感情烘托得惟妙惟肖。假如照搬原文的句号，试想译文还会有如此生动的阅读效果吗？"你好我好"加上引号，便形象生动地译出了父亲的态度和性格。

　　例2. Now I know why Ladies are so clean. Washing's a treat for them. Wish they could see what is for the like of me!

　　咱现在才明白太太小姐们怎么那么干净。她们洗澡真舒服啊，咱希望她们也能看看咱们怎么洗。

　　原文"Wish they could see what is for the like of me!"句末是一个感叹号，与上述译例相反，杨宪益将感叹号"译"成了句号，显然是杨先生意识到，虽然原文中用了感叹号，但原文中那个说话者情绪和心态并不是愤慨和激昂，若在译文中照搬原文中的感叹号，就有可能误导译语读者。

　　由此可见，英汉互译，汉语标点如何转换为英语标点取决于英语标点的用法、语法规则、语言功能以及翻译目的，反之亦然。因此，译者须正确理解标点符号的作用以及在不同语言中的功能和差异，采取正确的翻译方法。标点符号的翻译主要有对等译法、增减译法、转换译法三种。

1. 对等译法

对等译法是指在翻译过程中，把原文中的标点符号原封不动地搬到译文中，不做任何改变。

　　He wore dark glasses, and thick jersey, and stopped up his ears with cotton wool.
　　他戴着黑眼镜，穿着厚毛衣，耳朵里塞了棉花。

在上例中，原文与译文的标点符号完全相同，没有做任何改动。

2. 增减译法

必要的符号增减可以增加译文的表现力，有助于读者理解。英汉互译，标点符号的增减主要有以下几种情况：

（1）由于分句或合句而引起的标点符号增减

But his attack was always repulsed by a kick or a blow from a stick.

但是他每冲一次，不是让人一脚踢了回去，就是让人一棍子打了回去。

原文中两个词"a kick or a blow"之间有连接词"or"，而翻译成汉语后，增加标点符号，将句子拆分为三个短句，译文逻辑更加清晰、意义明了。

（2）为了强调主语，英语常在主语和谓语之间用逗号隔开，译成汉语时常省略英文逗号。

A jeep, full, sped fast, drenching me in spray.

一辆坐满人的吉普车疾驰而过，溅了我一身水。

3. 转换译法

汉英标点符号有所不同，且两种语言在结构上、表达上和运用上也不同。灵活地运用标点符号进行必要的转换有助于提升译文的质量。标点符号的转换主要有以下几种类型：

① 将分号、句号转译成逗号

腹痛作泻，每因情绪波动而诱发；泻后而痛不减，属肝脾不和。

Bouts of diarrhea with abdominal pain that is unrelieved by defecation are brought on by emotional stimulation, and the cause is the disharmony between the liver and spleen.

汉语阐述两个或两上以上的事物多用分号，因为分号的间隔作用比逗号更强。前面用逗号解释病因，后面阐述病症应用分号间隔，以免混淆。译成英语时，由于英语与汉语结构不同，可将中文的分号译为英文的逗号。

② 将逗号转译成冒号

在直接引语中，英语中的逗号常常转化为汉语中的冒号，常用于he said, she replied等用语之后。

例1. Mr. Jin replied, "I heard it on the radio."

金答复说："我从收音机里听到的。"（逗号转译成冒号）

例2. John laughingly said, "No, no; stay where you are."

约翰笑着答复说："不，不，你就待在原地吧。"（逗号转译成冒号）

③ 将逗号、句号、问号、破折号转译成叹号

汉语的叹号带有浓重的情感色彩，表明说话者的心理特征，用于语气较激烈的祈使句和反问句末尾，而英语用叹号表达情感不如汉语普遍。根据语境，可用叹号表达更强烈的语气。

例1. Woof, woof, the dog barks.

听！听！狗在汪汪叫！（逗号转译成叹号）

例2. Solders may cry victory, victory—but there is no victory.

战士们虽然可以高喊胜利，胜利！但是仍然没有胜利。（破折号转译成叹号）

④ 引号转译成书名号

英语引号可以表示篇章等称号，但这类称号在汉语中多用书名号。英译汉时，需将英文引号转译成中文书名号。

I enjoyed Robert Coates' short story "The Happy Hour".

我欣赏罗伯特·科茨的短篇小说《高兴光阴》。（引号转译成书名号）

翻译练习

翻译下列句子，简要说明转换标点符号的原因。

1. But considering realistically, we had to face the fact that our prospects were less than good.

2. And there was the possibility that a small electrical spark might accidentally bypass the most carefully planned circuit.

八、复检标记

无论是宏观复检还是微观复检，译者都应正确使用规范的校对符号。1981年，我国发布了中华人民共和国专业校准GB—81《校对符号及其用法》。1993年，修订的GB/T14706-93《校对符号及其用法》共21种，常用的有以下8种。

表10.2　校对符号及其用法

编号	符号形态	符号作用	符号在文中和页边用法示例	说　明
一、字符的改动				
1		改　正	提高出版物质量. 改革开放	改正的字符较多，圈起来有困难时，可用线在页边画清改正的范围 必须更换的损、坏、污字也用改正符号画出
2		删　除	提高出版物的质量.	
3		增　补	要搞好校工作. 对	增补的字符较多，圈起来有困难时，可用线在页边画清增补的范围
4		改正上下角	$16=4$ H_2SO_4 尼古拉·费欣 $0.25+0.25=0.5$ 举例 $2\times3=6$ $X:Y=1:2$	
二、字符方向位置的移动				
5		转　正	字符顺要转正.	
6		对　调	认真经验总结. 认真总结经验.	用于相邻的字词 用于隔开的字词
7		接　排	要重视校对工作, 提高出版物质量.	
8		另起段	完成了任务. 明年……	

本章小结

　　批判性复检译文是翻译重要的一环，是保证译文质量必不可少的手段。译者对译文应进行批判性的复检，分宏观和微观两个层面。宏观层面包括对源语的社会背景、文外因素等的复检；微观层面是对译文字、词、句、语段、标点符号，包括拼写、格式的复检。标点符号是翻译的重要组成部分，误译或误用标点符号会影响译文的逻辑关系，甚至曲解原文内容，因此需根据文本的语法规则和语言功能灵活翻译标点符号，其复检也不可掉以轻心。细节决定成败，译文没有最好，只有更好。

课后练习

一、运用批判性思维复检下列译文。

1. 原文：小李昨晚醉得一塌糊涂，骑着自行车从一只臭鼬身上碾过。

   译文：Xiao Li was deadly drunk and ran his bicycle over a dead skunk.

2. 原文：高楼建成之日，即是市场衰退之时。

   译文：When the skyscrapers rise, the market falls.

3. 原文：张婷选修了一门英语课程和一门生物学课程。

   译文：Zhang Ting is taking one class in English and another in Biology.

4. 原文：徐静离婚前，头上常戴珠宝首饰。

   译文：Before Xu Jing's divorce, she always wore jewelries in her hair.

5. 原文：这种球拍经久耐用，非常畅销。测试表明，这种球拍比其他品牌的价格高出十多元的球拍还耐用。

   译文：You will find, will sell fast because of their good reputation of durability as test reveal that they outlast several other racquets which cost over 10 yuan more.

6. 原文：2007年1月28日清晨，一列我国最新CRH高速动车组列车在上海南站首次亮相，标志着中国铁路进入一个全新时代。

   译文：In the morning of january 28, 2007, the latest China's high-speed train of CRH appeared at Shanghai south railway station, which was marking a new era for China's railway system.

二、在下面横线上添加适当的标点符号。

1. If he_____she wants_____for example_____to go abroad to study _____he_____she must firstly apply for visa_____

2. The fuel_____air mixture may be ignited either by a spark or by compression of the mixture_____

3. "He will stay all night_____" he said to his colleagues_____"I am sleepy now. I never get into bed before three o'clock."

4. "My dear Mr. Bennet_____" said his lady to him one day_____"have you heard that Netherfield park is let at last?"

三、复检下文，修改文中的错误，包括格式错误。

International Monetary Fund

The International Monetary Fund (IMF) is an international organization headquartered in Washington, D.C., of "189 countries working to foster global monetary cooperation, secure financial stability, facilitate international trade, promote high employment and sustainable economic growth, and reduce poverty around the world." Formed in 1945 at the Bretton Woods Conference primarily by the ideas of Harry Dexter White and John Maynard Keynes, *it came into formal existence in 1945 with 29 member countries and the goal of reconstructing the international payment system.*

IT NOW PLAYS A CENTRAL ROLE IN THE MANAGEMENT OF BALANCE OF PAYMENTS DIFFICULTIES AND INTERNATIONAL FINANCIAL CRISES. COUNTRIES CONTRIBUTE FUNDS TO A POOL THROUGH A QUOTA SYSTEM FROM WHICH COUNTRIES EXPERIENCING BALANCE OF PAYMENTS PROBLEMS CAN BORROW MONEY.

As of 2016, the fund had SDR477 billion (about $668 billion). Through the fund, and other activities such as the gathering of statistics and analysis, surveillance of its members' economies and the demand for particular policies, the IMF works to improve the economies of its member countries. The organisation's objectives stated in the Articles of Agreement are: to promote international monetary co-operation, international trade, high employment, exchange-rate stability, sustainable economic growth, and making resources available to member countries in financial difficulty.

四、给下列句子加上或修改标点符号。

1. 这究竟是怎么回事呢同志们
2. 这个经济协作区具有大量的科技信息较强的工业基础巨大的生活资料生产资料市场较丰富的动植物矿产海洋旅游等资源
3. 要在城西修建立交桥的消息传出后许多人都非常关心这座立交桥将怎么建那里的近千株树木将怎么办
4. 据此高级管理层在2008年1月做出决定把吸烟活动限制在一个区域

5. We therefore recommend that the company designate Cafeteria A as the site selected for the smoking lounge

6. Li Meimei said oh its so hot

7. So tiny it fits virtually unnoticed in your pocket So meticulously assembled, production may never exceed demand. So useful every day you'll wonder how you ever get along with it

8. 人生的本色该是如此……成，如朗月照花，深潭微澜，是不论顺逆，不计得失的超然，是扬鞭策马、登高临远的驿站；败，仍清水穿石、汇流入海，有穷且益坚、不坠青云的傲岸，有"将相本无种，男儿当自强"的倔强。荣，江山依旧，风采犹然，恰如沧海巫山，熟视岁月如流，浮华万千，不屑过眼烟云。辱，胯下韩信，雪底苍松，宛若羽化之仙，深知暂退一步，海阔天空？不肯因噎废食……

9. Hence the project will be required approximately one month to complete at an expense of 188000 dollars. Reconversion expenses when the smoking lounge is phased out will entail another 18 days of work at an expense of approximately 120000 dollars (The combined expense for the projects totals 1400 for each smoker in the company)

10.

尊敬的道格拉斯先生

感谢您6月4日的订货除厨房家具外其他的所有订货都已付运

为使您早日享用崭新的餐桌和餐椅您可否选套400型或400-A型的400型的餐桌是椭圆形400-A型的餐桌是长方形这两种套型的其他方面都与您所订的一样

能为您服务我感到非常荣幸希望能满足您未来对高质量的室内家具和庭院家具的需求

此致

敬礼

新古典家具公司销售部经理

贺拉斯约翰逊

2022年6月7日

参考文献

[1] Bassnett, S. The Translation Turn in Culture Studies[A].//In: Bassnett, S. and Lefevere, *A. Construction Cultures*[C]. Clevedon: Multi Lingual Matters Ltd., 1998.

[2] Catford, J.G. *A Linguistic Theory of Translation*[M].London: Oxford University Press,1965.

[3] Eaves, M. "English, Chinglish or China English?": *English Today: The International Review of English Language*, 2011: 27(4[108]).

[4] Goldblatt, H. The Writing Life[N]. *The Washington Post*, 2002-03-28(004).

[5] Hartmann, R.R.K. *Contrastive Textology*[M].Heidelberg Julius Groos Verlag Herdelberg, 1980.

[6] Hornby, S. *Translation Studies: An Integrated Approach*[M].Shanghai: Shanghai Foreign Language Education Press, 2001.

[7] House, J. Covert Translation, Language Contact and Language Change [J].中国翻译, 2007(3).

[8] Koller, W. The Concept of Equivalence and the Object of Translation Studies[J]. *Target*, 1995(2): 191-222.

[8] Marx K. & Engels F. *The Communist Manifesto*[M].London: Penguin Books Ltd, 2002.

[9] Munday, Jeremy. *Introducing Translation Studies: Theories and Applications* [M]. London and New York: Routledge, 2008.

[10] Neubert, A. *Text and Translation*[M].Leipzig: Enzyklopadie, 1985.

[11] Newmark, P. *Approaches to Translation*[M].Hemel Hempstead: Prentice Hall, 1988.

[12] Nida, E. A. & Taber, C. R. *The Theory and Practice of Translation*[M].Leiden: Brill Academic Publishers, 1969.

[13] Nord, C.*Translating as a Purposeful Activity: Functionalist Approaches Explained (Second edition)*[M]. London and New York: Routledge, 2018.

[14] Nord, Christiane. 译有所为——功能翻译理论阐释 [M]. 张美芳，王克非主译．外语教学与研究出版社，2005.

[15] Nord, C. *Translating as a Purposeful Activity: Functional Approaches Explained*[M]. Shanghai: Shanghai Foreign Language Education Press, 2001.

[16] Paul, R. & Elder, L. Critical Thinking: Why We Must Transform Our Teaching[J]. Journal of Developmental Education, Volume 18, Issue 1. 1994.

[17] Pinkham, J. *The Translator's Guide to Chinglish*[M].Beijing: Foreign Language and Research Press, 2000.

[18] Reiss, Katharina. 翻译批评——潜力与制约[M]. 上海：上海外语教育出版社，2004.

[19] Reiss, K. & Vermeer, H. J. *General Foundations of Translation Theory*[M]. Tubingen: Niemeyer, 1984.

[20] Shuttleworth, M. & Cowie, M. *Dictionary of Translation Studies*[M]. Shanghai: Shanghai Foreign Language Education Press, 2004.

[21] Smith, A. *An Inquiry into the Nature and Causes of the Wealth of Nations* (2nd edition.) [M]. James E. Thorold Rogers (ed.). Oxford: Clarendon Press, 1880.

[22] Troiano, F. *Translation, Adaptation & Multilingual Editing* (2nd edn.) [M]. Brussels: Telos Communication Group Editions, 2002.

[23] Venuti, L. *The Translator's Invisibility*[M]. London & New York: Routledge, 1995.

[24] Verschueren, Jef. 语用学新解 [M]. 北京：外语教学与研究出版社，2000.

[25] Werlich，E. *A Text Grammar of English*[M].Heidelberg: Quelle and Meyer,1982.

[26] Yun W, Jia F. Using English in China[J]. *English Today*, 2003, 19(4).

[27] 曹明伦．谈谈译文的注释 [J]. 中国翻译，2005（1）．

[28] 陈刚．涉外导游词翻译的特点及策略 [J]. 浙江大学学报（人文社会科学版），2002（02）．

[29] 陈葵阳．从建构主义观点谈翻译课堂教学 [J]. 中国翻译，2005（3）．

[30] 陈小慰编著．新编实用翻译教程 [M]. 北京：经济科学出版社，2006.

[31] 崔学新．关于"不译"[J]. 上海翻译，2006（04）．

[32] 戴维·希契柯克．批判性思维教育理念 [J]. 张亦凡，周文慧译．高等教育研究，2012（11）．

[33] 丁科家 . 典籍翻译中的"回译"概说 [J]. 英语知识，2012（08）.

[34] 董晓波 . 翻译概论 [M]. 北京：对外经济贸易大学出版社，2012.

[35] 方梦之 . ESP 与翻译职业化 [J]. 上海理工大学学报（社会科学版），2012（01）.

[36] 冯庆华主编 . 文体翻译论 [M]. 上海：上海外语教育出版社，2002.

[37] 傅敬民，王一鸣 . 我国应用翻译批评话语：继承与发扬 [J]. 上海翻译，2017（06）.

[38] 桂诗春 . 以语料库为基础的中国学习者英语失误分析的认知模型 [J]. 现代外语，2004（02）.

[39] 侯向群 . 翻译为何不可为"学"？// 杨自俭主编 . 英汉语比较与翻译4[C]. 上海：上海外语教育出版社，2002.

[40] 黄丽雯 . 浅析中英文标点的差异 [J]. 科技与出版，2008（3）.

[41] 黄艳群 . 试论译者注的历史演变及多重价值 [J]. 中国出版，2016（11）.

[42] 黄忠廉 . 翻译本质论 [M]. 武汉：华中师范大学出版社，2000.

[43] 黄忠廉，李亚舒 . 科学翻译学 [M]. 北京：中国对外翻译出版有限公司，2004.

[44] 贾文波 . 应用翻译功能论 [M]. 北京：中国对外翻译出版公司，2004.

[45] 李长栓 . 以批判性思维贯穿翻译始终 [J]. 上海翻译，2017（05）.

[46] 李长栓编著 . 非文学翻译理论与实践 [M]. 北京：中国对外翻译出版公司，2012.

[47] 李长栓 . 非文学翻译 [M]. 北京：外语教学与研究出版社，2009.

[48] 李长栓 . 以定性和定量分析保证译文概念的准确和自然——兼谈电子手段在翻译中的应用 [J]. 中国科技翻译，2006（3）.

[49] 李长栓，陈达遵 . 联合国文件翻译教程 [M]. 北京：中国对外翻译出版公司，2014.

[50] 李长栓，施晓菁 . 理解与表达：汉英翻译案例讲评 [M]. 北京：外文出版社，2012.

[51] 李德超，王克非 . 译注及其文化解读：从周瘦鹃译注管窥民初的小说译介 [J]. 外国语（上海外国语大学学报），2011（5）.

[52] 李德超，王克非 . 平行文本比较模式与旅游文本的英译 [J]. 中国翻译，2009（4）.

[53] 李文中 . 中国英语与中国式英语 [J]. 外语教学与研究，1993（04）.

[54] 梁丽，王舟 . 标点符号的语篇衔接功能与英汉翻译中的信息处理 [J]. 中国翻译，2001（4）.

[55] 廖盖隆等主编 . 马克思主义百科要览·上下卷 [M]. 北京：人民日报出版社，1993.

[56] 廖七一. 译者意图与文本功能的转换——以胡适译诗为例 [J]. 解放军外国语学院学报，2004（01）.

[57] 廖七一. 重写神话：女性主义与翻译研究 [J]. 四川外语学院学报，2002（2）.

[58] 刘季春. 教材编写的理论与实践——《基础笔译》编后 [J]. 上海翻译，2017（6）.

[59] 刘瑾玉. 严复手批《国富论》英文底本研究 [J]. 中国翻译，2015（5）.

[60] 刘小云. 应用翻译研究 [M]. 成都：电子科技大学出版社，2009.

[61] 马克思，恩格斯. 共产党宣言 [M]. 北京：人民出版社，2018.

[62] 马祖毅. 中国翻译简史——"五四"以前部分（增订版）〔M〕. 北京：中国对外翻译出版公司，1998.

[63] 聂家伟. 回译的类型与意义探究 [J]. 西南石油大学学报(社会科学版)，2019(5).

[64] 潘平亮. 翻译目的论及其文本意识的弱化倾向 [J]. 上海翻译，2006（01）.

[65] 潘文国. 译入与译出——谈中国译者从事汉籍英译的意义 [J]. 中国翻译，2004（02）.

[66] 钱锺书. 谈艺录 [M]. 上海：生活·读书·新知三联书店，2019.

[67] 让·德利尔. 翻译理论与翻译教学法 [M]. 孙慧双译. 北京：国际文化出版公司，1988.

[68] 邵宏，韦汉. COCA 语料库在汉语旅游语篇英译教学中的应用 [J]. 重庆与世界（学术版），2014（4）.

[69] 谭晓晨. 语境的动态研究——维索尔伦的语境适应论评介 [J]. 外语与外语教学，2002（6）.

[70] 谭业升. 建构主义翻译教学刍议 [J]. 山东外语教学，2001（4）.

[71] 谭载喜. 新编奈达论翻译 [M]. 北京：中国对外翻译出版公司，1999.

[72] 陶友兰. 我国翻译教材建设与翻译学学科发展 [J]. 上海翻译，2017（6）.

[73] 田传茂. 基于网上数据库定量定性分析的术语翻译 [J]. 上海翻译，2010（1）.

[74] 万鹏杰. 中国英语与中式英语之比较 [J]. 上海翻译，2005（02）.

[75] 王宏印. 从"异语写作"到"无本回译"——关于创作与翻译的理论思考 [J]. 上海翻译，2015（3）.

[76] 王克非，秦洪武. 论平行语料库在翻译教学中的应用 [J]. 外语教学与研究，2015（05）.

[77] 王力. 中国语法学理论 [M]. 北京：中华书局，1955.

[78] 王甦，汪安圣. 认知心理学（重排本）[M]. 北京：北京大学出版社，1992.

[79] 王永胜. 回译方式及其应用探索 [J]. 渤海大学学报（哲学社会科学版），2018（01）.

[80] 王振平，夏琴. 功能对等论与目的论之比较 [J]. 哈尔滨学院学报，2012（12）.

[81] 夏天. 平行文本运用与汉英翻译教学"去技巧化"[J]. 外语电化教学，2015（04）.

[82] 谢天振. 论翻译的职业化时代 [J]. 东方翻译，2014（02）.

[83] 谢天振. 标点符号也要翻译 [A]. 海上译谭 [M]. 上海：复旦大学出版社，2013.

[84] 许渊冲. 翻译的艺术 [M]. 北京：五洲传播出版社，2006.

[85] 许渊冲. 谈翻译教学 [J]. 山东外语教学，1991（4）.

[86] 杨炳钧. 杨序 [M]. 赵彦春译·注. 英韵三字经. 北京：光明日报出版社，2014.

[87] 杨士焯. 简析纽马克的语义翻译和交际翻译理论 [J]. 福建外语，1989（Z2）.

[88] 余斌. 译者主体性在"对话"与"视域融合"中的彰显 [J]. 上海翻译，2015（3）.

[89] 余光中. 余光中谈翻译 [M]. 北京：中国对外翻译出版公司，2002.

[90] 余光中. 怎样改进英式中文？——论中文的常态与变态 [J]. 明报月刊，1987（10）.

[91] 张美芳，钱宏. 翻译研究领域的"功能"概念 [J]. 中国翻译，2007（03）.

[92] 张南峰. 中西译学批评 [M]. 北京：清华大学出版社，2004.

[93] 张耀平. 拿汉语读，用英文写——说说葛浩文的翻译 [J]. 中国翻译，2005（02）.

[94] 赵庭弟. 影响翻译过程中对原文理解的若干因素 [J]. 云南农业大学学报（社会科学版），2009（06）.

[95] 朱晓敏. 基于 COCA 语料库和 CCL 语料库的翻译教学探索 [J]. 外语教学理论与实践，2011（1）.

后 记

　　本书是一部以翻译路线图为纲要的创新型翻译著作，也是作者30多年的翻译心得和研究成果。四川师范大学外国语学院语言实验室朱君英、吴小霞参加了第五章"电子工具的使用"的编写，研究生吕梦莎、何雯静、韦娟娟、吴佳仪、温源、叶理想、吴小霞、徐佳等为本书的例证提供了文献资料，并做了实验性的翻译练习。四川师范大学外国语学院、四川师范大学MTI翻译研究中心给予大力支持，在此一并致谢。

朱　华

2023年于成都龙湖